宮帯茶人ブックレット

永井尚政

数寄に通じた幕府の重鎮

深谷信子 著

宮帯出版社

永井尚政像（興聖寺蔵、碧南市提供）

宇治・興聖寺には、束帯姿で永井家の紋「一文字に三星」が入った束帯の平緒と太刀を帯びた晩年の尚政の肖像画が、父直勝のものと共に伝わっている。両肖像画は、絵の様式が同一であることから、同時期に描かれたものである。

永井尚政木像（興聖寺蔵、碧南市提供）

等身大よりいくらか小さめの束帯姿の木製坐像。興聖寺の天竺殿には尚政のほか、父直勝、嫡子尚征、嫡孫尚長の木像が安置される。近年、修復されたが、当画像はそれ以前のもの。

重要文化財 短刀 銘「吉光」号「信濃藤四郎」（致道博物館蔵）

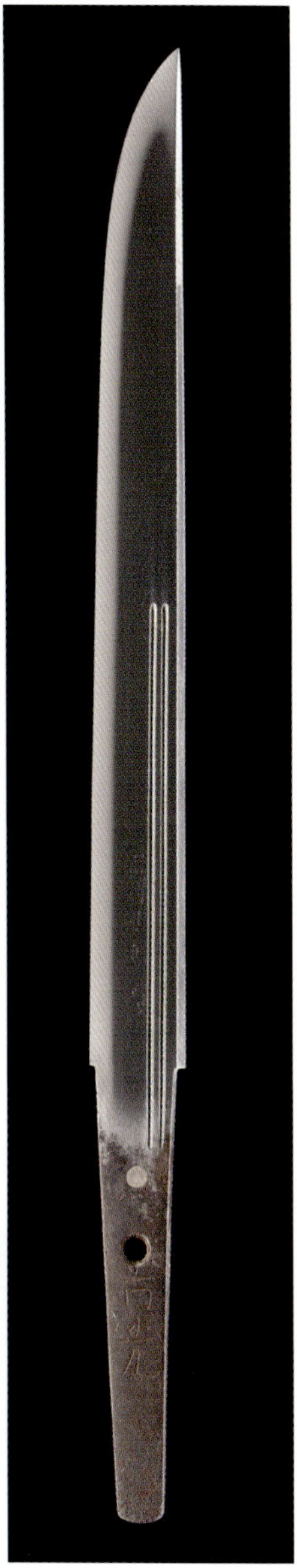

刃長：25.0cm・内反り

鎌倉時代の山城国の刀工粟田口吉光のやや大振りの短刀。吉光は、五郎入道正宗、郷義弘とともに天下三作に数えられる名工だが、現存する在銘作は、一口を除いてすべて短刀である。号は、信濃守であった永井尚政が所持したことによる。尚政から将軍家に献上され、家光の養女大姫が前田光高に入輿した際に下賜された。後、庄内藩の酒井家に渡り永く伝えられた。

無準師範　墨蹟「帰雲」（MOA美術館蔵）

無準師範（1177〜1249）は、中国・南宋時代の禅僧で、日本ではその墨蹟が茶人に珍重された。尚政は、寛永18年（1641）に将軍家光より賜った無準の墨蹟を、明暦4年（1658）の隠居に際して4代将軍家綱に返献している。本品は古田織部が所持したもので、表装も織部好みに仕立てられている。茶の湯を織部に学んだ尚政の所持した無準の墨蹟も、このようなものであったろう。

寸法：高さ6.8cm・胴径6.6cm

唐物文琳茶入　銘「宇治」（東京国立博物館蔵）Image:TNM Image Archives

『玩貨名物記』に尚政が文琳茶入を所持していたことが記載されている。関ヶ原の戦いの直後、恩賞に不満を漏らした井伊直政を尚政の父・直勝が厳しく諫め、非を認めた直政が家康から拝領した秘蔵の文琳茶入を直勝に贈ったという伝承がある。また、尚政は将軍家光より「家蔵の文琳を載せよ」と若狭盆を下賜されている。本品は南宋から元時代に作られたもので、片桐石州より平戸藩主松浦家に伝来した。千利休所持と伝わるが、「宇治」の銘といい、古田織部好みの牙蓋《げぶた》や仕覆（上柳七星丸龍緞子）といい、尚政所持の文琳茶入を髣髴《ほうふつ》とさせる。

淀城大絵図（部分・京都大学大学院工学研究科建築学専攻蔵）

淀城は、徳川家康の甥松平定綱が幕府の援助により元和9年（1623）から築いた城である。寛永10年（1633）に尚政が淀城に入り城下を拡張整備した。本図は一応の完成を見た寛永14年（1637）以降に作られたもの。桂川、宇治川、木津川の合流点の中洲に位置し、これらの河川の水を巧みに利用した一種の水城であったことがよくわかる。大坂城の縄張りやヨーロッパの築城技術が採り入れられたという。図の右下には「花畑」の文字が見える。

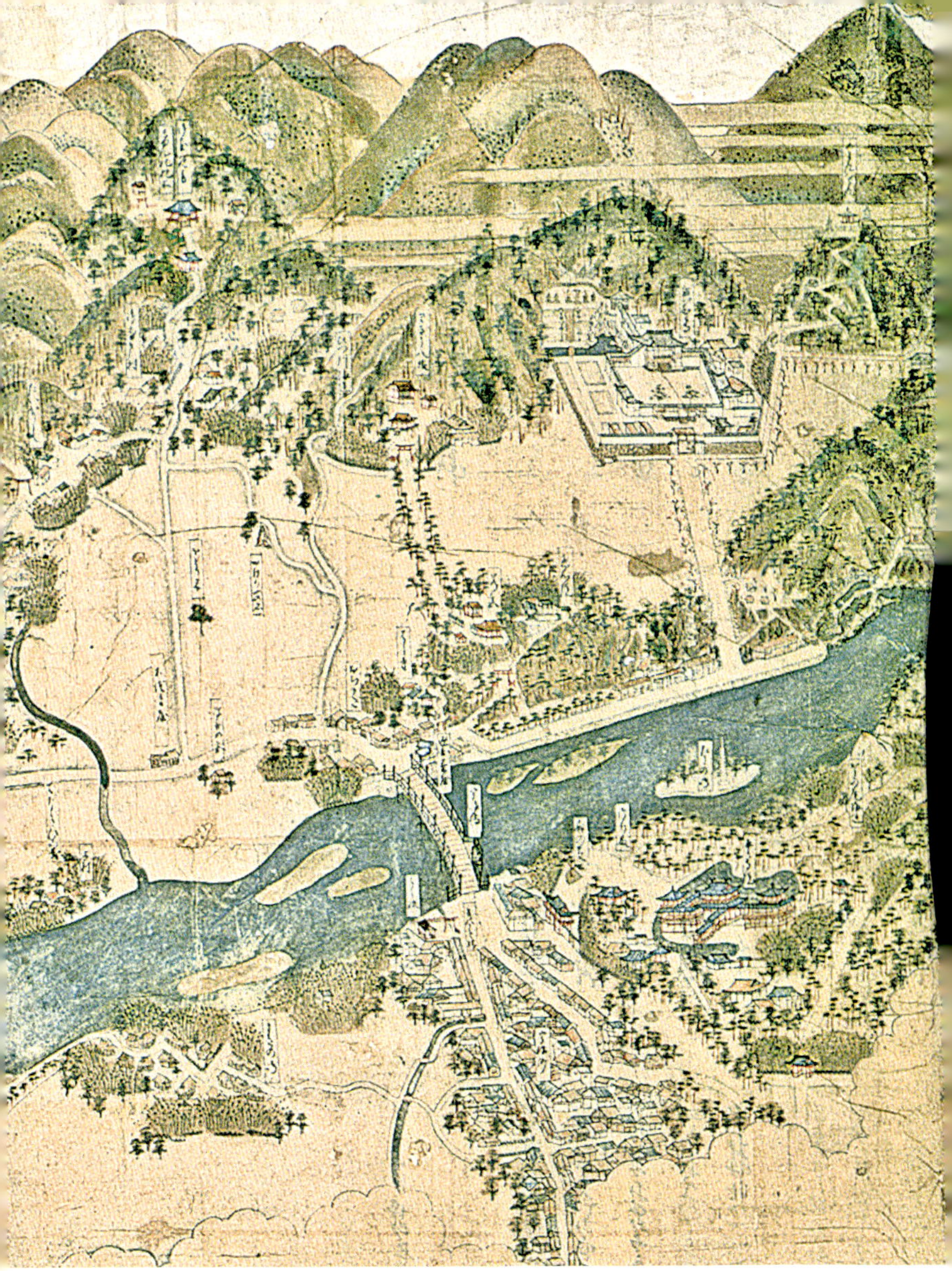

洛外図屏風 笹井家本（部分・高槻市立しろあと歴史館蔵）

京都の町の周囲、いわゆる洛外の名所・旧跡などを精細に描いた屏風で、延宝から元禄にかけての景観を描いている。興聖寺も描かれており、川畔には露地と数寄屋（茶室）があり、寺の山の二つ右隣に永井尚政が関わったともいわれる朝日焼の窯が設けられた「朝日山」が見える。

隠元隆琦　興聖寺数寄屋「観流亭」扁額（興聖寺蔵）

尚政は、中国から来日して宇治に萬福寺を開いた隠元隆琦《りゅうき》とも親しく交わったと思われる。本品は、尚政が興聖寺境内の宇治川畔に建てた五つの数寄屋のうちの一つ「観流亭」の扁額で、隠元が筆を執ったもの。数寄屋はその後の洪水で失われたが、扁額とその原書は今に伝わっている。

後水尾院所用　獅子に牡丹金襴座氈（興聖寺蔵）

後水尾院から、団扇や羽扇などとともに興聖寺に下賜されたものである。尚政は、承応2年（1653）に焼失した内裏の再建の総奉行に任じられるなど、朝廷と深く関わり信任を得ていた。本品をはじめとする下賜品は、朝廷と尚政との濃《こま》やかな交流を物語っている。

まえがき

本書のテーマは、洛外の淀と伏見において永井尚政と小堀遠州達が共に築いた「畿内幕政の秩序」と「茶を中心とする文化的ネットワーク」であると考えていた。

遠州のことを調べはじめた頃から、御香宮神社には数えられないほど通った。境内で名水を頂いて、細い道を下ると、桃陵団地の入口に、遠州がいた伏見奉行所跡の小さな碑が立っている。伏見の酒蔵を模したような塀に沿って観月橋駅に向かって下ると、淀川に架かる橋をとことこと電車が走っているのが眺められる。そのコースが私のいつものお参りである。

もうひとつの情景、宇治橋の三の間である。利休・織部そして当然遠州も見た三の間。宇治川が描かれると、古地図にも、現在の地図にも、三の間が小さく、可愛らしく、しかも必ず描かれている。「暮れて行く春の湊はしらねども　霞におつる宇治の柴舟」。この歌を詠んだ寂蓮の身の上を知ったとき、春の夕暮れのゆったりとした宇治川を、霞に包まれた柴舟がいつの間にか消えて行く情景が重なった。潤いを含んだ宇治の景色のなかに身を置いて、ゆっくり味わいたかった。

さらに印象深いことがある。新聞に掲載された空中茶室を調べたいと、石清水八幡宮に行って八幡市教育委員会の小森俊寛氏に御案内いただいたときのこと。当時瀧本坊にあった空中茶室は、淀川川面から百五十メートルも上にあったとのことだった。近くにある見晴台に行くと比叡山から東山・醍醐・伏見・宇治、さらに南方、大阪方面まで見渡せたのである。松花堂や遠州もこの景色を見たのであろうか。

洛外の景観にいくつもの思いを抱いたとき、思いがけず「永井尚政」のお話があった。尚政とこうした洛外の景観とを結び付けたことはなかったが、このすばらしい歴史的な景観をどうにか表現できたらと、しだいに気持が高まってきた。

今春、興聖寺に伺って、永井直勝の頌徳碑《しょうとくひ》を見た。ただただ圧倒されてしまった。名高い曹洞宗道元の墓、淀藩十万石城主・尚政の墓、それよりも大きく目立ち、見上げる高さの石碑に顕彰される父の永井直勝とは？　いくら江戸時代に長幼の序が大切にされたといっても、ここまで親と子で差を付けるのか。御案内して下さった久保孝道和尚にお礼の言葉も申し上げないまま謎を抱えて帰宅してしまった。それにしても、尚政は、土井利勝や、酒井忠世のように譜代の重鎮の子息でもないのに、なぜ利勝や忠世と同じ秀忠の老中になり、淀藩主として十万石も拝領したのか。その謎を解かなければ尚政は書けないと、深刻に悩んだ期間が半年ほど続いた。そして私なりに謎が解けた。第一章は、その答えである。

二〇一七年五月一日

永井尚政——数寄に通じた幕府の重鎮　目次

第一章　父・永井直勝の功績

一、直勝の生い立ち

最初に永井尚政の出自を述べるにあたり、尚政を中心に「永井家・阿部家略系図」を示し、『寛政重修諸家譜』(以後『寛政譜』とする)、興聖寺「永井直勝頌徳碑」(以後「興聖寺石碑」とする)、鈴木成元『永井直勝』(『一行院』と表記する)を基に、父や兄弟、子孫関係を明らかにしたい。

永井家の先祖は、平氏の出自で、長田《おさだ》といったが、直勝が徳川家康に仕えたとき、家康から長田姓の人物は源氏の棟梁である源義朝を討ったので、直勝の父・重元が永井姓(大江氏)になり、重元の弟・白吉《あきよし》が長田を名乗るようにと命ぜられたという。

永井尚政の祖父・重元《しげもと》(永正元年〜文禄二年)は、長田喜八郎広正の長男で、のち直吉《なおよし》と改めた。母は某氏。松平広忠(家康の父)に仕え、天文年中、織田信秀がしばしば兵を出して岡崎城を攻めたので、船手の要害として三河国大浜の郷に砦《とりで》を築き、重元に守らせた。永禄四年九月、家康から判物を賜る。天正十年六月、織田信長が横死したため、家康が堺から伊賀・伊勢を経て白子《しろこ》浜から三河大浜に着く。これを伊賀越えというが、このとき重元

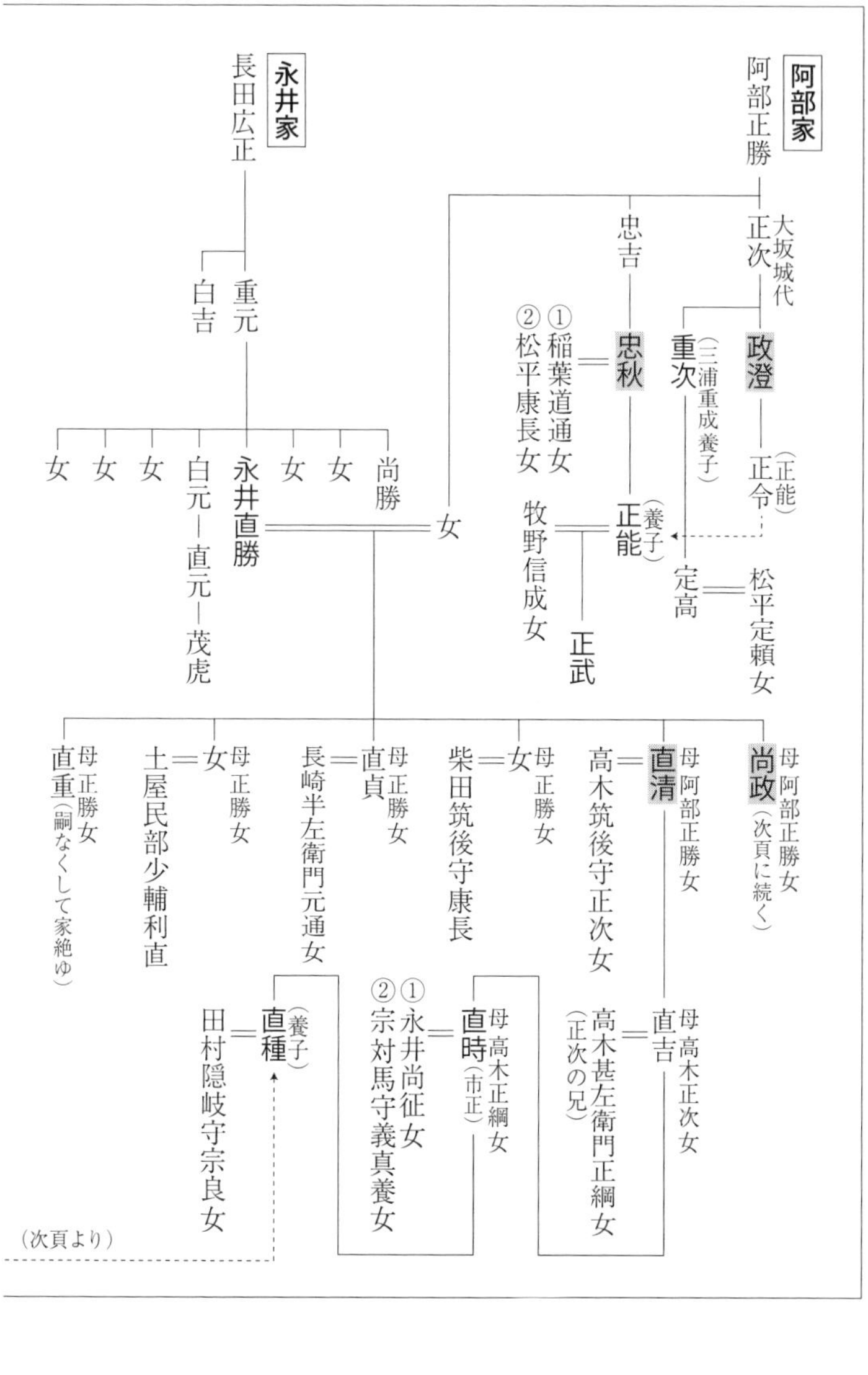

永井家・阿部家略系図（出典『寛政譜』）ゴシック体は家督 ▒は遠州茶会の客 ＝は婚姻 ……▼は養子

尚政（母阿部正勝女）＝内藤修理亮清成四女

- 女（母内藤清成女）＝高力左近大夫高長
- 尚征（母清成女）（右近大夫）＝毛利甲斐守秀元女
  - 尚房＝立花忠茂女
    - 女＝稲葉正辰（稲葉正則五男）
  - 女
  - 女＝永井市正直時（直清の嫡孫）
  - 女＝増山兵部少輔正弥
  - 女＝有馬則政（豊長嫡男）
  - 尚長（没封）＝青山宗俊女
    - 直円（養子）
      - 直亮
  - 直種
  - 女＝有馬則政（豊長嫡男）
  - 女（家臣の妻）
  - 女＝高力伊予守忠弘
- 女（母清成女）＝立花飛騨守忠茂（宗茂嫡男）
- 尚保（母清成女）（大和守、婚姻なし）
- 女（母清成女）＝米津出羽守田盛
- 女（母清成女）＝①松平因幡守忠憲 ②松平佐渡守康尚

（前頁へ）

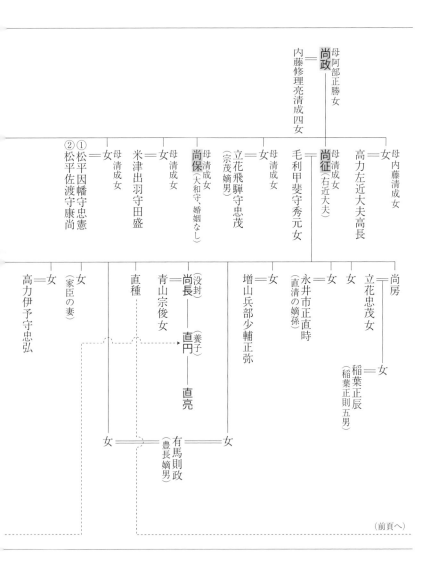

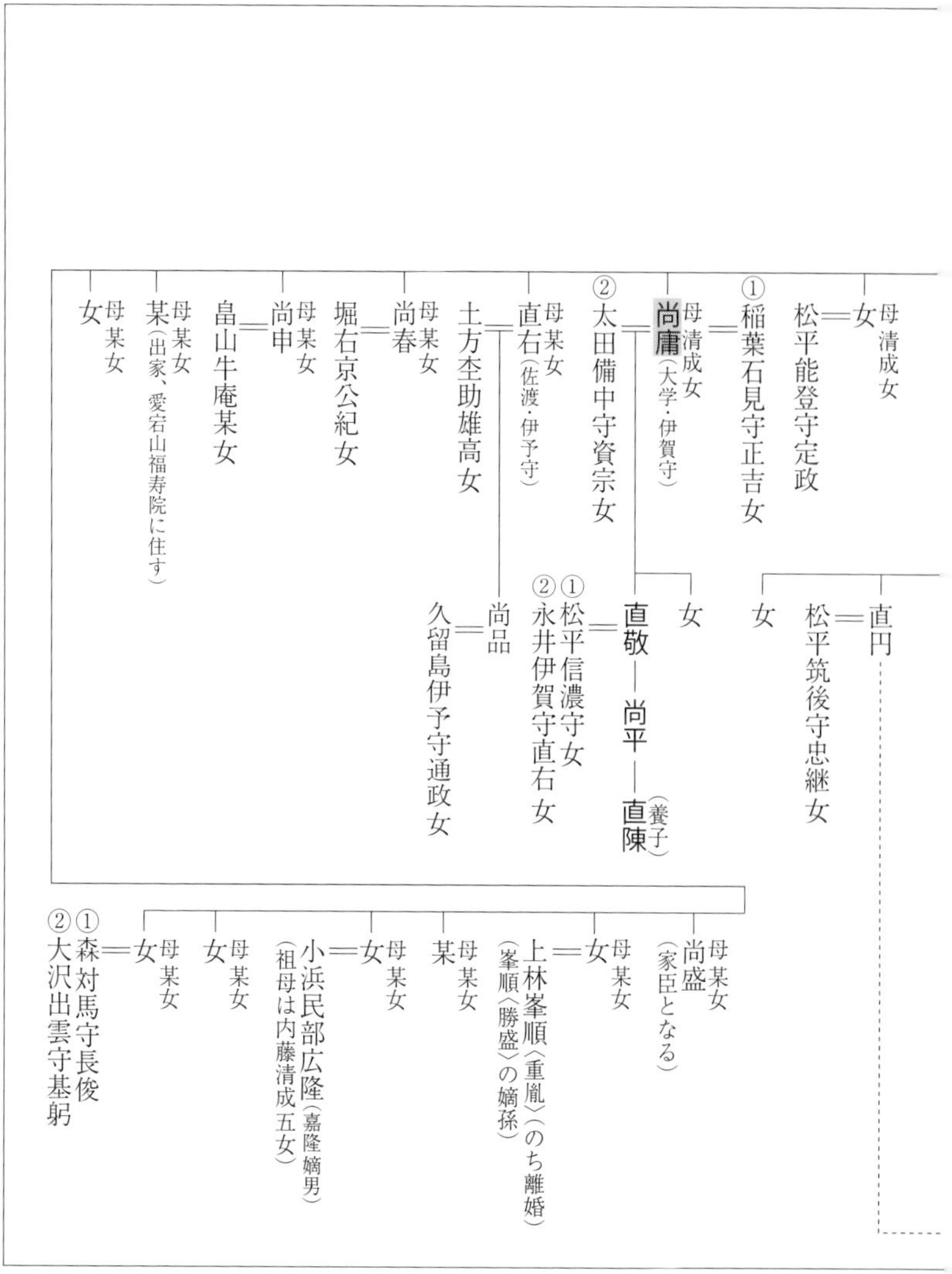

第七章（276〜277頁）の「永井氏三家略系図」に続く

たちは船を用意し、大浜の宅に迎えて御膳を献じ、供奉《ぐぶ》の人々にも飲食をすすめた。重元は、文禄二年正月二十七日に大浜において死去した。九十歳。法名道全、三河国の宝珠寺に葬られる。譜代として、生涯を徳川氏に捧げた武士であった。妻は鈴木弥右衛門某の娘。

1 家康に仕えるまで

永井直勝は、永禄六年（一五六三）大浜に生まれ、はじめ徳川家康の長男・岡崎三郎信康に仕えた。

永井直勝像
（部分、興聖寺蔵、碧南市提供）

徳川家康は、弘治三年（一五五七）七月、十六歳のとき今川氏の人質になった。関口親永の娘築山殿と結婚し、永禄二年（一五五九）信康が生まれた。翌年、桶狭間の戦いが起き、今川義元は殺された。家康は今川氏を離れ、妻子と岡崎に住んだが、元亀元年（一五七〇）、浜松城が完成し家康のみ移った。

天正四年（一五七六）、直勝は、西三河の大

表1 永井直勝略年譜

和暦	西暦	年齢	事項
永禄6年	1563	1	長田重元を父、鈴木弥右衛門某の女を母として、三河大浜に生まれる。
天正4年	1576	14	松平信康（家康の祖父）に仕える。信康逝去の後は蟄居す。
8年	1580	18	浜松で家康の側に仕え、三十貫の地を賜る。このとき大江氏になり、家号を永井に改める。
10年	1582	20	六月、本能寺の変では、家康の和泉堺よりの帰国に従い、大浜でもてなす。
12年	1584	22	四月九日、長久手合戦のとき、池田勝入父子を、蜂屋定頼・安藤直次とともに討ち取る。この年、勤賞として三河国のうちに一千貫の地を加恩される。
13年	1585	23	二千石の地を加えられる。
18年	1590	28	小田原の陣のとき供奉し、関東入国時に、旧知を改め、相模国田倉、上総国市原、武射三郡のうちで、五千石の地を賜る。
文禄元年	1592	30	肥前名護屋に在陣のとき、御供に列す。陣中に秀吉が訪れる。
4年	1595	33	従五位下に叙し、右近大夫と称す。この時、太閤より豊臣の姓を賜る。
慶長5年	1600	38	上杉征伐に従い、下野小山に至り、九月、関ヶ原の戦いに供奉し、凱旋ののち、近江野洲・栗太《くりもと》・蒲生・甲賀四郡のうち、菜地二千石を加増される。この年、細川幽斎に諸礼規式などを尋ね、幽斎が献じた書籍などを、家蔵すべしとして直勝が賜る。
6年	1601	39	井伊直政のもとに、佐和山の城地を宛行うべしと仰せがあった。このとき直勝は、直政と戦功について論を戦わせる。その後和睦し、証拠として、直政が東照宮から賜った文琳茶入を贈られる。また、三河碧海郡のうちで加増される。
10年	1605	43	一月、与力同心の朱印も賜る。このののち、書院番頭になる。

19年	1614	52	大坂冬の陣に供奉する。
元和元年	1615	53	大坂夏の陣で、諸手の仕寄場を巡見する。藤田信吉と伯楽淵を巡見する。五月七日、味方が鉄砲を放って、騒動したとき、乱伍を警め、諸士を励まし、敵を討つ。また、秀頼の籠もる櫓に近づき、大野治長に会す。陣が終わって二条城にて諸手の仕寄場を巡見する。藤田信吉と伯楽淵を巡見する。
2年	1616	54	上野国小幡にて、一万石を下賜される。
3年	1617	55	旧恩を改め、常陸国で三万石を賜り、笠間城主になる。近江の旧地二千石は元の通り。
5年	1619	57	五月、秀忠の上洛に供奉する。この時、福島正則が安芸・備後両国の所領を没収され、安藤対馬守重信とともに上使にされ、諸事を沙汰す。この後、常陸国新治郡柿岡・土浦において、二万石を賜る。
7年	1621	59	この年より、日光山御宮の造営を奉行す。
8年	1622	60	八月、最上義俊、領地没収のとき、本多正純とともに、出羽に至り、山形城を受取り、鳥居忠政に渡す。十二月、笠間から下総古河に移され、二万石を加増されて、合わせて七万石を領す。この時より、常に在府して評定の席に列す。
寛永2年	1625	63	十二月二十九日、死去。月丹大雄院と号す。直勝開基の古河永井寺《えいせいじ》に葬る。妻は、阿部伊賀守正勝の女。

浜が信康の支配下にあったため、岡崎城にいた信康の近習になった。直勝は、地元の風流《ふりゅう》踊りが上手で、諸芸に秀でた美少年であったともいわれる（『一行院』）。

天正七年、信康と母・築山殿が武田勝頼に内通し、謀反を企てたという密告が信長の耳に入り、家康は両人を殺すように命じられた。信康は自殺し、母は殺害される。

　直勝は丸三年間近習として信康に仕えていたが、この事件で主を失い、故郷の大浜に蟄居《ちっきょ》した。武士として出発した志は、主人を失い挫《くじ》かれた。

　しかし、天正八年、直勝は浜松城に召し出され、三十貫で、家康に仕えることになった。家康の命令で「長田」を「大江」に改め、家号を永井にしたのはこの時である。直勝が「永井」家の家祖である。

2　家康の伊賀越え——三河大浜での饗応

　天正十年（一五八二）五月、家康が安土城に信長を訪ね、格別の饗応を受け京都から堺へ遊覧したとき、直勝も供奉していた。六月二日、本能寺の変後の伊賀越えは、「これを伊賀越とて。御生涯艱難の第一とす」（『徳川実紀』天正十年六月二日条。以下『実紀』と略す）といわれるほどの出来事であった。

　家康の伊賀越えについて、危険を避けつつ帰国したので、退行ルートの詳細は明らかでなく諸説ある。

　六月二日の朝、本能寺の変の報に接した家康は、すぐに堺を発った。

家康は堺から河内の飯盛（大阪府大東市・四条畷市）に出て、京都の茶屋四郎次郎から詳細な情報を得て、尊延寺、山城の草内（京都府京田辺市）を経て宇治田原に入り、近江信楽《しがらき》（滋賀県甲賀市）の小川・神山を過ぎ、伊賀の丸柱（三重県伊賀市）を経て柘植《つげ》に出て、ついで伊賀・伊勢の国境加太越え（三重県亀山市）で伊勢の白子浦に着き、主従はここから乗船して三河の大浜（愛知県碧南市）に上陸して大いに安堵《あんど》したという（『一行院』）。『寛政譜』の記述では、家康が大浜に着いたとき、長田重元は船を出して家康を迎え、自分の館で御膳を献じ、供奉の人々にも飲食をすすめた。家康はしばらく休んで、岡崎から大勢迎えが来たので、一緒に岡崎へ入城したという。

家康の「伊賀越え」は生涯最大の危機といわれるほど困難を極めたものであったとされる。行く先々でどんな襲撃に遭うか予想もできなかった。このとき家康を支援した功労者として、家臣は勿論、茶屋四郎二郎、長谷川秀一、伊賀・甲賀の忍者達が挙げられる。

家康はその経済力と多くの家臣によって無事に切り抜けられたが、同行の穴山梅雪は一揆に殺された。家康は家臣達に多額の金銀等で礼をしている。伊賀越えのあと、豊臣政権期、徳川幕府成立後も忍者達は役割を与えられていた。また、畿内代官の上林・多羅尾家などへは、「伊賀越え」の途中で手助けしたとして、家康は後にお礼に訪れ、寛文期の官僚機構の変遷に際して、長く世襲を保って、明治維新まで同家が存続するという特殊な代官になっている。

長田重元・永井直勝父子の大浜での供応も、後の家康の直勝への特別な扱いをみると、「伊賀越え」での勲功を高く評価していたと言えるのではなかろうか。

藤田達生氏は最近の研究「史料にみる伊賀越え」には、「伊賀越え」に関する種々の史料を検討された結果、「伊賀越え」には、三つのルートがあり、信楽小川館から伊勢関までの伊賀を通過する距離は、どれも二五キロメートル以下で、全工程の六分の一から、三キロメートルの五〇分の一であり、最長でも半日で難なく通過したとされている。しかし、先の「艱難《かんなん》辛苦の逃避行」により、家康は立ち寄った家々に多額の礼をしたことになっている。主従の命がけの伝承が、江戸時代を通じて、徳川家と助けた家にとって大事なことだったのであろう。

家康一行がどのルートをとったとしても、永井家はようやく辿り着いた譜代の地・三河大浜で家康達をもてなし、「大いに安堵」させたのである。永井家はその点を後々まで評価されたことになる。

二、小牧・長久手の戦い――直勝、勇猛をあらわす

天正十二年（一五八四）、二十二歳の直勝は、徳川氏天下取りの第一歩となる小牧・長久手の戦いにおいて、敵の猛将・池田勝入《しょうにゅう》（恒興）を討ち取り、勲賞として一千貫の地を賜る。

1 小牧・長久手の戦いとは

小牧・長久手の戦いは、天正十二年に、羽柴秀吉と織田信雄・徳川家康とが尾張の小牧・長久手および伊勢国内で展開した戦いである。実質的に畿内を支配する秀吉と織田政権の継承を期待する織田信雄との対立は、賤ヶ岳の戦い（天正十一年）以後表面化し、劣勢な信雄は徳川家康に援助を求め、秀吉と断交した。当時家康は三河・遠江・駿府に周辺諸国を吸収して出陣の用意を命じた。しかし、池田勝入と婿の森長可《ながよし》が信雄から離反して秀吉に与《くみ》し、三月十三日には尾張犬山城を奪取して初戦を有利に展開していた。一方、家康は十三日に信雄と会談し、羽黒に進出した森長可を十七日に撃破し、小牧山に築塁して本陣とした。比良・小幡に伝えの城を置き、清洲・岡崎への連携を固めた。小牧山は戦術上の

要地であり、その占領と信雄・家康の外交的戦略は周辺諸勢力吸収を有利にした。これに対し、秀吉は、北陸・越中・信濃・関東方に意思を通じ、家康達の進攻に備えた。二十一日に大坂城を出発、二十七日犬山城に入り、楽田に本陣を置き、各所に砦を築いて、小牧山で対峙《たいじ》し、持久戦の態勢を固めた。

しかし、池田勝入は力の均衡を破るため、三河岡崎への侵入を強く献策し、四月六日夜半、勝入・森長可・堀秀政・三好秀次の軍が行動を起こした。小牧山東方を潜行し、上条村に築砦し、庄内・矢田川を渡渉して長久手を過ぎ、岡崎へ向かった。丹羽氏重の軍が抵抗したが、九日早朝これを殲滅《せんめつ》して小休止した。一方、家康は、八日夜大須賀康高・榊原康政を先発させ、小牧に酒井忠次・石川数正・本多忠勝を残し自ら全軍を率いて信雄とともに出撃。まず小幡城に入り、九日朝三好秀次の軍に攻撃を開始した。追躡《ついじょう》を予知していなかった勝入らの軍は堀秀政が善戦したのみで、大敗し、森長可と池田勝入・同元助父子は戦死し、三好秀次は敗走した。秀吉は敗報を聞き、全軍を率いて救援に向かったが、家康はすでに小幡城に撤収していたのでなす術がなく、両軍は再び楽田・小牧の対陣に戻った。十一月、秀吉・信雄・家康の講和が成立したが、完全な和解とはならなかった。

この戦での徳川氏の戦勝は、戦局全般から見れば両軍の態勢を変化させるほどのものではなかったが、七月には早くも九州島津氏の耳にまで家康の武名が達した。徳川氏における小牧・長久手の戦いの意義は、豊臣政権下の家康の地位を確立したところにあるという。寛永十七年（一六四〇）に成った『東照社縁起』には、関ヶ原・大坂の陣とともに小牧・長久手の合戦図を収め、徳川氏がこの戦いを政権樹立の第一段階と考えていたことを示している。また羽柴秀吉にとっては、統一政権の樹立において、家康との同盟が必須となったのである（『国史大辞典』）。

2　直勝、武功をあらわす

池田勝入（恒興）は、織田信雄に誼《よしみ》を通じていたが、秀吉に請われて味方についた。そのとき、勝入は息子の元助にも反対されるような作戦に出て、婿の森長可とともに出陣する。しかし、家康軍の攻撃で大敗し、多くの兵を失う。もう勝ち目はないと、しばらく山田の畷《なわて》の辺で休み、床机《しょうぎ》に座っているところに、直勝が槍で攻め、首を取って、御前の首実検に供えた。この辺りの『寛政譜』の記述は詳しい。「長久手合戦図屏風」（徳川美術館蔵）でも、左手人差し指を勝入に切られながらも、首を取り、勝入の母衣《ほろ》に包んで右に持ち、左手に勝入の名刀「篠《ささ》ノ雪」を持っている若武者として描かれている。秀吉が「御味方に」と

永井（長田伝八郎）**直勝が池田勝入を討ち取った場面を描いた絵図**
（「長久手合戦図屏風」の一部分、徳川美術館蔵）

請うて迎えた池田勝入を直勝が討ったのである。直勝はこの時、二十二歳、勝入は驍将《ぎょうしょう》・勇将といわれていた。

家康は、直勝の勲功を称え名刀「篠ノ雪」を与え、三河で一千貫の地を加増したのである。名刀「篠ノ雪」は、永井家の家宝になって代々受け継がれ、様々な伝承を残したが、現在は個人蔵になっている。

3　秀吉が、徳川陣中の直勝を訪ねる

文禄元年（一五九二）、直勝が、文禄の役で肥前名護屋に出陣した家康に供奉していた時、秀吉が陣中を訪れ、「池田勝入の首を取った武将はだれか」と尋ね直勝と対面した。それを聞いていた者は、皆羨《うらや》ましがったという（「興聖寺石碑」）。

秀吉は、織田信雄に与していた勝入父子と婿・森長可に請うて味方につけた。しかし、味方の失態から勝入達を失ってしまった。「誰が勝入を討ったのか」、合戦後八年経っても秀吉が尋ねずにいられない痛恨の記憶だったのである。

秀吉が、陣中に直勝を訪ねたことが、家康の直勝への評価をさらに高めることになった。徳川家が天下を取るまでの節目となった重要な戦いは、関ヶ原・大坂両陣のほかに、小牧・長久手の合戦が挙げられるという。徳川家にとって、天下取りの嚆矢《こうし》に位置付けられる歴史的な戦で、直勝は、秀吉からも注目されるほどの大きな勲功を家康に印象づけたのである。

三、小田原の陣から関ヶ原の戦いまで

1 小田原の陣後――新たな地・関東に知行拝領

天正十八年（一五九〇）の小田原の陣では、直勝は家康に従って駿府から小田原に参陣した（『寛政譜』）。しかし、小田原の陣は、徳川方にあまり華々しい戦闘がなく、直勝の名も史料にはない。

同年八月朔日《ついたち》、家康は関東に入国した。「八朔《はっさく》」は徳川幕府にとって記念すべき日であり、ここに徳川家の拠点となる江戸が誕生した。

直勝は家康から旧地を改め、相模国田倉・上総国市原・武射三郡のうち五千石の地を拝領した。小田原の陣の間、家康の下にあって、直勝らしい活躍が認められたことが窺《うかが》われる。

新たな領地を賜り、家康の下での直勝の活躍が期待されたのである。現在の新宿区信濃町辺り一帯の広大な屋敷地はこの時賜ったものと推測される。

直勝は、文禄四年（一五九五）三月二十八日、従五位下、右近大夫に叙任される。同時に豊臣秀吉より豊臣の姓を賜る。この時の叙任と豊臣姓賜与は、小牧・長久手の戦いでの勝入の討ち取りとの関わりを考えたい。

2 慶長三年から同五年秋

慶長三年(一五九八)、豊臣秀吉が死去し、政情が混沌《こんとん》とする。慶長五年九月、ついに天下分け目の関ヶ原の戦いが起きた。徳川家康率いる東軍七万人と、石田三成が率いる八万人の戦であったが、九月十五日に半日ほどで東軍勝利に決した。

東軍の勝因は、戦前の西軍武将への交渉・懐柔が奏功したことであると知られている。直勝へも、五奉行・増田長盛の直勝宛書状に「樽井(岐阜県不破郡垂井町)で大谷刑部《ぎょうぶ》が病により逗留《とうりゅう》している。石田三成は出陣のことで吉継に何か言ってきた」とあり、内部からの通報があった。また、加藤貞泰は西軍に属し尾張犬山城を守ったが、直勝に、病中の弟・光泰を東軍への「質」として派遣すると知らせてきた。家康の意を受け、直勝は直ちに貞泰に礼状を認《したた》めた。猛将・直勝は武功でなく、文治で貢献し、関ヶ原の戦い後、近江国四郡のうち二千石を加増された。

四、関ヶ原の戦い以後——直勝の転換

1 細川幽斎から『室町家式』を授かる

慶長五年（一六〇〇）、関ヶ原の戦い後と思われる時期（慶長十二年説もある）に、直勝は家康より、前代から伝えられた儀礼、殊に朝廷での任官等の際に必要な規則・慣習などを細川幽斎から学び、身に付けるように指示された。

直勝は、幽斎から「室町家式」を学び、その写しは永井家に所蔵するようにと家康から賜っている。

細川幽斎（一五三四〜一六一〇）は、諱《いみな》を藤孝、与一郎、兵部大輔と称し、剃髪《ていはつ》して幽斎玄旨と号した。若くして歌道を志し、三条西実枝《さねき》より古今伝授を受けて二条歌学の正統を伝え、和歌・連歌の道に達し、九条稙通《たねみち》より『源氏物語』の奥義を授けられ、また茶の湯・料理・音曲・刀剣鑑定・有職故実などあらゆる学芸芸能の極致を極めた、戦国・安土桃山時代における屈指の文化人である。

慶長五年、関ヶ原の戦いの際には、東軍についた。田辺城に籠城し、西軍に包囲された幽斎の討死を憂慮した八条宮智仁《としひと》親王が、使者を遣わして開城を勧告し、さらに後陽成天皇も古今集秘事の伝統の絶えることを惜しみ、勅命をもって開城の叡旨《えいし》を伝えさせたことは有名である。著述は『伊勢物語闕疑抄《けつぎしょう》』、『百人一首抄』、『室町家式』をはじめ歌道・有職故実に関するものが多い（『国史大辞典』）。

直勝が、細川幽斎から「室町家式」を伝授された際の史料「幽斎君御事蹟並和歌抜抄」を、『綿考輯録』第六から見たい。

一十二月、家康公より永井右近大夫殿を以、台命に以来天下の御格法に被仰付候間、
室町家の旧例御存之趣、つふさに書記し可被献旨、被申達、御受被仰達候、

一慶長十二年丁未二月、室町家式三巻被差上候御添状
室町殿御家式之儀、依　台命私致所持候、書記三巻進上之候、猶又尋探重而書加
可申歟、宜預上達候、恐惶謹言

細川幽斎

二月十五日　玄旨

永井右近大夫殿
御披露

「（慶長十一年、五年カ）十二月、直勝殿が家康公より、室町幕府の典故（典礼や故実）を具《つぶさ》に習得するように命ぜられました。そのため、私細川幽斎は、室町殿の『室町家式』の内容を

すべて書記して伝授するように命ぜられたので、翌年二月十五日に差し上げます」。その添え状には、「『室町家式』について、命令により、所持している三巻を差し上げます。なおまたお尋ねがあれば、書き加えます」とあり、二月十五日付で、幽斎から永井直勝宛になっている。しかし、この史料を『寛政譜』の直勝の項は慶長五年としている。『綿考輯録』の慶長十一年では、家康の将軍宣下の慶長八年より遅いため、『寛政譜』の時期の方が適っていると思われる。

2 将軍宣下儀式での直勝

慶長八年(一六〇三)二月十二日、家康は征夷大将軍に任ぜられた。永井直勝は、将軍宣下の儀式で武家方としての役割を果たす。『実紀』の記述から、その様子を見たい。

①この日、御所で家康の征夷大将軍宣下の儀式を済ませ、勅使の烏丸光広、小川俊昌、勧修寺《かじゅうじ》光豊が、伏見城に向かった。規式に適った装束・乗物である。広橋と烏丸は轅《ながえ》(牛車)で、その他の官人は轎《きょう》(駕籠)に乗って行った。それぞれ決められた場所で乗物を降りた。土御門《つちみかど》は、紅の直垂《ひたたれ》で南殿に出る。諸大夫以上は直垂、諸士は素襖《すおう》を着した。

②家康が、勅使に対面して、公卿宣下の礼を言う。朝廷よりの使いのうち、中原職善が正

面の階下で、「御昇進、御昇進」と二回唱える。広橋と勧修寺は、上段二の間に分かれて座る。孝亮が広庇に伺候し、出納左近将監、職忠が、征夷大将軍の宣旨を乱箱に入れて小庇の方から持ち出て、授けられた官務（使い）がこれを奉って進む。

③大沢基宥が受け取って、家康の前に奉る。家康は拝戴して宣旨を右に置く。基宥は乱箱を持って奥に入る。永井右近大夫直勝は、その箱に砂金を二袋入れて基宥に授け、基宥が官務に渡す。官務は拝戴して退く。

④「源氏長者」の宣旨は、大外記（押小路師生）が持参し、基宥が受け取って、家康に奉る。箱は基宥が取って奥に入る。直勝が砂金一袋を入れると、基宥が持ち出して大外記に渡す。大外記は拝戴して退く。次に大外記官務が「氏長者」の宣旨を持ち出す。次に、大外記が「右大臣」の宣旨を持ち出す。次に「牛車宣旨」を持ち出す。次に「随身兵杖」の宣旨を大外記が持ち出す。次に「淳和奨学両院別当」の宣旨を大外記が持ち出す。官務は、その度ごとに乱箱に砂金を入れて賜る。次に、職事弁等が座を立つ。次に上卿・勅使が太刀と折紙をもって、三の間長押《なげし》の内に拝して、大外記以下は太刀を三の間の内にて拝し、大外記以下は、太刀を三の間の内に置いて広庇にて拝する。官務、出納、少外記、史も同じである。次に陣の官人、召使等の作法。次に直勝、西尾忠永は役送し、兼勝に金

百両、徳川の紋のある鞍馬一疋、光豊には金五十両と鞍馬一疋が遣わされて、その後奥に入った。その他の官人・召使等は五百疋ずつ賜った。

征夷大将軍は、日本武尊が濫觴《らんしょう》というが、文屋綿丸・坂上田村麻呂、藤原忠文などの将軍は、みな御所にあがって宣下を受けたと聞く。幕府に勅使が遣わされて宣下される事は鎌倉の源頼朝が初めてである。その時は、鶴岡八幡宮に勅使を迎えた。三浦義澄以前にも比企《ひき》左衛門尉能員《よしかず》・和田三郎宗実の時もあった。

⑤徳川幕府が伏見城に勅使を迎えて宣下を受けたことは、これからの権輿《けんよ》にすべきである。

徳川家の典礼もまだ完全とはいかなかったが、この『実紀』が完成する頃〔文化六年〔一八〇九〕起稿〕になってようやく完備したのである。比企能員、和田宗実、郎従十人が甲冑鎧でその宣旨を受け取り、幕下西廊下にて拝受したことがこの儀式のはじまりである。足利家は代々この職を受け継いできたが、三代の間は未だ兵火の最中なので、儀式は行われなかった。四代足利義持の頃、式法も揃ってきたが、応仁の乱があって、儀礼どころではなくなった。

⑥この度の儀式は、廃絶したのを再興し、鎌倉・室町の儀注を取捨選択して、改めて重要な

典礼を記録している。

（中略）

　天下を掌握する将軍が、朝廷に宣旨を頂きに参内するとは、武家の権威が大いに失われる。朝廷から将軍の下に出向くべきである。徳川家が将軍になって、ようやくその正統が復活した。これが宣下儀礼の濫觴となって、今後もこうあるべきである。


　慶長八年のこの日、家康の将軍宣下が伏見城で行われ、禁裏から勅使が多数派遣されて、厳《おごそ》かな儀式が粛々と行われた。御所での儀礼を済ませ、そこから伏見城へ向かった公家達の服装、乗物までが細かく記される。伏見城で迎える直勝以下幕府側の人物は、正式な儀礼に粗相なきよう緊張して役割を演じる。この儀式に立ち会った朝幕のすべての人物は、室町の典礼・家式を熟知し、少しの乱れもなく、粛々と進行させていった。

　家康は源氏の棟梁として、鎌倉の源頼朝以来の儀式を復活させ、「将軍宣下の宣旨は、朝廷の使いが将軍の居所に赴く」という本来の形式を復活させたかった。その第一回目である。

　朝廷方の文化的儀礼の蓄積は大きく、「武人礼法に嫻《なら》はず」と侮《あなど》られ、武家方は立ち後れていた。武力で天下を奪ったが、朝廷に負けない権威ある将軍宣下こそ、真の天下人に相応しいのである。自ら源姓を称し、足利将軍家の格式の正統な後継者たることを誇りとする徳川家康にとって、武家の権威を示す儀礼の習得は必須のことであった。

家康は、将軍宣下の儀式が執り行われるのを見越して、家式を熟知し、当代随一の文化人と評判の高い細川幽斎に、新たな儀礼の復活と、武家方への伝授を依頼した。幽斎は、古今伝授保持者として、田辺城での籠城で、天皇、八条宮から命乞いをされた人物である。そして幽斎から「室町家式」一切の伝授を受ける者として直勝が抜擢《ばってき》されたのであった。直勝は徳川家が、朝廷方との交渉において、武家儀礼や儀式典故に精通している人材を必要としたことから、特別に育成されたのである。

直勝の「室町家式」の受講は、家康が金地院崇伝を中心に推進していた朝廷対策としての文化政策であり、古書の蒐集《しゅうしゅう》、書写また古活字版の刊行などと一体のものである。

直勝自身の行為は、儀式が厳かに進行するなかで、「大沢基宥が奥に持っていった乱箱」に「砂金を入れて基宥に授ける」役であった。ただそれだけであった。

しかし、直勝は、将軍宣下の盛儀を、武家側として完璧に取り仕切る役割を果たしていた。古今伝授、武家故実の継承を以て知られる細川幽斎に授けられた直勝の知識は、伝統文化を習得した将軍の側近として不可欠なのである。

武術に長けた直勝であるが、関ヶ原の戦い以後、政権確立に向かう徳川氏の基点の儀礼において役割を果たし、徳川家の対公家政策の先端に位置していた。それは、直勝に留まらず、以後、永井家が担う重要な役割でもあった。のちに、直勝を継ぎ、尚政・直清が幕府と朝廷との関係を格段に強化していく役割を与えられることからも明らかである。

慶長十年正月五日、直勝は家康から与力・同心を附属され、三河碧海郡のうち四千五百石を宛がわれ、書院番頭に抜擢された。

註

書院番頭：書院番の頭。書院番は、将軍直属の常備軍で、大番に次ぐ重職。平時には殿中や玄関前諸門の警備や諸儀式での将軍の給仕などを行う。書院番頭には四千石以上の旗本が就く。

3 将軍宣下の重み

慶長八年、家康は征夷大将軍に任ぜられ、宣下の儀式を執り行った。その後、家康の周辺はどのように変化したのであろうか。

①年頭の礼

前年までの年頭挨拶《あいさつ》の際、諸大名はまず大坂城の秀頼に、その後伏見の家康に礼をしていた。しかし、家康が将軍宣下（武家の頂点に立つ）をしたため、家康のみに礼をするようになった。宣下を受けた事実は、同格の大名達を追い抜いたのみでなく、関白秀吉の後継者をも抜いてしまった。許可無く宣下を受けた家康に、淀君は激怒したという。

豊国社祭礼は盛大に催されたが、家康を憚《はばか》ったのか、秀頼を含め大名の姿はなかった。

②江戸城の天下普請

天正十八年八朔の家康江戸入り後も、みすぼらしい江戸城の本格普請は持ち越されてきた。しかし、将軍宣下の後は、江戸城建設に、大名の御手伝普請として大々的にとりかかった。外様大名、一門大名、西国小大名・大大名ばかりか秀頼の家臣まで動員した。神田山を崩して堀を埋めたて、町場を造成し、石材を船で運ばせ、石垣普請を終え、本丸・二の丸・三の丸、天守閣までの本格工事を済ませて、慶長十七年に日本一の城を完成させたのである。

4　直勝、井伊直政の家宝・唐物文琳茶入を与えられる

慶長五年秋の関ヶ原の戦いにおいて、井伊直政は譜代の意地を見せるため、軍法を犯して抜け駆けの作戦で戦端を切った。秀忠が率いる徳川本隊が到着せず、豊臣股肱《ここう》の武将達の戦力で戦ったとなれば、たとえ勝利したとしても、徳川家の勝利とはいえない。譜代の武将が勝利に貢献しなければならない。直政は家康の四男・忠吉の初陣を遂げさせる役割も担っていた。

また、徳川方勝利が明らかになった頃に、西軍の島津氏が東軍の陣を突破して戦場を離脱する「島津の退き口」があった。福島正則はじめ、他の武将達は、すでに決着がついていたので、兵を休めて島津を見過ごした。しかし、直政は逃げる島津軍を追撃して深手を負わせた。自らは、足に傷を負い、忠吉も重傷だった。戦の論功行賞では、直政の抜け駆けの先陣も罪を問われず、譜代の戦功第一とされたのである。

井伊直政は家康の奏請により、従四位下に叙任された。そして、石田三成の佐和山城を宛がわれ、家康の唐物文琳《ぶんりん》茶入を拝領したことは著名である。

この時のこととして、『寛政譜』の永井直勝の項に「井伊直政と論争した」との記述がある。これについて、『一行院』は、次の通り解説している。

家康の使い・本多正信が直政に、合戦での手柄の賞として、石田三成の佐和山城を宛がいたいと伝えてきた。しかし、直政は恩賞が少ないことを不足に思い、折紙を返上し、何度注意されても聞き入れなかった。永井直勝は聞きかねて、直政に御加増の折紙を素直にもらうように注意した。直政は、このたび活躍した外様の大名達には大国の領地を与え、三河以来の忠義を尽くした譜代を疎《おろそ》かに扱っているとの理由を言う。直勝は、譜代が鬼神のごとく働いても、戦いには勝てなかった。今のように加増されるのも、外様の加勢があったからこそである。これが分からないのなら絶交すると立ち去った。その後直政は考え直したのか、直勝の言うことは尤《もっと》もであるとして、家康の御前で非を詫びた。そして、以前の過言は面目ないと謝り、家康から拝領した秘蔵の唐物文琳茶入を直勝に与えた。直勝は家宝として後世まで伝えた。

鈴木氏は『一行院』で、この逸話をにわかには信じられないとされる。しかし、直勝と直政との間に誤解が起こり、直政が自分の非を認め、直勝に謝したことがあったかもしれないともいう。

これは、『寛政譜』では、字数の多いエピソードである。ちなみに、家康から拝領した唐物文琳茶入は、直勝の御子孫の家に、今はないとのことである。

慶長九年七月十七日、徳川秀忠の子竹千代（後の家光）が江戸城で生まれた。同日以降、竹千代の小姓が決められた。永井直勝の三男・熊之助（直貞）、水野義忠の二男・清吉郎（光綱）、稲葉正成の三男・千熊（正勝）、岡部長綱の末子・七之助（永綱）等である。

このうちで一番早く召されたのは、直勝三男・直貞であった（『一行院』）。そして大御所秀忠が死去したあとの寛永十年（一六三三）、家光親政の一環として、上方支配の重鎮になった直勝の長男・永井尚政、二男・直清が畿内山城の淀川河岸に転封されて活躍することになる。

慶長十三年、永井直勝は、上杉家の家臣直江兼続、その弟の大国実頼とともに連歌を興行していた藤島城主・木戸元斎の養子、佐川田昌俊を抱える。佐川田昌俊については、第三章で述べたい。

5　織部茶会に招かれた永井一家

慶長十五年、将軍秀忠の茶の湯指南役であった古田織部が、指南役の典型となる茶会を催し、自らの美意識を披露する。利休の切腹以来、その茶は武家と町人達の趣向の違い、また茶会の目的の違いから、茶道具・点前・建築・茶会の流れといった各点において、それぞれの階層、地位に応じて変化していった。織部は武家に相応しい茶の創造を図っていたが、新たな政権の将軍秀忠の茶の湯師範になり、将軍の御成《おなり》を受け、将軍を荘厳《しょうごん》し、さらに饗応する茶の創出を秀忠から託され(古田織部美術館編『豊後『古田家譜』——古田織部の記録』)、その創造に邁進《まいしん》していった。そしてついに、将軍秀忠を正客とする武家茶の典型を披露し、連なる重臣達を、年を跨《また》いで跡見茶会に招く一大イベントを催すことになった(「織部会付」『古田織部茶書』二)。

その時期は、慶長十五年十一月十六日朝から、翌年二月十一日昼までで、四九回、延べ二六九人を招いた。数寄屋での茶道具は、まず、織部自慢の一点、新盆に載せた漢作唐物茶入「勢高肩衝《せいたかかたつき》」に広東の仕覆を添えた。掛物は牧渓筆「(腹摩)布袋絵」(南浦紹明《なんぽじょうみょう》墨蹟)、花入は伊賀焼(備前焼)、茶碗は瀬戸焼、水指は瀬戸(伊賀)、水滴は瀬戸(面桶)、蓋置は瀬戸(引切)。鎖の間では、秀忠には文琳茶入に台天目で茶を供し、跡見茶会では中次を使用している。台天目と中次は跡見茶会で交互に使用した。

道具組は、唐物の数が少なく、新しい和物の道具を多く飾って、唐物荘厳とはかけ離れている。これが将軍茶の湯師範・織部の茶であった。

永井家が招かれたのも秀忠の跡見茶会であった。

直勝は、十一月十六日晩に招かれ、相客は本多正純、尾張徳川家家老・成瀬正成、本多とともに家康側近であった安藤直次、織部の弟子の中野笑雲、この客組は家康の命令一下いち早く行動する側近達である。

嫡男・尚政は、十一月三十日昼に招かれ、相客は譜代の重鎮榊原康勝、水野忠清、家康の側近中の側近で、金銀山開発や南蛮貿易などで家康に莫大な富をもたらす代官頭の大久保長安と、その弟の大久保外記であった。

二男・直清は、翌年一月二十日昼に招かれ、相客は本多正勝、藤沼主殿《とのも》、安藤彦四郎、成瀬藤蔵、神屋五兵衛といった、本多・安藤・成瀬家等の将来を担う人物達である。

今や、将軍師範・織部の茶会の拝見を請う武将たちは跡を絶たないほどであったという。尚政・直清達の織部茶会の体験は、後の家光政権の文化政策に大いに生きることになる。

『実紀』慶長十九年十一月十八日条によれば、直勝は、大坂冬の陣では軍《いくさ》奉行を勤めた。直勝は、武勇に優れているのは勿論、家康からの信頼も篤く、家康の命令で諸手の仕寄場の巡見・下見役等を勤めていたとある。

註

軍奉行：強靭な連携を必要とする軍の主将の傍らには必ずいた兵士で、主将より、軍の指揮権を委ねられ、いっさいの責任を負う役職である。

五、大坂両陣後――将軍・秀忠の側近として

元和二年（一六一六）四月十七日、家康が駿府城で死去した。将軍は秀忠であるが、政権の実権は大御所の家康が握っていた。家康の死後、秀忠は、次第に実権が将軍の自分にあることを明らかにしていった。

元和三年、家康の遺言通り、日光東照社で、家康忌日の四月十七日に正遷宮が行われ、翌日の祭礼に秀忠も赴いた。その二ヶ月後に秀忠は数万の軍勢を従えて上洛した。入洛軍は東国大名と老臣で構成されていたが、西国の有力大名、さらに領国にいた大名達も相前後して上洛してきた。これにより、秀忠に軍事指揮権があることを具体的に示した。また、池田家を中心に譜代大名十四家を転封させて、徳川勢力を西に進めた。こうして秀忠の諸大名に対する優位性を見せつけたのである。

1　直勝、福島正則領地没収の上使を勤める

元和五年にも秀忠は上洛した。その目的は、秀忠の娘和子《まさこ》の入内《じゅだい》と、大坂城を造替えし、畿内の軍事・民政の中心を京都から大坂に移す準備をすることであった。しかしそれは表向きの理由であり、真の目的は、大名の転封とキリシタンの取締りである。

直勝は、元和五年と、同八年に、大名の領地を没収する際の上使を勤めた。

初めは、元和五年の、全国からの武将達の上洛中のことであった。転封の対象になった最大の大名は、関ヶ原の戦いで、東軍について大活躍した福島正則であった。福島は、無断で城を普請したことを咎《とが》められた。六月二日、直勝は、秀忠の年寄・安藤重信に添って、福島の広島城受取の上使とされた(『寛政譜』)。城受取の上使には、種々「定」がある。「諸事を沙汰す」との文字に表れた職務の内容は、大大名の城主を突然改易して、城主は勿論、家臣の多くも突然浪人になるために起きる武力闘争を事前に避けることである。怒りを抑え込んで、城主を処分し、家臣を鎮め、城を次の城主に恙《つつが》なく引き渡すことをいう。

この領地没収は、徳川家に逆らうことの意味を上洛中の諸大名に示したのである。

2　直勝と最上義俊・本多正純の領地没収

次の上使は、元和八年に勤めた。

元和三年三月、山形城主最上家親が亡くなった。子息・義俊は若年であり、老臣が補佐することになったが、彼らは義俊を蔑如《べつじょ》して、家臣と族臣が互いに権威を奪い合い、溝ができた。家臣は族臣の不忠を訴文にして江戸に赴き幕府に訴えた。義俊は、家中の騒動が解決できず、元和八年八月、幕府の評定で裁許され、出羽五七万石を没収された。幕府は義俊に一万石を与え、転封させた。そして、秀忠の年寄・本多上野介正純と直勝を上使とし、出羽山形に遣わし、領内の城およそ二五個所を接収させた。両上使は、山形城を無事に受け取り、鳥居忠清に渡した。

同年十月一日、江戸から高木正次・伊丹康勝両人が上使として出羽に下った。幕府から本多正純・正勝父子に対する改易を告げる上使であった。正純は、家康が天下取りの頂点にあったとき、不可欠の側近中の側近と誰もが認めていた宇都宮十五万石の城主である。家康の死後、正純は城普請で法度を犯し、幕府に対する不慎も責められていた。直勝は、出羽に赴く前に幕府の仕置を承知していたが漏らさなかった。そして、最上家の事件が一段落したところで、旅先で改易を告げたのであった。直勝は、高木と伊丹を伴って、本多父子に改易と出羽由利への配流を申し渡し、直勝のみ江戸に帰った。

こうした難事件を解決した直勝への褒賞《ほうしょう》であろうか、同年十二月七日、領地を笠間から、下総古河に移され、二万石を加増されて、合わせて七万二千石を賜ることになった。同時に秀忠から、常に江戸城にあって、評定の席に列するように命ぜられたのである。

さらに、年寄・本多正純の後任として嫡男・尚政が抜擢されたといわれる。

尚政は、家康の下にあった頃、その命で使いをしたところ、大いに家康を喜ばせ、褒美《ほうび》として小姓組の番頭に抜擢された。元和五年（尚政三十三歳）、上総潤井戸《うるいど》で一万石もの加増があった。尚政は直勝の嫡子として将来に期待を寄せられていたのである。

註

小姓組番：一般の小姓とは違い、幕府の軍事を司る武官のひとつで、純然たる戦闘部隊である。勤番所の前に花畑があったため、花畑番ともいわれた。戦時には、将軍の騎馬隊の任に就き、平時には、江戸城の将軍警護役として、本丸御黒書院西湖の間（この前に花畑があった）に勤番していた。書院番とともに、親衛隊同様の性格を有するため、番士になれるのは、家格や親の役職の高い者に限られていた。そのため、番士の格は他の番方より高く、その後も高い役職に就くことが多かった。頭はその長（竹内誠編『徳川幕府辞典』）。

3 日光山御宮の造替奉行

日光山は、東国の鬼門にあって、源頼朝以来、武家のなかでも源氏を守護してきた場所である。源氏の棟梁である家康の墓は日光に建てたいというのが願いであった。慶長十八年、日光山の座禅院昌尊が異議によって退職し、家康の命で天海が来住した。天海は座禅院を宿坊として寺門を復興、日光山の寺領は二千余石になった。

元和二年四月、家康が死去すると、その遺言通り、遺体は久能山に葬られ、「東照大権現」の神号が与えられた。一周忌に駿河久能山から家康の霊柩《れいきゅう》を日光山に改葬した。

秀忠は、元和八年の家康七回忌のために、七年秋に日光奥院宝塔造営、山内の諸堂移転、霊廟建造を決定して、永井直勝ほか四人に奉行を命じた(『一行院』)。

元和八年四月四日に、天海を導師、正覚院証誠を呪願師として法会《ほうえ》を行った。二人は慶長十九年、大坂の陣直前の駿府における天台宗論で精義を勤めた僧である(第三章)。家康はこうした機会を期して、ふたりに宗論の精義を勤めさせていたのである。法会には、本多正純、板倉重昌、秋元泰朝、永井直勝、榊原照久と、駿府小十人組の番士など家康の近臣が供奉した。

四月十四日、秀忠が日光に着いた。十六日、神位を仮殿から本社に移し、天海が密法を修した。朝廷からの使者が追号、贈位の宣命を読んだ。十七日、御宮で小祥の祭りがあり、秀忠は束帯で参詣した。この時、轅《ながえ》の簾《すだれ》は高倉永慶、太刀は吉良義弥《よしみつ》、刀は酒井忠正、裾は直勝の嫡男・尚政が役を果たした。

この日の準備、儀式の進行、参加者の装束・所作等は、「室町家式」を習得していた直勝が取り仕切ったのであろう。秀忠は十九日に奥院の廟供養を終え、二十日に日光を発った。

法会の翌日（十八日）、直勝は秀忠から召され慰労された。日光奥院宝塔が無事完成し、法会が恙なく執行されたことを感謝されたのである。

直勝は家康に、将軍宣下の儀式以来、武家儀礼・武家故実の特別な知識を持つ者として、徳川家の儀礼や葬送、遠忌などの際に重用されてきた。家康の十七回忌に、日光奥院宝塔造営と法会を取り仕切ることは、直勝の家康に対する最後の奉公であった。

六、直勝の死と菩提寺

元和八年（一六二二）十二月、七万二千石の下総古河城主になった直勝であるが、常には江戸城の秀忠のもとにあって、評定の席に列していた。

寛永二年（一六二五）七月、江戸で暮らしていた直勝の母が八十二歳で死去し、父・重元と並んで、三河大浜の宝珠寺に葬られた。

同年十月二十九日、直勝が江戸で病死した。六十三歳であった。法名は、「大雄院殿永井月丹大居士」といい、古河の永井寺《えいせいじ》に葬られた。これは、直勝が開基した寺である。

なお、妻は、阿部伊予守正勝の娘である。

永井直勝墓（左、永井寺墓所）

永井直勝頌徳碑（興聖寺墓所、碧南市 提供）

直勝のあとは嫡男の尚政が継いだ。元和九年、尚政は書院番頭になり、遠江国山名郡において五千石を加増され、旧地と新墾田《こんでん》を合わせて二万一千石余の大名になっていた。元和八年から、尚政は秀忠の下で幕府最高の役職である年寄（のちの老中）になり、幕政を牽引《けんいん》していったのである。

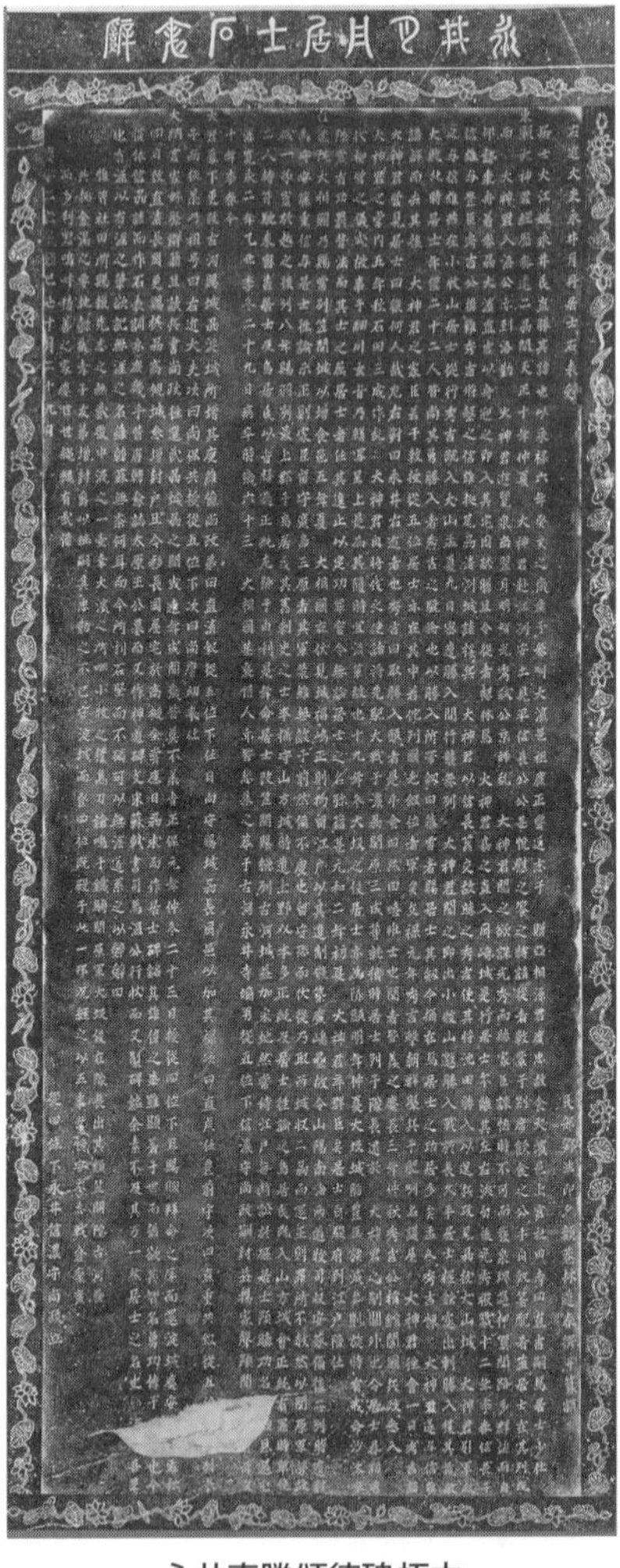

永井直勝頌徳碑拓本
（林羅山著、興聖寺蔵、碧南市提供）

第二章　永井尚政の人物像

一、尚政の経歴――秀忠の死去まで

永井尚政の生涯については、『寛政譜』『徳川実紀』等により記述した。巻末の「永井尚政略年表」を参照されたい。

永井尚政（天正十五年〈一五八七〉～寛文八年〈一六六八〉、享年八十二歳。初名は伝八郎であるが、史料には尚政が多いので尚政で統一する）は、永井直勝を父、阿部正勝の娘を母として、駿河に生まれた。

尚政の父は、尚政が生まれる前の天正十二年、徳川家の天下取りの足がかりとなった小牧・長久手の合戦で、豊臣秀吉の驍将・池田勝入（恒興）を討ち取って勇名を馳せ、家康に三河で一千貫の地を加増されている。

慶長五年（一六〇〇）、十四歳になった尚政は、関ヶ原の戦いに父と共に出陣し、初陣をはたしたのである。

関ヶ原の戦いの後、父・直勝に、徳川家における永井家の役割を大きく変える出来事が起こる。

家康は、直勝に、細川幽斎から「室町家式」を学ばせ、将軍宣下を武家の棟梁に相応しい儀礼として取り仕切らせた。以来直勝は、武家儀礼・有職故実に詳しい武将として家康の側近となり、秀忠の評定に重臣として参画するようになる。

1 将軍秀忠に近習として仕える

尚政は、慶長七年（十六歳）から、秀忠（二十四歳）の近習になる。父が秀忠の側近であったため、次期将軍・秀忠を補佐するエリートとして抜擢されたのである。

家康は慶長八年に将軍宣下を受けたが、大坂城の秀頼の方が秀忠より官位が高く、関白や将軍に近いので、二年後の四月、秀忠に将軍を世襲させた。秀忠に仕えた尚政も従五位下信濃守に叙任される。尚政は大坂の陣で首一級を獲る手柄を立て、翌年四千石加増され、同五年にも、上総潤井戸《うるいど》において一万石加増された。

2 大御所秀忠の年寄になる

元和二年（一六一六）、徳川家康死去の後、二代将軍徳川秀忠が自立して実権を掌握した。元和八年、尚政は秀忠の年寄になる。尚政が就いた将軍の「年寄」とは、言うまでもなく、全

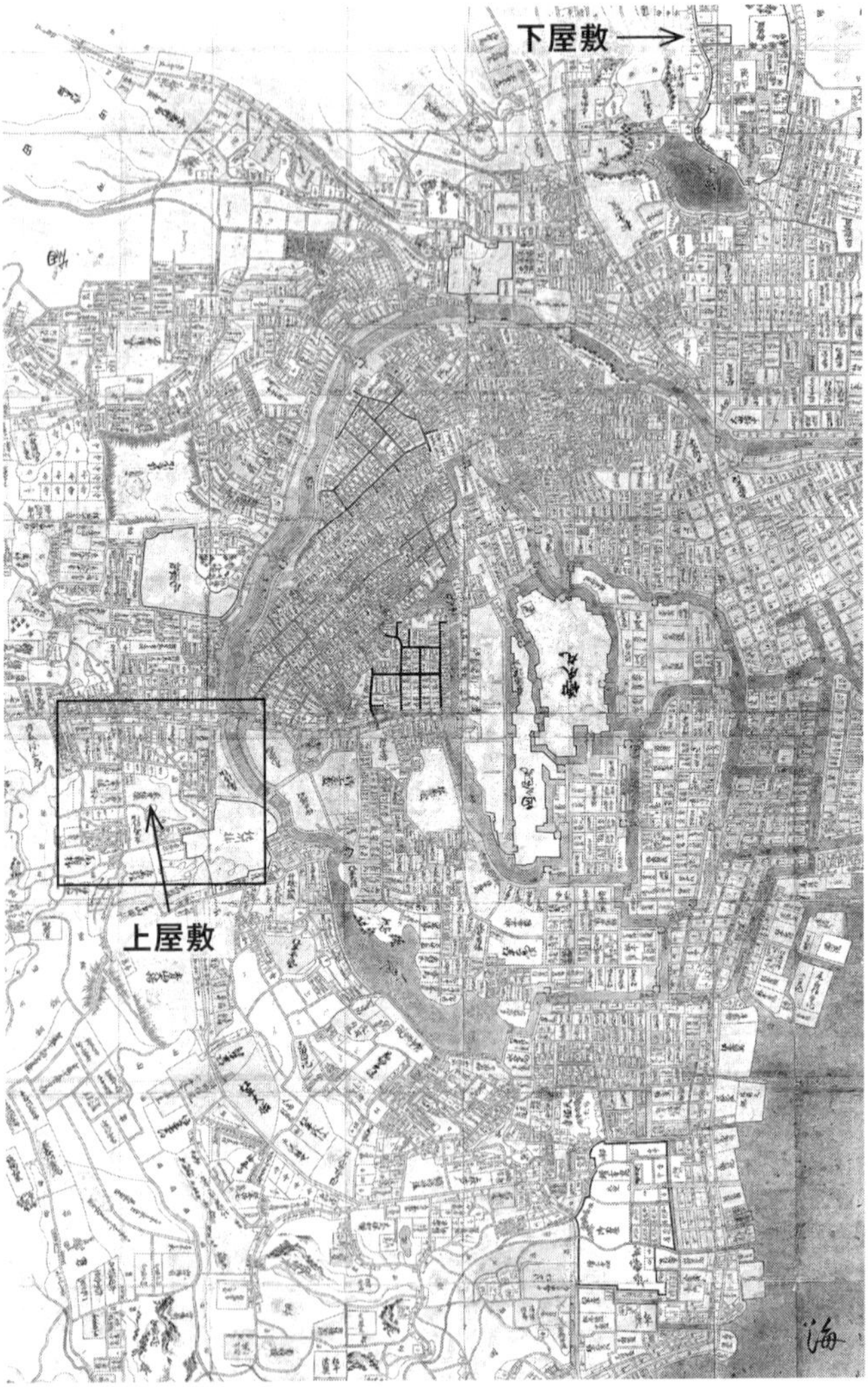

永井尚政（信濃）**江戸上屋敷と下屋敷**（『明暦江戸大絵図』部分、三井文庫蔵）
現在の新宿区信濃町に上屋敷があった。

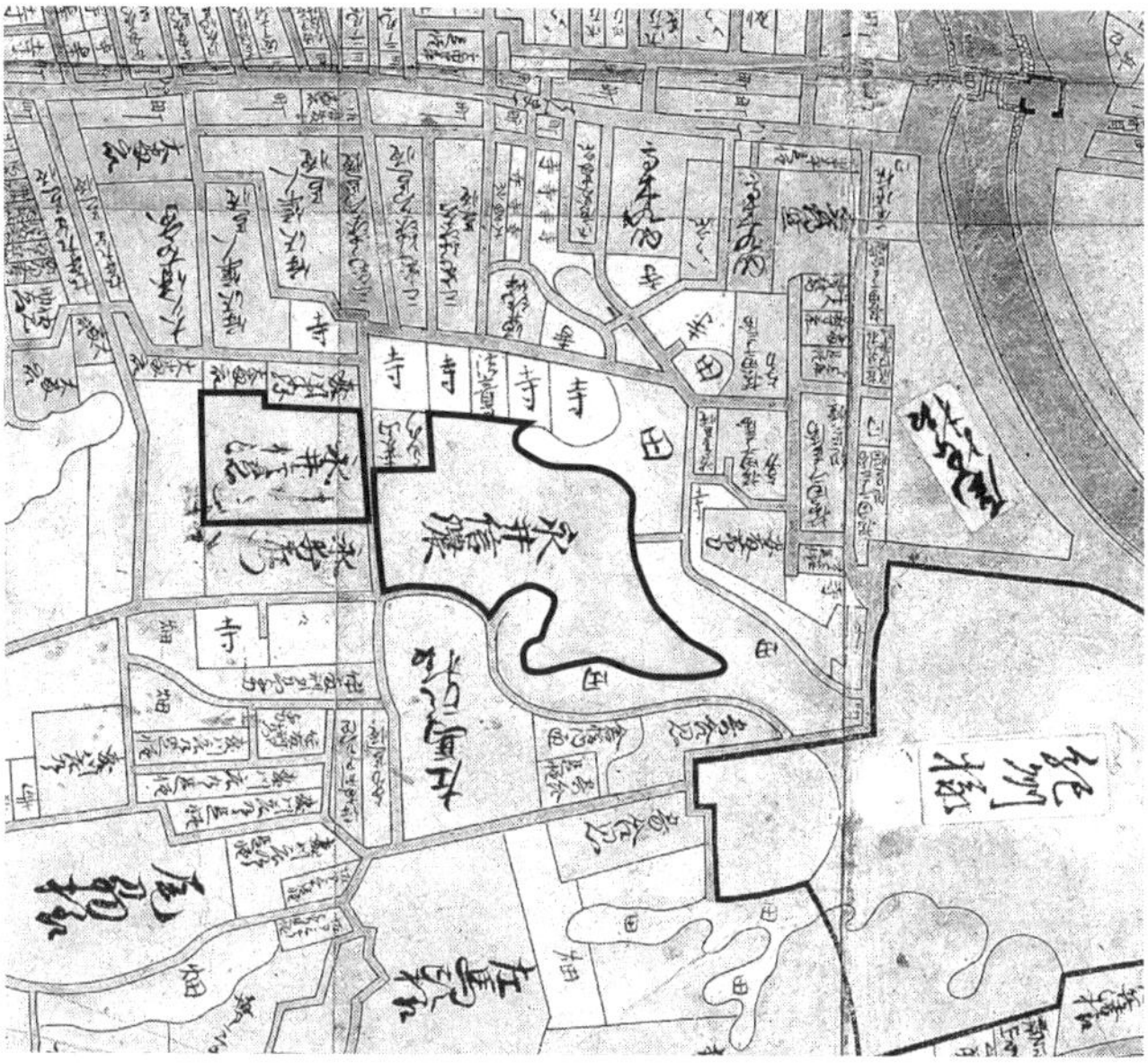

永井尚政（信濃）**上屋敷付近 拡大図**（『明暦江戸大絵図』部分、三井文庫蔵）

国的な幕政の中枢を担う、幕府役人のなかで最も重い職務である。また、尚政は、書院番・小姓組・小十人組の頭を兼ねることになった。この役は言わば秀忠の親衛隊で、その任には、将軍や江戸城内を警護する武術に長けた人物が就くのであるが、尚政は文武両道に優れた武士であったことが分かる。

元和九年（一六二三）、家光が将軍を襲職した。しかし、実権は秀忠が握り、家光が御所、秀忠が大御所と呼ばれ、二人を両御所と呼ぶ。この年の秀忠付年寄は土井利勝・井上正就・永井尚政。家光付年寄は酒井忠世・酒井忠勝・内藤忠重・稲葉正勝であった。寛永五年の秀忠付は、土井利勝・永井尚政・青山幸成・森川重俊。家光付年寄は、酒井忠世・酒井忠勝・内藤忠重・稲葉正勝、というように人事は変化した。しかし、尚政は一貫して秀忠の年寄として仕えた。

尚政の連署奉書への加判の始まりは、元和九年四月十日(細川忠利宛)であり、最後は、秀忠死去直前の寛永八年(一六三一)十一月二十九日(水野勝成宛)である(藤井讓治『江戸幕府老中制形成過程の研究』)。尚政は、秀忠の年寄として九年間勤め、加判の合計は一九一回に及ぶ。秀忠大御所時代の幕政の中枢にあって、諸大名に将軍の命令を伝えていた。尚政は、他の年寄と同様に、諸大名からは尊崇されるとともに、その命には絶対逆らえないという畏れられる存在でもあった。

江戸城本丸での幕政そのものは家光が執行し、熟達した政治力を必要とする朝幕関係や、秀吉政権の基盤であった畿内・西国支配については、西の丸の秀忠が主導していた。尚政の知行は合わせて八万九千石余にもなり、下総古河の領地と、鴻巣《こうのす》に御殿を賜った。尚政は、現在の新宿区信濃町に、広大な屋敷地を所有しているが、それは父・直勝の頃に拝領したものか、それとも尚政の頃だったのであろうか。後に自邸と鴻巣御殿に、家光の数寄屋御成(茶事を伴った御成)を迎える。その屋敷の構造などは不明であるが、茶湯巧者といわれる尚政の屋敷は、将軍を迎えるに相応しい構成になっていたであろう。そして「花畑」の文字も見える。

3 大御所秀忠の主導――畿内の統制と朝幕関係

尚政が仕えた大御所秀忠は、熟達を要する朝幕関係や、畿内以西の大名の統制を主導していた。当時の朝幕関係の状況をみたい。

①朝廷の統制

慶長十四年七月、官女と若公家（猪熊教利・大炊御門頼国・花山院忠長・飛鳥井雅賢《まさかた》・難波宗勝・中御門宗信・烏丸光広・徳大寺実久）の密通が露見した。後陽成天皇は武家伝奏の勧修寺光豊から、京都所司代・板倉勝重を通じて、家康の意向をうかがうよう依頼した。十月、家康の決定が出て、官女達は伊豆新島に、十一月、若公家たちは蝦夷・隠岐・対馬・伊豆などに流された。

この事件を契機に、家康は朝廷の最も重要な権限である天皇の譲位・即位に干渉し、朝廷を掌握していく。

慶長十九年は、大坂冬の陣を控え、東西が慌ただしい空気に包まれていた。後に述べるが（第三章）、家康が公家の飛鳥井雅庸《まさつね》達を、駿府に招集した時期と重なる。家康への歌学の講義を拒んだ公家もいたが、雅庸は駿府城に参上した。前述した通り、飛鳥井雅庸の長男・雅賢と、難波家を継いだその弟・宗勝は、慶長十四年の官女密通事件で処分を受け、飛鳥井雅賢は、歌学及び蹴鞠《けまり》の家業を世襲できない状態であった。雅庸は、大坂冬の陣直前の緊迫した時期に、駿府の家康の召しに応じた。召された理由は家康に対する和歌の伝授と『源氏物語』三箇所の秘事の講義であったが、その見返りとして、雅庸の方から何らかの頼みごとがあったのではないか。また、雅庸は、家康の側近・永井直勝の一介の家臣・佐川田昌俊をも門弟にしていた（第三章）。

大坂冬の陣終結後、幕府から、武家を統制するための「武家諸法度」に続いて、「禁中並公家衆諸法度」十七条が出された。この法度は「天子芸能之事第一御学問也」と、はじめて天皇の行動を規制したものとして有名である。天皇と公家には、政治に介入せず、有職故実、学問習熟と和歌の学習を求めている。政治に口出しせず、家々の学問に励むことが、公家達の職務になった。また、その条文では、武家官位の執奏権《しっそう》（武家の官位を幕府の推挙をもって与えること）を幕府が独占し、朝廷の武家への自由な官位叙任を制限している。この法度は、このの ち幕末まで幕府の朝廷支配の最も重要な法となっていったのである。

関ヶ原の戦い後、家康は、禁裏の知行地（一万十五石）を他国から山城国へ移したり、加増を行ったりしたが、その支配は朝廷が行っていた。しかし、寛永十一年、上洛した家光は、京都代官の五味豊直に禁裏御料収支の監察を命じた。同二十年、禁裏の収支は禁裏付と五味が担当し、勘定は所司代の監督になった。禁裏御料の財政は、幕府に掌握されていったのである。

公家・門跡の所領もその多くが山城に移された。公家・門跡の所領は合計約五万石であった。公家には、摂家・清華家《せいがけ》・大臣家・羽林家《うりんけ》・名家等の家格があるが、徳川家の参内に従ったり、上洛する度に伏見城や二条城に挨拶に行ったりする武家昵懇衆《じっこんしゅう》達は、家格に比べて所領高が多かった。

元和三年、秀忠は大名と共に、公家・門跡・寺社へも領地宛行状を出し、以後、将軍の代替わりごとに出された。大名達と同様、公家達も将軍の家臣になったのである。

以上のように、関ヶ原の戦いで徳川家が勝利して以来、政治・経済・文化のすべての面で天皇・公家達は規制され、次第に幕府の支配下に置かれていった。

②和子の入内

秀忠の五女・和子《まさこ》を、後水尾天皇の妃にすることは、大坂両陣に続き、家康の死去があり、さらに、後水尾天皇に寵愛《ちょうあい》する女性がいたこともあって、何度も延期されてきた。入内の延期を聞き、後水尾天皇は譲位をほのめかしたが、秀忠は天皇と親しい公家を処分し、遠ざけた。また幕府の意向を貫徹するために、所司代職を板倉勝重から嫡男・重宗に譲らせた。天皇の抵抗があったが、天皇の弟の近衛信尋《のぶひろ》や藤堂高虎の説得などが奏功して、ようやく和解し、入内は元和六年六月十八日と決まった。

入内にともなって女御警護の名目で、武家を直接禁裏に入り込ませた禁裏付(のちには仙洞付も)に与力十騎、同心三十人を付し、朝廷監視の役割を持たせた。

元和九年十一月、女一宮興子《おきこ》内親王(のちの明正天皇)が生まれた。翌年、和子は天皇の正室・中宮になった。また和子入内後の元和七年からは、朝廷より年賀の答礼が派遣されるようになった。元和九年の夏、家光の将軍宣下のために上洛した時、秀忠は朝廷に一万石を献じた。こうして、幕府と朝廷の「融和」への歩みが始まったのである。

③後水尾天皇の二条城行幸

寛永元年(一六二四)、秀忠は天皇の二条城行幸を計画し、所司代板倉重宗と金地院崇伝を行幸の統轄者に任ずる。行幸行事は九月五日から十日まで行われ、行事に関するすべてと二条城の修築の奉行は、上方郡代の小堀遠州と五味豊直が取り仕切った。

幕府と朝廷の折衝役は、武家方が秀忠の弟・徳川義直、朝廷側が天皇の弟・近衛信尋として、着々と準備が始まる。秀忠が主導する朝幕関係の行事であり、大名の留守居を除いた武将達を全国から上洛させる一大行事である。秀忠の年寄・永井達が発給する連署奉書を見よう。

寛永元年四月二十四日以降、寛永三年九月二十日までの連署奉書三十二通のうち、二条城行幸に関する大名宛の奉書は十九通あり、全国の大名たちに上洛を促したものである。

約三十万人ともいわれる大軍を率いての上洛は、徳川の武力を顕示するチャンスであった。武力で威圧して、法度を次々に発給して、大名・旗本等の武士から、朝廷・公家・寺社関係者まで統制し、その実力をさらに西漸《せいぜん》させようとしていた。

また、秀忠の娘が、後水尾天皇に入内して、朝廷勢力とも主従関係・親戚関係を確認し、朝廷を武力でなく、法度で統制していく。

大坂城が寛永七年に完成すると、これを畿内西国の軍事拠点とし、また大坂を軍事と民政の中心において、豊臣政権の地盤であった畿内主要都市の地子銭(税金)を無料にし、融和を図っていく。従来は豪商達がこうした目的のための莫大な費用を負担し、金銀山の開発などを行ってきた。今や徳川家はその経済力で畿内の活動をバックアップするように

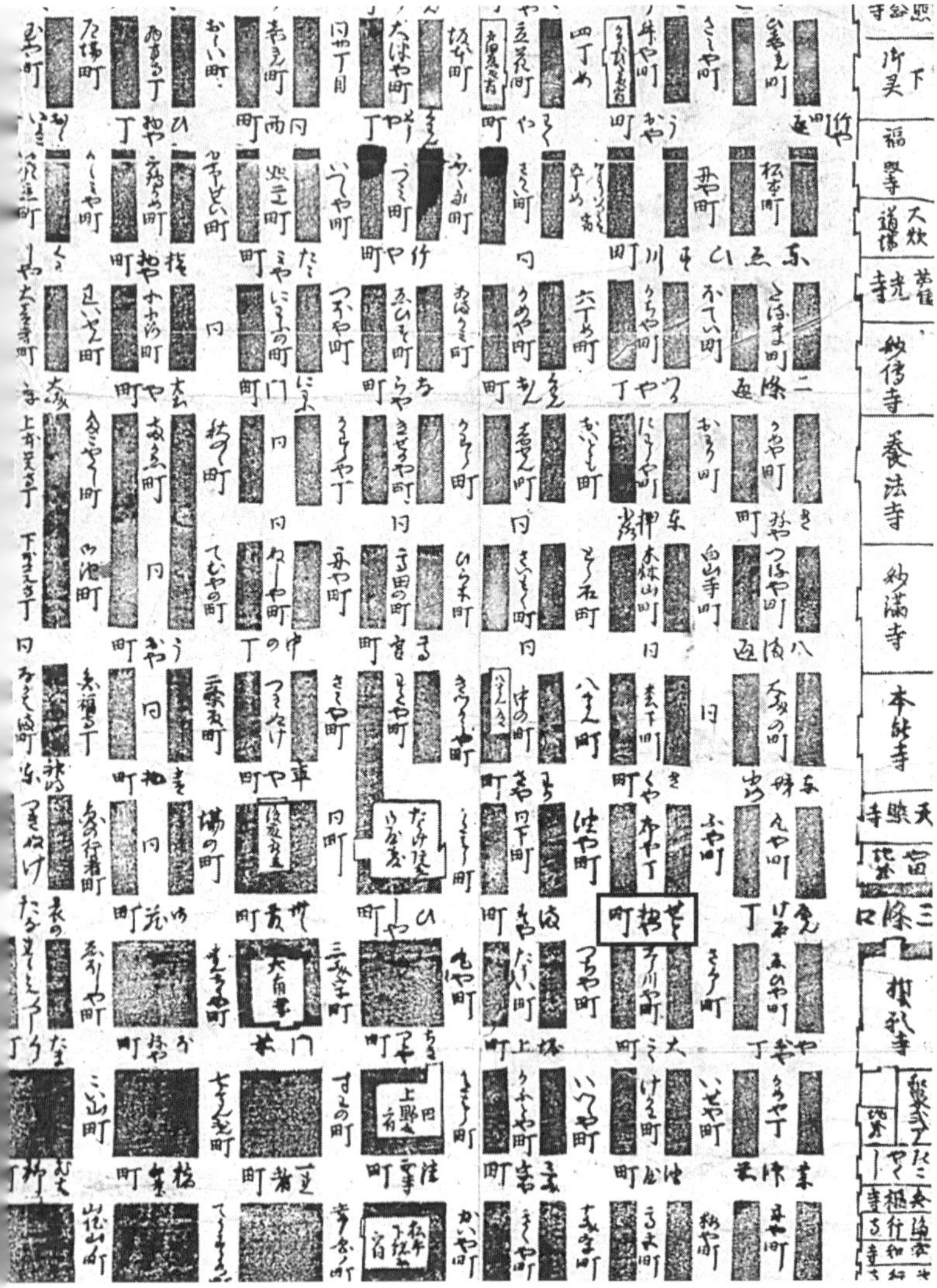

「せと物や町」周辺には、各地からの和物茶道具を商う瀬戸物屋が4、5軒あった。

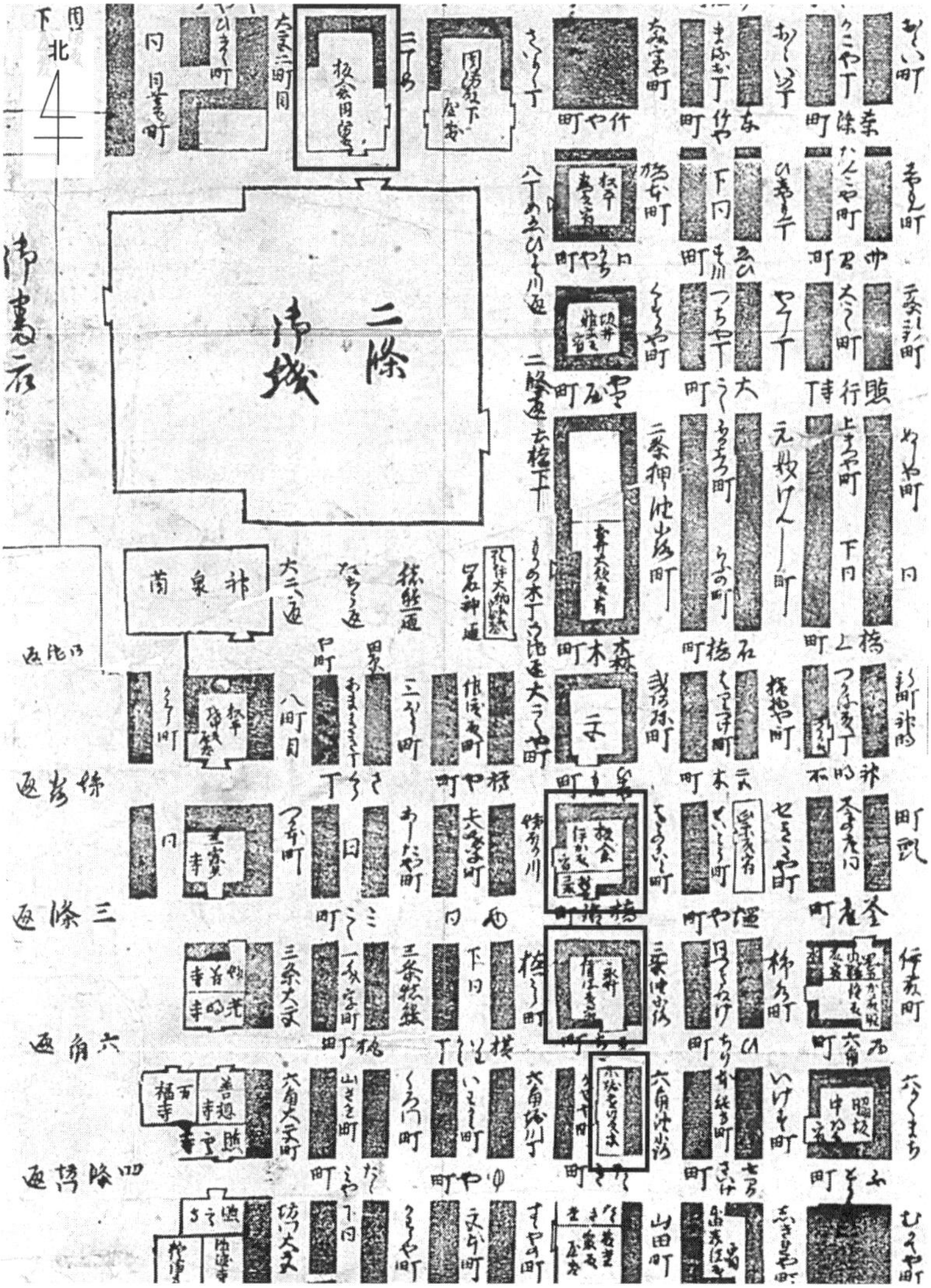
←二条城の北が板倉（周防）所司代屋敷
←北より板倉（伊賀）宿所、**永井**（信濃）**宿所**、小堀（遠江）宿所
→神泉苑近くに五味豊直が奉行を勤めた京都奉行屋敷

古地図における永井家他の屋敷・宿所と「せと物や町」
（『都記』部分、京都大学附属図書館蔵）

小堀遠州
（遠江守）邸
藤堂高虎・
高次（大学）邸
（元は古田織部邸）
永井直清
（日向守）邸
永井尚政
（信濃守）邸
酒井忠勝
（讃岐守）邸

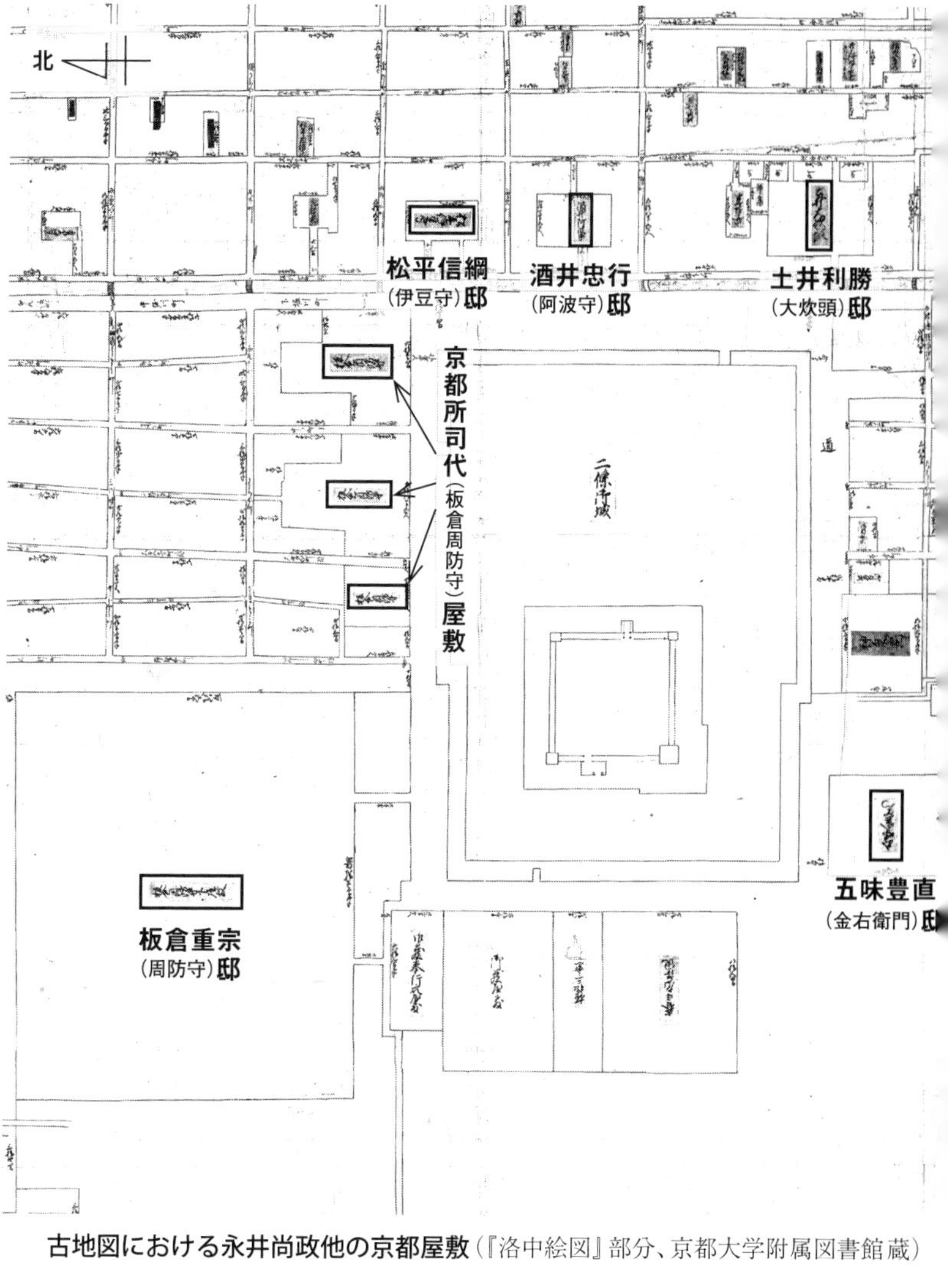

古地図における永井尚政他の京都屋敷（『洛中絵図』部分、京都大学附属図書館蔵）

なったのである。

秀忠が主導した行幸行事で、尚政は秀忠の側近として忙しく行動していたに違いない。行幸行事の責任者であった小堀遠州は、行幸行事前後に二十四回も茶会を催し、百人近くの客を招いたが、その内容については後述したい（第四章）。

④天皇の譲位と紫衣事件

上洛中の秀忠は、大徳寺・妙心寺に対し、元和元年の「諸宗諸本山寺院法度」に基づき出世を厳しくするよう通達していた。

寛永四年三月、後水尾天皇は、江戸に向かう板倉重宗に和子との間に生まれた高仁《すけひと》親王への譲位の意思を示し、これを秀忠は了承した。七月、「上方諸宗出世法度」を出した。この法度に多くの寺院は従ったが、大徳寺では紫衣の勅許剥奪《はくだつ》の対象者が十五人になり、紫衣事件に発展した。

翌五年三月、強硬派の沢庵宗彭《そうほう》・玉室宗珀《そうはく》・江月宗玩《そうがん》は連署して抗議の書を板倉重宗にあげた。京都では、作事奉行の遠州たちが天皇の譲位を予想して院御所の作事を始めていたが、同年六月に高仁親王が三歳で急死してしまう。天皇は和子を通じて女一宮（興子内親王）への譲位の意思を伝える。秀忠は、和子の次の出産が控えていたので譲位を延期させた。しかし、九月に生まれた「若君」は間もなく夭逝《ようせつ》してしまい、譲位は暗礁《あんしょう》に乗り上げた。

翌六年五月、天皇は持病を治療したいと公家衆に問うた。七月に沢庵たちへの判決が出され、沢庵は出羽上山、玉室は陸奥棚倉、妙心寺の東源彗等《えとう》が陸奥弘前、単伝士印が出羽秋田に配流されることになった。十月、家光の乳母《うば》・福（後の春日局）が伊勢・愛宕《あたご》への参詣の際、天皇に拝謁することを望み、伝奏の三条西実条の妹分の扱いで参内して拝謁する。天皇は、たとえ将軍家光の乳母であっても、無位無官の者が、無理矢理拝謁したことは許しがたかった。

この直後、天皇は興子の内親王宣下を決め、十一月八日、譲位を決行した。このことは一部の公家しか知らされず、参内した公家衆は驚き、板倉重宗は「言語道断の事」と怒りをあらわにした。翌日、板倉は、秀忠に宛てた和子《まさこ》の「御内書」を使いに江戸へ届けさせる。二十七日、板倉・和子・天皇に、秀忠の「叡慮次第」（天皇のお気持ちのままに）の意向が伝えられた。

秀忠は天皇の突然の譲位に慌てたが、この機会に、院の行動制限、武家伝奏の任免、武家への官位叙任権の独占を確かなものにしたのである。

永井尚政が仕える大御所秀忠が、朝廷支配に絶大なる実力で関わっていたことを見てきた。尚政は秀忠の側近として、当然秀忠の意向に従っていたと思われる。

4 秀忠の死去と尚政

①秀忠の死

秀忠は寛永八年（一六三一）に入ると病気を繰り返した。正月二十日頃から、食事の量が減り機嫌も悪いと噂された。病状が深刻になる原因の一つは三男・忠長の行状にあったとされる。忠長は、二月に、側近や御伽坊主《おとぎぼうず》を成敗したり、家光が忠長に意見をしても同心しなかったりしたため、秀忠は忠長を絶縁した。しかし、内心は忠長のことを案じて胸の痛みが止まらなかったという。

翌九年、元旦の慶賀が本丸で催され、家光が西の丸に御成をするが、対面して盃を取り交わして還御になった。二十三日、大御所秀忠が危篤になる。この時、秀忠から家光に、家康が関ヶ原の戦い・大坂両陣で帯びた「不動国行」・「江雪正宗」・「三好宗三」の太刀と、「豊後藤四郎」のさしぞえ、及び茶道具の漢作唐物茶入「楢柴《ならしば》肩衝」、呂宋茶壺「捨子」、圜悟《えんご》墨蹟という徳川家継承の品が譲られた。

二十四日夜亥刻、秀忠死去。五十四歳。遺命は、葬礼・法要は倹約を旨とし、位牌《いはい》の他は何も新たにせぬことだった。二十五日、本丸に天海と崇伝が召され、深夜秘密に幽宮に納むべしとし、葬式も二十七日に決定。家康の葬儀一切を取り仕切った勘定頭の松平正綱が、秀忠の場合も霊廟築造の奉行に命ぜられ、尚政も剃髪して正綱に従った。他に尚政の嫡男・尚征等四人が剃髪した。二十六日、葬式のことを相談した。松平が増上寺に赴き、尚政も同道した。遺物として、「尾州徳川家に「会津正宗」の刀と一休の面壁掛幅、紀州徳川家に「寺沢貞宗」のさしぞえ、水戸徳川家に俊成・定家両筆の掛幅が贈られた。森川重俊は私邸で殉死した。二十七日深夜、秀忠の霊柩を西の丸から増上寺に移した。西の丸に勤仕する者はすべて剃髪した。中陰の間(四十九日)は交代で番をした。大葬の式は行われず、密かに三縁山の幽宮に納めた。

同日、目付が京坂に使いをし、この度の大葬に関西の諸大名は参府するべからず。各封地を守り前令違犯すべからずと伝えた。朝廷へも同様の使いを出した。最高の実力者が死去したことから、西国の大名達が動揺して、政権が不安定になるのを恐れたのである。

次に掲げるのは、『実紀』の同年一月二十七日「世に伝ふる所は」との特記の要約である。

秀忠の死を秘密にするとの衆議もあったが、酒井讃岐守忠勝の意見に従って、葬儀の夜、出仕した諸大名に、家光が天下人になった宣言をし、自分以外に天下人になりたければ遠慮無く声を上げるべしと言う。伊達政宗が、そういう者がいれば政宗が処断すると告げると、諸大名は声も無く退出した。

政権の動揺を抑えるための、幕府の素早い対応がなされたのである。

②秀忠死去時の尚政の役割

寛永九年、尚政は秀忠の廟の奉行に任ぜられた。四月、家光の日光社参の際、封地で御膳を差し上げ、盃と黄金を賜る。還御《かんぎょ》の時は、城下の観音寺に参り、再び御膳を差し上げた。五月、紅葉山に台徳院の御霊屋《みたまや》を建てるとき、尚政が奉行し、完成ののちに貞宗の脇差を賜った。七月二日には、家光が尚政の深川の別荘に御成をした。

こうした尚政の行動を見ると、秀忠死去後は、家光から代々の将軍の廟や御霊屋等の普請・忌日の儀礼には必ず奉行を命ぜられ、またその功を賞され、寵愛されて貴重なものを賜っていることが分かる。まさに直勝の事蹟を受け継ぎ、尚政は永井家独特の奉公を勤めていたのである。

③家光の弟・忠長の改易

家光の弟・忠長の改易については、当時の伝聞や観察によれば、忠長の改易は彼個人の狂気ともいわれる。そこに至る経過をみたい。

寛永八年二月、忠長は、家臣や坊主、禿《かむろ》、腰元を殺害したとされる。三月には恐れた側近は近づかなくなり、秀忠は即座に彼を勘当、処分を家光に一任した。五月、家光は更生を促したが、回復せず甲府蟄居が命じられた。しかし家光は駿府への帰還を認めており、忠長も誓詞を提出した。

尚政は、忠長が領地を没収され甲斐に蟄居することになったとき、その手続きのため、同月二十六日上使の松平正綱とともに駿河・遠江両国に赴いている。家光の命であったとはいえ、領地没収の手続きは難航が予想された。上使の長は、勘定頭で、年寄にも匹敵する実力を持ち、全国に名前を知られる松平右衛門大夫正綱であった。尚政も父・直勝を継いで、改易の上使の役割には通じていた。将軍の弟の改易手続きは、慎重かつ断固とした手段を要したであろう。この難事業の上使を尚政はやり遂げたのである。

同九年一月、秀忠が死去する。十月二十三日、忠長の改易と高崎への逼塞《ひっそく》を決定した。忠長は、寛永十年十二月六日、幕命により高崎で自害した。享年二十八歳。

二、「上方八人衆」の永井尚政

1 家光親政の開始

寛永十年五月四日、秀忠死後の政権を掌握することになった家光が、代替わりの政治的緊張のなかで、断固とした姿勢で大名に臨むことを宣言した。

家光の親政の内容は、次の通りである。惣目付、諸国巡検使を設置し、江戸市中、全国を監察する。年寄（この頃から老中）と、六人衆（若年寄）、三奉行（町奉行・寺社奉行・勘定奉行）の職務を定める。秀忠と家光に属していた大番・書院番・小姓組番などの番方の職務を一本化したり、新たに設置したりする。次いで、家光は、秀忠に代わって熟練を要する畿内以西と、朝幕関係の支配方針を立案していった。

朝幕関係については、寛永六年に後水尾天皇に代わり明正天皇が即位した。両者の軋轢《あつれき》をなくすため、後水尾院の院政を一定程度認める一方、禁裏への監視を強化し、特に財政面では、幕府が介入して監察を強める方針であった。

淀城跡（京都市文化財保護課提供）

2　畿内・西国の統制――尚政、新任の地へ

寛永十年三月二十五日、尚政は十万石に加増されて山城国淀に転封された。弟・直清も二万石の勝竜寺城主として転封になる。尚政は、翌日所領に赴くことになった。家光からは、翌年の家光の上洛以降、畿内に設置される「上方八人衆」の長を永井兄弟にとの内意を聞かされていた。

当時の畿内は関東に対して、先進地域であった。長く政治的・文化的に日本の中心であった京都が存在することにより、豪商や大寺社が存在し、公家を中心に文化・芸能関係者も活発に活動している。豪商たちが豊臣政権を支え、職人の技術や農業面での生産能力が高い。こうした先進的な特徴を持つ畿内、特に京都の地を掌握しなければ、真の天下人とはいえない。畿内は特異な地域であり、幕府の司法・行政系統の中心は江戸に置きながらも、畿内に対する特殊な施策を必要としていた。

3　上方八人衆とは

元和元年から寛永十年までは、大坂を中心とした軍事体制に照応した民政機構がしだいに整備されていく段階であった。元和五年（一六一九）に、大坂が直轄下に置かれ、寛永七年に大坂城が完成して、幕府の畿内支配を大きく転換させることになった。それには大坂城代（阿部正次・尚政の叔父）が軍事の中心となって、瀬戸内海を通して畿内西国の諸大名を威圧し、幕府の威力を浸透させる目的があった。そのため幕府は、畿内に新たな民政組織を設けて、その合議機構に畿内西国の支配を担わせようとしたのである。その機構とは、いわゆる「上方八人衆」体制である（朝尾直弘氏・鎌田道隆氏などの研究）。

淀城天守台（京都市文化財保護課提供）

淀城天守台穴蔵
（京都市文化財保護課提供）

朝尾直弘氏は、飢饉対策法令の発給文書に畿内独特の作物（たばこ・木綿・菜種等）が記載され、飢饉対策五ヶ条の触書日付下の署判者が、板倉周防守・永井信濃守・永井日向守・久貝因幡守・曽我丹波守・石河土佐守・小堀遠江守・五味金右衛門の八名となっていることから、畿内独自の飢饉対策がこれら八人によって発せられたことを挙げ、この八人が幕府の畿内支配の中心メンバーであることを明らかにされた。上方八人衆の役割について述べたい。

①寛永飢饉対策

浅野光晟宛　上方八人衆連署状写　寛永十九年六月二十九日付（藤田恒春『小堀遠州守正一発給文書の研究』）

一、当年者諸国人民くたひれ候之間、百姓等少々可令用捨、此上若当作毛於損亡者来年可為飢饉、倹約之儀兼而雖被仰出、諸侍茂弥存其旨、万事相謹（慎）可減少之、町人・百姓以下者食物まても其覚悟いたし、不及飢之様に相計之、勿論百姓等者常々猥に米不給様ニ可申付事

一、百姓年貢等之儀、損亡なきところ中掠不可未進事

一、当年者相定役儀之外、百姓つかひ申間鋪事

一、五穀之類、ついゑに不成候様に可申付事

一、来年よりは本田畠にたはこ作へからさる事

右条々被　仰出候間、被得其意、家中之者并領内寺社之輩・町人・百姓等堅可被申付
者也

寛永十九年六月廿九日

五味金右衛門（豊直）
小堀遠江守（政一）
石川土佐守（勝政）
曽我丹波守（古祐）
久貝因幡守（正俊）
永井日向守（直清）
永井信濃守（尚政）
板倉周防守（重宗）

松平安芸守（浅野光晟）殿

「今年は諸国人民が飢饉で困窮しているから、百姓の年貢徴収などを容赦すべきである。

表1　上方八人衆とその後任者の動静

	氏　名	役職	就任時期	離任時期	離任理由	後任	離任時期
1	板倉重宗	京都所司代	元和 5.3	承応 3.12	辞職	牧野親成	寛文 8
2	永井尚政	淀城主	寛永 10.3	寛文 8.9	死去		
3	永井直清	勝竜寺城主	寛永 10.3	寛文 11.1	死去		
4	久貝正俊	大坂町奉行	元和 5	慶安 1.2	死去	松平重次	寛文 3
5	曽我古祐	大坂町奉行	寛永 11.7	万治 1.2	辞職	息 近祐	寛文 1
6	石河勝政	堺奉行	寛永 10.1	承応 1.4	辞職	息 利政	寛文 4
7	小堀政一	上方郡代	元和 1	正保 4.2	死去	水野忠貞	寛文 9
8	五味豊直	河内国代官	元和 1	万治 3.8	死去	小出尹貞	寛文 5

朝尾直弘「畿内における幕藩制支配」より作成。

もし、作物が穫れなければ飢饉になる。武士も存在が危ぶまれる。町人・百姓以下、食料を倹約し、飢えないように全ての消費を謹しむこと」等々、すべての階層に注意を与えている。畿内以西の広島藩の浅野光晟《みつあきら》には、永井たち八人衆が発給していたのである。

八人の人物像を一覧してみる。八人衆は、畿内一帯の要衝を支配する重職にある幕府の役人達である。

また同氏は、この体制が整った時期を「寛永十一年、家光の上洛途上に、小堀遠州が水口において五畿内の検断を申し付けられた時点(『実紀』)が考えられる」とされている(朝尾直弘「畿内における幕藩制支配」)。

八人衆の役割についての史料に、「近江・丹波御仕置御下知状」がある。この「覚」は、七ヶ条からなっている。

②畿内近国十三ヶ国支配

近江・丹波御仕置御下知状（『武家厳制録』二二七　正保四年六月廿三日条）

覚

一近江、丹波両国不寄御領私領、万事相触儀、五味備前守立合可申触事、

一右両国より出候女手形之儀、備前守を以両判可出之事、

一百姓公事備前守と立含承之、可申付之、若其上難相極儀は、永井日向守可遂相談事、

一上方御作事之時万事吟味之儀、五味備前守と遂相談、入念可申付事、

一上方御代官所取付等之儀、備前守立合、僉儀之上注帳面、如前々可差上之事、

一伏見町並町付之御代官所仕置之儀は、石見守可申付事、

一万事難極儀在之は、板倉周防守遂相談、可申付之、其上於有滞儀は、可致言上事、

以上

正保四年六月廿三日

水野石見守殿

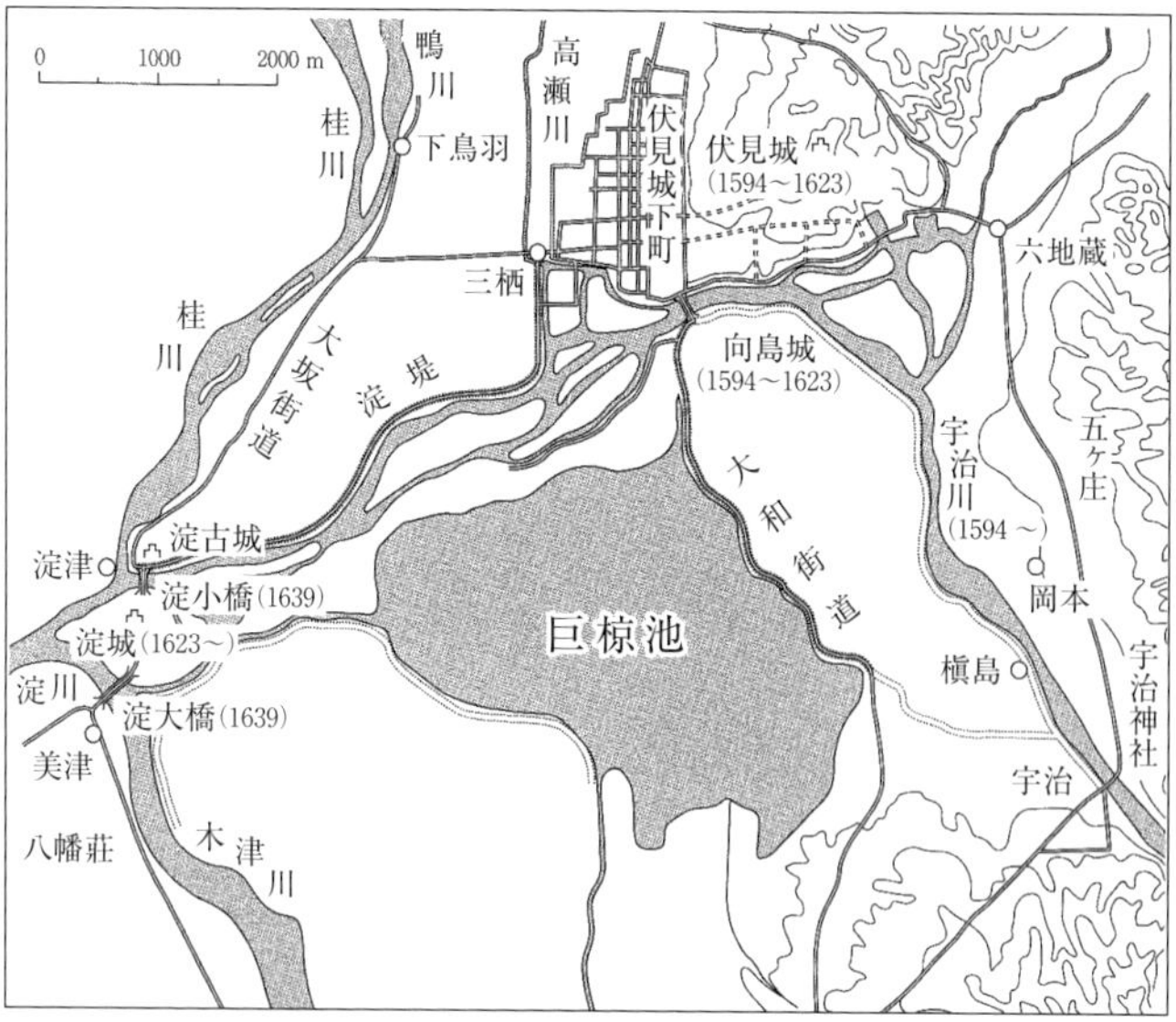

三川合流地点地図（深谷信子『小堀遠州 綺麗さびの茶会』より転載）

伏見奉行は、近江・丹波両国に、私領・幕府領の区別無く、五味と相談して幕府からの知らせを触れること。両国からの女の手形も同じく五味と相談せよ。百姓の裁判も五味と立ち会い、決めがたい時は、永井直清に相談しなさい。上方の公儀の作事は、万事吟味して五味と相談して、入念にすること。上方代官所の出入については、五味と相談し、調査して帳面につけ、以前のように提出すること。伏見町と町付の代官所の仕置については、自ら質《ただ》すこと。万事決めがたい時は、板倉周防守に相談し、その上まだ決めがたい時は、将軍に申し上

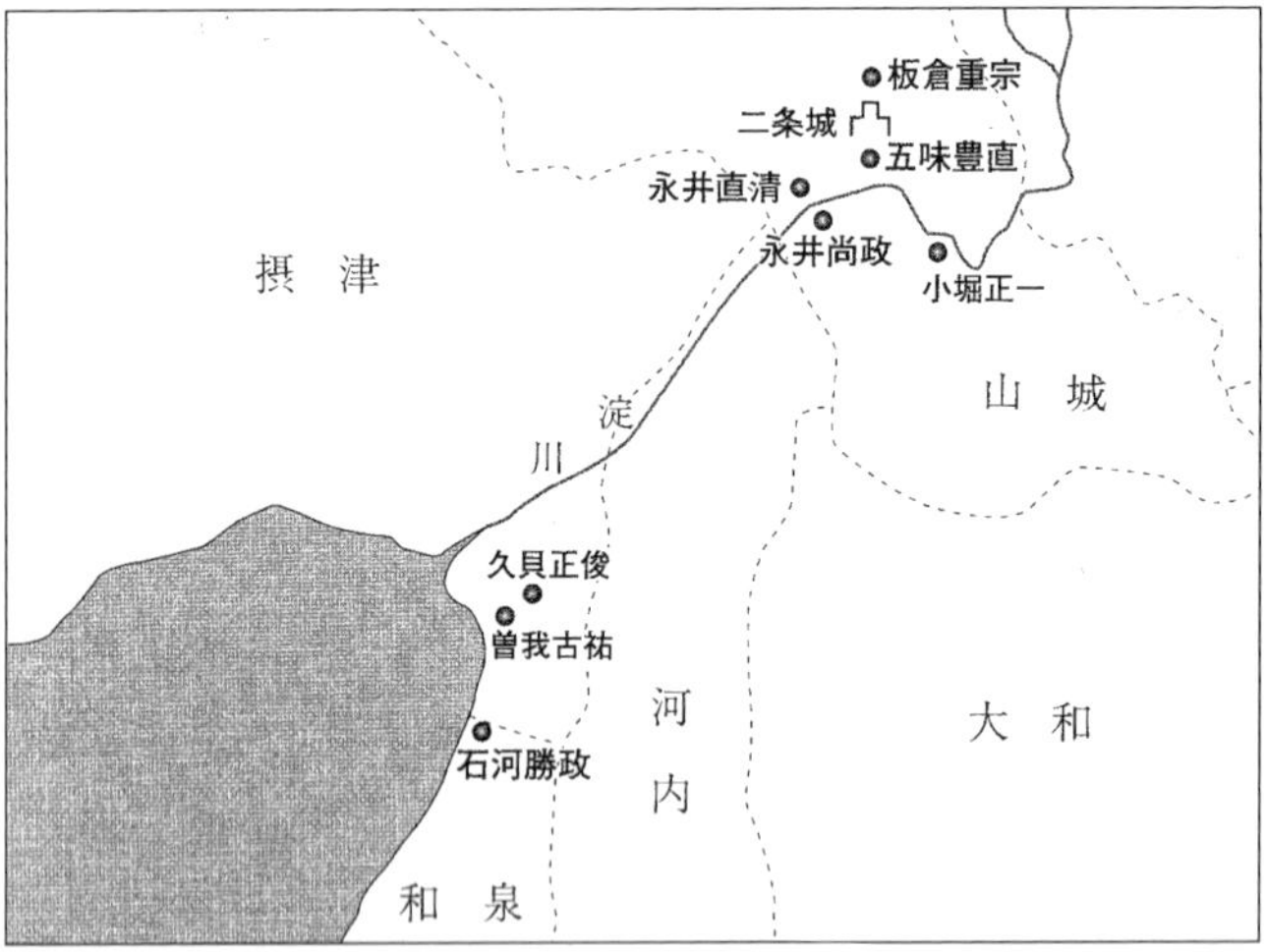

上方八人衆配置図（深谷信子『小堀遠州　綺麗さびの茶会』より転載）

げなさい。

伏見奉行・小堀遠州の死去後、後任の水野石見守忠貞が着任した際の正保四年（一六四七）に、文章化されたものである。水野の前任者は遠州なので、遠州も下知状発給の役割を果たしていたことになる。

五味備前守豊直は京都町奉行である。八人衆体制の中心は板倉重宗で、それを補佐しているのが永井兄弟であることが分かる。またこの組織は、合議制であること、広域支配であること、寛永十年代から八人衆が畿内支配の実権を掌握していたことは明らかである。八人衆が決せない問題は、将軍に上申せよとあり、八人衆組織は、将軍の直属機関なのである。八人衆が担当する地域は、五畿内、近江・丹波の外に播磨なども加え、十三ヶ国もの広域に及んでいたとされる。

4 上方八人衆と島原天草一揆

①島原天草一揆とは

寛永十四年十月下旬から翌年二月下旬にかけて、九州島原半島南部と天草諸島のキリシタン農民が主体となり、キリシタン信仰の復活、租税の重圧からの解放を意図して、幕藩権力に抗議した一揆である。

幕府は島原・天草一揆蜂起の通報で、初めは旗本の板倉重昌（京都所司代・板倉重宗の弟）を、続いて老中松平信綱を上使として派遣した。重昌は翌十五年元旦の総攻撃で、一揆軍に討たれて戦死。信綱は、基本的に「干殺し」（兵糧攻め）作戦をとり、一揆勢の食糧欠乏の状況をみて、同年二月二十七日、十二万ともいわれる幕府軍、九州周辺諸藩の軍を集結させて総攻撃をかけた。一揆軍は、非戦闘員も含めた三万人の大半が殺され、翌二十八日落城した。

②永井家中の一揆への対応

『寛政譜』に、寛永十四年冬、尚政が島原一揆の現地に向かったとある。また、『筒城』、『続小堀遠州の書状』掲載の書状解説に、「永井尚政は、いち早く、十一月に肥前に行った」、佐川田昌俊が「肥前衆になった」と書かれている。

尚政の居所と行動を詳細に記録する藤井譲治「永井尚政の居所と行動」、藤田恒春『小堀遠江守正一発給文書の研究』に、尚政が九州に行ったとの記述は見つからなかった。

この時期の西国・九州での大規模な一揆は、上方八人衆にとっても重大事態であった。九州・畿内・江戸を往復する幕閣、目付、親交している藩主達、畿内の文化人達からの情報は、板倉・尚政・遠州、大坂町奉行達の元に頻繁にもたらされ、またそれを仲介して新たな情報を得ている。ここでは、尚政が一揆勃発後速やかに現地に赴き、状況を実見し、とって返して戦況を八人衆と江戸に報告したと考えたい。

そして、十二月十六日の遠州書状に、九州へ向かう松平信綱一行が、伏見奉行所に立ち寄り、宿泊した（藤田前掲書）。尚政は、実見した状況を一行に報告し、作戦を練って、翌日、上使の信綱たちを、板倉・遠州たちと伏見で見送る。永井家家老・佐川田昌俊は、正月後も現地に留まっていたと考えるべきであろう。今後の研究を待ちたい。

③一揆後の幕府の対応

幕府はこれまで幕政の中心として、大名や朝廷、大寺社僧など上層階層の対策を優先していたが、政権の基盤を支えているのは、人口の九〇%を占める百姓であり、百姓が安心して耕作できなければ、政権が危機に陥ることに思い至った。また、百姓の心の問題を解決することも重要である。

幕府は、農村対策を強化し、キリシタン禁教を施策の中心へ転換させていくことになる。

5 寛永大飢饉と八人衆

寛永飢饉の前触れは、寛永十二、三年からとされるが、同十九年頃には、米が不足して高値を呼び、飢人が各地であふれ、道々に死体が多く見られ、政権存続が危ぶまれる重大な飢饉に見舞われたという。同年四月、将軍家光や大老酒井忠勝等の幕閣は、日本全国を視野に入れた飢饉対策を開始した。国元に帰した大名からは、広範且つ深刻な飢饉の状況が寄せられ、関東・上方の代官達を早急に評定所へ呼び寄せ、飢饉対策奉行として事態にあたらせることになった。永井尚政は三月末の時点で急ぎ参府している。

将軍の命のもとに、大老・老中、三奉行、関東・畿内の民政を取り仕切る重職官僚からな

表2　寛永19年の幕閣と寛永飢饉対策グループ

幕閣			
大老	土井利勝	酒井忠勝	
老中	松平信綱	阿部忠秋	阿部重次

関東方				
江戸町奉行	朝倉在重	神尾元勝	島田利正（9/15死去）	
勘定頭	松平正綱	秋元泰朝	伊丹康勝	曽根吉次
	伊奈忠治（8/16から関東郡代）			
大目付	宮城和甫（11/8まで目付）		井上政重（9/15より）	

上方		
京都所司代	板倉重宗	
山城 淀城主	永井尚政	
山城 勝竜寺城主	永井直清	
上方郡代	小堀政一	五味豊直
大坂町奉行	久貝正俊	曽我古祐
堺奉行	石河勝正	

横田冬彦『天下泰平』より作成。ゴシック体は遠州茶会の客。

る飢饉対策グループのメンバーたちは、連日評定所に詰めて全国的な飢饉対策を行い、当面の方策と、農政立て直しの法令を出していった。

　そして、緊急対策、長期的な飢饉に対処する法令を作成し、寛永二十年三月十三日に発令された。統一的な農村法令「土民仕置之条々」（『御当家令条』『近世法制史料叢書』）は、幕府法令の最初の集大成となった重要な法令として位置付けられている。この法令は、寛永十二年に、武士に対する「武家諸法度」の基本の形式が整ったのと同じく、幕府が明治維新まで百姓を統制する法令の基本になったものである（藤田覚「寛永飢饉と幕政」）。

この法令を作成したのは、飢饉対策奉行達であるが、作成の中心になったのは、慶長期から農村の年貢、河川の改修などに携わり、農村を熟知していた小堀遠州たちであったことが知られている。

表1の一覧から、八人衆体制は、板倉が辞職しても継続していることがわかり、永井兄弟の死去の時点で廃止されるので、「永井体制」ともいわれている。軍事拠点は大坂城にあったから、大坂を中心に尚政の淀と直清の勝竜寺が背後を固め、京都を制圧する体制をとっていた。この組織は、畿内にあって徳川幕府の全国支配の視点から、畿内西国支配に責任を負うという重要な役割を果たしていたのであり、永井兄弟は、その中心的地位を占めていたのである。

三、淀転封から、家光が死去するまでの尚政の居所と行動

尚政が上方八人衆の一人として淀に転封して（寛永十年）から、家光死去（慶安四年）までの行動を追って、尚政の江戸・上方での役割を探ってみたい（藤井譲治「永井尚政の居所と行動」他）。

1　上方と江戸の往復を中心に

寛永十年は、五月二十五日、江戸を出府して淀に着き、板倉と共に参内して、東福門院（和子）の御所で挨拶した。六月二十九日、松花堂の茶会に招かれる（この茶会は、特筆すべき茶会なので、第五章で取り上げる）。八月朔日、八朔の御祝に東福門院の御所を訪ねる。九月朔日にも東福門院の御所を訪ね、十月十日に直清とともに東福門院に物を献上した。

寛永十一年から慶安四年までの十七年間に、板倉と交代で参勤し、八回往復している。尚政の参勤の時期は八月である。

寛永十一年、家光の約三十万七千人の武将を率いての上洛中に、江戸城西の丸が火事になり、尚政は使者として江戸・京都間を往復した。七月二十八日に淀を発ち、八月二日に江戸着、翌日江戸を発ち、五日に京都に着き、家光に報告している。当時、尚政は四十八歳であるが、驚くべき忠誠心と体力である。

以後、年頭・八朔・参勤の前後と特別な召しがあるとき、東福門院の御所を訪ねている。また、将軍上洛のとき、畿内を案内、居城では膳を供している。幕閣等の上洛のときも同様。参勤中の江戸では、その前後に登城して御目見得した。江戸城での祝いや特別な任務があるときも家光に御目見得する。

表3　家光の御成の多い人物の順位（寛永10年～慶安4年）

御成			数寄屋御成			合計		
順位	人物名	回数	順位	人物名	回数	順位	人物名	回数
1	酒井忠勝	105	1	堀田正盛	22	1	堀田正盛	120
2	堀田正盛	98	2	朽木稙綱	12	2	酒井忠勝	114
3	朽木稙綱	14	3	**永井尚政**	9	3	朽木稙綱	26
4	井伊直孝	11	3	酒井忠勝	9	4	**永井尚政**	19
4	徳川頼房	11	5	**板倉重宗**	6	5	井伊直孝	15
6	**永井尚政**	10	5	内藤忠重	6	6	徳川頼房	14
7	**板倉重宗**	7	7	内田正信	5	7	**板倉重宗**	13
7	佐久間実勝	7	7	阿部重次	5	7	内藤忠重	13
7	内藤忠重	7	9	井伊直孝	4	9	内田正信	10
10	大橋重保	5	10	徳川頼房	3	9	阿部重次	10
10	阿部重次	5	10	徳川頼宣	3	11	佐久間実勝	7
10	内田正信	5	12	阿部忠秋	3	11	阿部忠秋	7
13	阿部忠秋	4				13	徳川頼宣	6
14	徳川頼宣	3						

中村利則「武家の茶室」、『徳川実紀』より作成。

尚政は、淀に転封になってからも、前代の将軍の忌日と法要を奉行している。将軍と外国使節などの日光社参にも供奉している。

家光の御成は、江戸の自邸、深川の別邸等で、御成と数寄屋御成を迎え、その回数は、板倉ともども将軍の側近や老中達に劣らない。側近達への将軍御成にも相伴している。

2　この時期の尚政の行動と役割

寛永十年、永井尚政は、弟・直清とともに幕府の畿内要衝の地に転封になった。勿論、尚政は十万石、直清は二万石の領地があり、藩政を重視し、名君とも呼ばれるほどの実績がある（『京都の歴史』第五巻）。しかし、尚政に家光が期待したものは何か。家光が死去した時点で、その点を考察してみたい。

「永井尚政の居所と行動」によると、尚政は、年初と八朔、参府の行き・帰りに、家光へは勿論、東福門院にも必ず挨拶に行っている。朝幕関係を融和するには、和子との連携が重要であった。武士が幕府の許可無く、禁裏を訪ね、天皇周辺の人物と対面してはならない法度があるが、板倉と尚政は、将軍の許可のもと、禁裏を訪ね、天皇・東福門院を取り巻く情報を得ることができた。二人のうちどちらかが参府中でももう一人によって補完できた。江戸では、尚政・板倉とも、家光の御成を迎え御茶を献じる機会が、江戸在住の老中達と同様に多い。家光側近への御成にも従っている。

幕府の畿内支配の変化を見ると、秀忠死去の時点では、朝幕関係は厳しいものであった。しかし、家光の親政になると、紫衣事件の沢庵たちは許され、家光は沢庵に帰依して、東海寺を建立し、住持にまでしている。また、後水尾天皇の院政をある程度認め、少人数の護衛での外出も許可しているという状況に変化している。幕府の方針が、京都から大坂を中心とする畿内支配へと、次第に変化していき、政治的・経済的な成果も現れてきた。

京都における文化的活躍という点では、尚政は、秀忠から古田織部の茶を、父・直勝から武家儀礼を受け継いで文化的素養を保持していたため、朝廷や上方の文化・芸能人との交流を通じて、ネットワークを構築することを期待されていた。また、朝幕関係の儀礼、将軍宣下、外国の使節の供応、将軍家の葬礼、遠忌等の故実、茶室や御殿、庭園の建造にも通じているため、尚政および永井家はこの面における権威であった(尚政の文化的交流の具体的な行動は、第四・五章で紹介したい)。

尚政・板倉の忠勤もあり、天皇・和子、及び公家たちへの加増(合わせて三万石)、神社仏閣の造替の費用負担、大都市への地子免除等、圧倒的な経済力を見せつけ、法度による統制とあいまって、幕府は短期間のうちに朝廷・寺社・文化芸能人達を支配下におくことに成功した。

淀藩主として、上方八人衆として、畿内以西の政治的仕置については無論のこと、優れた文化的能力を身に付けた永井尚政は、幕府の支配下にこうした勢力を組み入れる役割をも果たしていたのである。

3 献茶

茶人でもあった尚政は、幾度か家光や他の徳川一門に茶を点てて献じている。また、家光から茶を賜ったり、茶道具を下賜されたりすることもあった。以下、『寛政譜』に載る献茶・賜茶と茶道具の下賜の記録を掲げる。いずれも尚政が参府したときのものである。

①寛永十一年閏七月二十六日、家光が上洛に際して淀城を訪れた時、点茶を献じる。

②同十三年、江戸城二の丸で徳川義直・頼宣に献茶する時、家光の命により、尚政が点茶をする。

③同十五年、家光の命により、品川東海寺に仮設の数寄屋を構えて、点茶を献じる。

④同十八年二月朔日、江戸城西の丸の山里丸に設けられた数寄屋で、家光に点茶を献じる。このとき、「家蔵の文琳茶入を載せよ」と宇治の盆を賜る。尚政は、この数寄屋の普請を奉行していた。

⑤同年四月、山里丸の数寄屋普請が終わったため、家光に茶を献じる。

⑥同年十月、家光自ら茶を賜う。床に掛かっていた無準《ぶじゅん》の墨蹟を賜る。

⑦年月日は不詳だが、家光から呂宋《るそん》茶壺や茶碗を賜る。

幕府の重鎮であり、かつ数寄に通じてもいた尚政の面目躍如《やくじょ》といえる記録である。『寛政譜』に記録された他にも、茶道具の下賜があったかもしれない。

なお、名物記を見ると、尚政所蔵の名物として、唐物肩衝茶入 銘「小肩衝」(『遠州御蔵元帳』

『松屋名物集』)、唐物文琳茶入(『玩貨名物記』)、野溝釜・与吉釜(『柳営御道具帳』)などが挙げられている。このうち文琳茶入は、前述の直勝所持のものを受け継いだのだろう。野溝釜は、尚政から徳川家への献上品として掲げられている。

4 興聖寺建立

尚政は、父母を弔うため、慶安元年に宇治に興聖寺を再興させ、菩提寺とした。寛永十年、淀城に転封してきて、宇治周辺の眺望の美しさに魅せられ、自らの菩提寺の建立にとりかかった。尚政は、江戸城の普請を奉行している。小堀遠州たちとは、名園を廻り歩き、遠州が作庭した京都の名園もいくつも見た。のちには、禁裏再興の作事奉行も勤めている。畿内の多くの建築や庭園、美術品に触れ、心に懸かっていた父の供養とともに、本格的に菩提寺・興聖寺の建造に取りかかった。

敷地は、淀城から見て巨椋池《おぐらいけ》の向こう側にあたる、宇治川河畔《かはん》の景勝の地である。尚政はまず、石碑に直勝を顕彰する詞を、幕府儒官の林羅山に依頼して書き付けた。そして、今日の永井家があるのは、偉大な父・直勝の活躍のお陰であるとして、淀城からその景勝を望める場所に、興聖寺を建立した。数寄大名の尚政は、その周辺に五軒の茶室を建て、

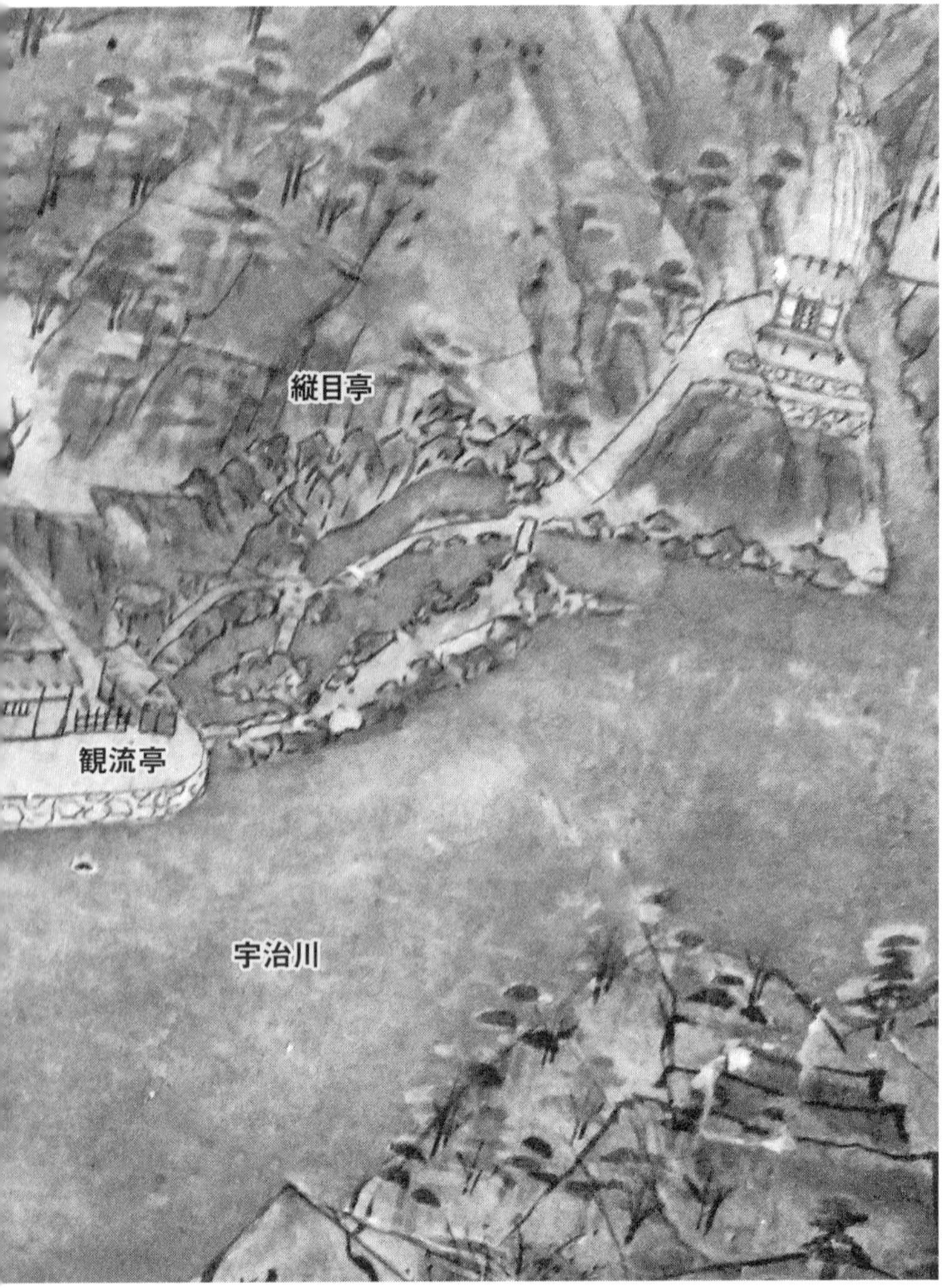

京都周辺の風景を描いた屏風（口絵参照）の、宇治興聖寺とその周辺の部分。尚政が建てた五軒の茶室の一部や、『興聖寺作木并掃除覚帳』（後述）に記載のある三軒茶屋が見出せる。

洛外図屏風 笹井家本

（部分、高槻市立しろあと歴史館蔵。茶室・茶屋の位置は尾崎洋之氏の推定を参考にした）

興聖寺本堂と庭

興聖寺の池と滝組

琴坂の石塔

客を招いて宇治の景観のなかでの茶を楽しんだ。尚政はまた、寛永期の文化人とのネットワークのなかにあったが、江月宗玩、松花堂昭乗、御用絵師・狩野探幽との強い繋がりから、雪舟、探幽等の絵を数多く求めていた。これらの絵と、年頭御礼などで度々接した後水尾天皇の宸筆《しんぴつ》、東福門院の御手製を興聖寺に寄進した。現在も寺宝として所蔵されている。そのうちの多くを重要文化財に相当する作品が占める。

興聖寺は、平等院・萬福寺と並ぶ宇治の名刹《めいさつ》である。尚政は、ここを浄土に見立てたのであろうか（興聖寺の寺宝については、第六章で述べたい）。

四、家光死去後の尚政

1　尚政の行動

慶安四年、江戸城で家光は死去した。尚政は、慶長五年の関ヶ原の戦いから、八十二歳で死去するまでの七十年間に、二十一回参府している。寛永十年淀に移ってから、家光が亡くなるまでの十八年間に、江戸と淀を八回も往復した。それ以降は十七年間に二回である。家光存命の頃の八回の参府は、江戸城に家光が在ったからであり、家光からの便りを、禁裏の東福門院に届けるのが尚政の使命であった。しかし、家光が死去して、尚政の参府の目的もおのずと変化していく。家光の死から尚政が生涯を終えるまでの十七年間を見ていきたい。

承応元年(一六五二)七月朔日に参勤し、翌年二月二十三日、帰洛のとき、家綱から親筆の墨蹟と来国光の脇差を賜った。

同二年六月二十三日に禁裏が炎上した。尚政と直清が急ぎ禁裏に駆けつけ、勅使をもって叡感《えいかん》を蒙《こうむ》った。この時、板倉重宗は参勤で在府中のため、直清・五味豊直と三人で合議して諸事に取りかかった。閏《うるう》六月十八日、直清と共に禁裏造営の奉行を命ぜられた。板倉・尚政・直清・五味は上方八人衆である。禁裏の修理・建造は八人衆の役割なので、板倉が不在の場合は、近隣の大名達ではなく、当然尚政達が代わりに担うことになる。

十一月に、後光明天皇から、後西天皇に代わる。

翌三年三月十三日、家綱の側近・久世広之(尚政の身内)が上使として、禁裏造営の惣奉行を命ずる鈞命を伝えてきた。

翌、明暦元年(一六五五)七月十二日、上使土屋数直(尚政の義兄弟)が家綱よりの時服を届けてきた。十一月十五日、造営が成って遷幸(引っ越し)がなされた。これを賀して、長橋局に召され、勅作の薫物一器、助包の太刀一振を賜った。

板倉の参府時に、禁裏が炎上し、尚政はその対処と建造の奉行を無事にやり遂げた。かつては遠州が受け持っていた職務である。江戸では将軍の廟や城の作事を任された永井兄弟であったが、伝統を尊ぶ禁裏の建築でも五味達の補助のもと、新御所への還幸を無事に済ませることができた。永井家の面目躍如である。

直勝頌徳碑（左端）**と尚政墓**（右より2基目、興聖寺墓所）

明暦三年十一月九日、家綱に参勤の御目見得をして、二十五日に、秀忠の二十七回忌法要の奉行を命じられた。翌二十六日から十二月八日まで、日光に詣でる。

明暦四年正月七日、江戸城で、七種《ななくさ》の祝儀に御目見得する。同二十五日は、秀忠の二十七回忌法事のため増上寺に詰め、翌日その労を家綱に労《ねぎら》われる。

二月二十八日に隠居する。号は信斎である。三月六日、家綱に隠居の礼を済ませ、このとき、以前家光から賜った無準の墨蹟を返献した。二十四日に家綱に御目見得する。

尚政は、二度と参府できないことを悟っていた。秀忠の法要を終え、家綱に最後の挨拶を済ませ、四月十九日、国許に帰った。

国許に帰ってから十年後の寛文八年（一六六八）九月十一日、尚政は、宇治を前景に美しく映える興聖寺を拝みつつ、淀城で息をひきとり、同寺に葬られた。戒名は、宝林寺殿信州太守崑山大居士という。

2　家光没後の尚政の役割

永井尚政墓（興聖寺墓所）

家光が死去してからの尚政の参府の目的は、参勤と秀忠の法要のみになった。しかし、上方八人衆の役割は健在で、禁裏炎上という非常事態に、参府中の京都所司代・板倉に代わり、直清、五味とともに見事に奉行を果たしている。
財政は幕府が賄《まかな》うが、火災の後始末、特別な建築としきたり、天皇一族の住まいの移転と還幸など失敗は許されない。この間に後光明天皇から後西天皇に代わった。天皇、後水尾院、東福門院ほか、院・女院の一家を囲繞《いにょう》する公家たちとの関わりも、淀転封以後の、東福門院の御所への参内と、畿内の文化的ネットワークに助けられている。永井家の強みを生かして、任務を無事に果たしおおせた。こうして、朝幕関係を融和に導き、幕府の力を畿内周辺から、さらに西漸させることができた。家光は、自らと秀忠の和子への思いを知る尚政を、上方八人衆のトップとして淀城に転封し、尚政はその能力を存分に発揮した。家光のねらいは的中したのである。

第三章　家老・佐川田(喜六)昌俊の連歌

一、昌俊の生涯

酬恩庵《しゅうおんあん》（京都府京田辺市字薪《たきぎ》、俗に一休寺と称される）の境内にある、林羅山撰文「佐川田喜六《きろく》昌俊顕彰碑」（「黙々寺碑銘」と表記する）は、昌俊が晩年に庵を構えた佐川田家の墓地に建立されたものである。

佐川田昌俊墓域（酬恩庵）

酬恩庵から十分ほど草の生い茂った林のなかを登っていくと、石碑が見えてくる。酬恩庵の賑わいに比べると閑寂で、寺はなく、小さい碑と廻りのいくつかの墓を草が取り囲んでいた。

1 佐川田喜六昌俊と木戸元斎・直江兼続

佐川田喜六昌俊（以後、昌俊と表記する）は、天正七年（一五七九）生まれ（小堀遠州と同年）、通称喜六、黙々、壺斎、即外、懸壺《けんこ》、不二山人などと号した（「黙々寺碑銘」、以下もこの碑文を参考にする）。佐川田の姓は佐河田と記すことも多いが、昌俊の嗣子・俊甫の求めにより林羅山が撰した黙々寺の碑銘が「佐川田」となっているため、佐川田に統一した。俊甫は、同時代の身内である。

佐川田喜六昌俊の姓は高階《たかしな》。高市王子六世の孫峯緒より出る。高階の「階」を略して「高」といった。その後、下野国足利荘足次郷早河田村に居住。佐川田を氏とする。貞治四年、足利義詮《よしあきら》に仕え、信濃に出陣して武名が上がる。しかし、式微《しきび》の時に去り、十五世紀半ばから佐河田村に居住し、六・七代を経て佐野昌綱に仕え、昌俊に至る。昌俊は、関東武士として佐野家に仕え、下野に土着した武士集団の一員である。

昌俊は、佐野家に仕えていたが、佐野昌綱は、天正十二年に没し、その子宗綱も同十三年に没して、佐野一門は離散状態になった。佐川田家も同様であったことが推測される。

天正十七年（昌俊十一歳）に、佐野一門の者が越後の木戸元斎の庇護を受けていたことが判明し、この時期に昌俊は元斎の養子になったと推測される。

木戸元斎（生年不詳〜慶長九年〔一六〇四〕）は、上杉景勝（弘治元年〔一五五五〕〜元和九年〔一六二三〕）に仕えた武将であった。その養子の昌俊の慶長五年までの経歴は、「黙々寺碑銘」と木戸元斎の史料からのみ判明するので、木戸元斎の人物像を追うことにしたい。以下、渡辺憲司氏の論文による（渡辺憲司「佐河田昌俊の前半生について」、同「佐川田昌俊と永井家の周辺」）。

上杉景勝は、天正八年頃、織田信長と争うが、豊臣秀吉に屈服。その後ろ盾により、天正十五年（一五八七）に越後統一を実現する。関東平定に従軍し、ついで出羽方面の検地を実施。庄内領を加増され、文禄四年（一五九五）以降領国検地を二回実施する。慶長三年（一五九八）、会津百二十万石に転封。秀吉晩年は五大老の一人。秀吉没後、徳川家康と対立、家康の会津討伐は関ヶ原の戦いの引き金となった。敗戦後、出羽米沢三十万石に減転封される。

木戸元斎は、もとは羽生（現埼玉県羽生市）城主で、天正二年羽生城が落城して、上杉家に移ったといわれる。元斎は上杉家の家老になり、天正二十年頃、越後の好学の武将・直江兼続のもとで、庄内検地の時に生じた一揆を鎮圧し、鶴岡の大宝寺城主になりその地の統治を任された。その後、歌人としても知られていた。

天正十九年、上杉家が上洛し、参内を果たしたとき、元斎も直江兼続と同行した。前年には、北条氏を秀吉とともに討ち、同十七年には佐渡と能登を平定した。元斎は上杉家の城修築にも功を挙げ、文禄三年には朝鮮の役に出陣した。

養子の昌俊は、弱冠の頃から三郡（庄内の櫛引・田川・遊佐）の訴えを聞いていた利発な子供であったという。

黙々寺碑銘に、昌俊は京都に上り、また関ヶ原の戦いに参陣したとある。慶長五年、関ヶ原の戦いのとき、徳川方の京極高次の居城・大津城攻城戦に先登りして、槍を壁上に合わせ、奮い撃って、左の股を傷つけたという。この武名は、徳川方にも知れ渡った。しかし、昌俊がいつ浪人になったのかについては諸説ある。

彼はこの合戦で手柄を立て、仕官しようと志したともいわれる。昌俊は、慶長三年から関ヶ原の戦いの頃までに浪人し、石田方として出陣して傷ついた。当時の混沌とした状況にあって、二十代前半の昌俊は、自らの道を切り開こうとしていたともいわれる。

木戸元斎は慶長九年に没し、昌俊はそれ以前に出奔する。昌俊が元斎のもとを離れたのは、上杉景勝が徳川方との徹底抗戦を避けて、会津より米沢へ移封した慶長六年八月以降との説がある。徳川方との徹底抗戦を望んで、主家を離れた武将も多かったという。直江兼続の弟・大国実頼も同じであった。

昌俊が元斎のもとを離れたのは、慶長三年か、関ヶ原の戦いが終わった慶長六年かどちらかであるので、昌俊は、慶長六年以前に浪人になっていた。それから、永井家に仕える慶長十二、三年まで、京に在ったとされる。

直江兼続（永禄三年〔一五六〇〕～元和五年〔一六一九〕）は、上杉景勝の近習で、家宰の地位にあって、検地惣奉行・蔵入地奉行等、強力な権限を与えられていた。学問への関心も強く、上洛の際は、高野山に詣で、禅門にも入り、朝鮮出兵の際も書籍や朝鮮古活字本などを持ち帰った。慶長三年、上杉景勝は秀吉によって会津百二十万石に移された。兼続は米沢城六万石の城代として重臣中最大の知行を与えられた。同五年の関ヶ原の戦いで上杉氏は石田方に味方したが、敗戦し、戦後処分で米沢三十万石に封ぜられた。文武に優れた兼続は、禅林文庫を設けて古典を整備し、詩歌連句の会を催し、米沢地方に学問・文化を興した功績も大きい。

2 連歌における元斎と昌俊の事蹟

連歌会の記録で元斎の参加が確認できるのは、天正十六年から文禄三年までである（昌俊十歳から十六歳まで）。

『師説撰哥和歌集』（天理図書館蔵）は、元斎が、直江兼続の求めに応じて『古今集』『新古今和歌集』『拾遺愚草』等の百三十九首に注を加えて編纂したものである（渡辺憲司「佐河田昌俊の前半生について」）。
その奥書に、

此一冊草書の侍りけるを太閤《ママ》秀吉大明をせめ給ふ時に
（中略）
其後大明為仕置越後宰相景勝佐竹義宣渡海の剋予も属して百済国のうち蒲浦玄午川所に在陣之中よる〳〵閑談に労屈をのへて侍る折に佐竹義宣所望し給ふによて又書改之献之、世上人嘲不少のみ
文禄三歳六月廿八日　木戸元斎寿三

とある。文禄三年、元斎は朝鮮の役に参加しているため、日付・署名は十六歳の昌俊が記したという。

①中央の連歌師達と同座する

元斎（寿三）は中央の連歌会にしばしば名を連ねる。越後でも催していたが、記録として残るのは、直江兼続たちとの中央での活躍である。

天正十六年以後、『天正十六年五月晦日玉何百韻』（内閣文庫蔵『百韻連歌集』）、『天正十七年十二月二十三日初何百韻』（国立国会図書館蔵『連歌合集』）、『天正十八年正月九日夢想百韻』（中尾松泉堂古典目録昭和四十三年三月）などに出座していた。

殊に天正十九年正月には、四度参加している。この時、上杉家にやっと上洛の機会が訪れていた。彼らは前年には秀吉と共に北条氏を討ち、同十七年には佐渡と能登を平定したが、元斎は北条征伐発向の時の連歌百韻で第三をつとめ、春日山城内での佐渡戦勝祝賀の連歌会にも参加した。

天正十九年正月三日の『何船百韻』（国立国会図書館蔵『連歌合集』）への主な参加者は、紹巴、家勝、昌叱、玄仍、正益、勝熊（のちの松永貞徳）である。

元斎と同座しているメンバーとしては、紹巴（連歌師、連歌の第一人者）、昌叱（里村紹巴の婿）、玄仍《げんじょう》（里村紹巴の長男）、勝熊など、連歌師達が多かった。

勝熊（松永貞徳、元亀二年（一五七一）～承応二年（一六五三））は、歌人・俳人。父（永種）と里村紹巴から連歌を、また九条稙通・細川幽斎から和歌・歌学を学んだのをはじめ、当時の堂上・地下との交友を通じて儒学・神道・有職故実を学び、一時豊臣秀吉の右筆《ゆうひつ》を勤めたことがある。徳川氏に実権が移ると、終生在野を貫いた。活動は、和歌・歌学・狂歌・連歌・

俳諧他諸分野にわたり、多くの門人を擁《よう》した。

②細川幽斎との同座

元斎は、天正十九年二月二十二日『倭漢連句百韻』(天理図書館蔵)にも出座している。参加者は、白、瑶甫、惟杏、玄旨、西笑、友節、紹巴、昌叱、友和、兼勝、寿忍、実頼、寿三、梅印、友益。人物像が判明している主な参加者は以下の通りである。

白(聖護院道澄准后《じゅごう》):天台宗の僧・歌人。聖護院門跡。太政大臣近衛稙家《たねいえ》の子。照高院門跡・聖護院門跡・熊野三山検校《けんぎょう》・大僧正・准三后に任じられる。増鎮(不明)に伝法灌頂《かんじょう》を受ける。和歌・書を能《よ》くし、豊臣秀吉に尊信される。飛鳥井雅庸に古今伝授を授ける。慶長十三年(一六〇八)没、六十五歳。

瑶甫(安国寺恵瓊《えけい》、生年不詳~慶長五年〔一六〇〇〕):臨済宗の僧で、道号(字)は瑶甫。「安国寺」は住持した寺の名で、毛利氏に仕える外交僧として豊臣(羽柴)秀吉との交渉窓口となり、豊臣政権においては秀吉からも知行を貰《もら》って大名に取り立てられた。

玄旨(細川幽斎):前掲。

西笑《せいしょう》(相国寺承兌《じょうたい》、天文十七年〔一五四八〕~慶長十二年〔一六〇七〕):臨済宗の僧。中華承舜の法を継ぐ。天正十二年京都相国寺の住持、ついで鹿苑院《ろくおんいん》に入り僧録《そうろく》となる。豊臣秀吉、徳川家康にもちいられ、寺社行政、外交に関わる。相国寺中興の祖。

有節（南禅寺瑞保、天文十七年〔一五四八〕〜寛永十年〔一六三三〕）：臨済宗の僧。祐谷瑞延の法を継ぐ。京都南禅寺を経て、慶長十二年相国寺鹿苑院に入り僧録となる。

梅印（南禅寺元沖）：瑞保の随行者か。

紹巴（里村紹巴、大永五年〔一五二五〕〜慶長七年〔一六〇二〕）：連歌師。師里村昌休の没後、里村家を護り、昌叱を養育。連歌界の第一人者となる。号は臨江斎。長男に里村玄仍、次男に里村玄仲、娘婿に里村昌叱がいる。

昌叱（里村昌叱）：紹巴の娘婿。紹巴の師里村昌休の子。

兼続（直江兼続）：前掲。

実頼（大国実頼）：直江兼続の弟。

寿三（木戸元斎）：前掲。

木戸元斎は、上杉家中の直江・大国達とともに、聖護院准后や安国寺恵瓊、五山僧、連歌師里村家といった、武家、公家、僧侶、連歌師等の当時の文化的第一人者達と同座していたのである。

興行の場所は、「聖門御見廻申候幽斎ニテ和漢在之候」（『時慶卿記』）とあり、細川幽斎（玄旨）宅にて興行された。元斎は幽斎との交友があった。

昌俊は弱冠（十代）ながら、側に仕え、時には代理も務めていたといわれる。前の『師説撰哥和歌集』を元斎が写して佐竹義宣の所望に応えた時の署名に「文禄三歳六月八日木戸元斎寿三」とあるが、文禄三年は、元斎が朝鮮の役に参加していたので、署名は昌俊のものであり、昌俊は留守を預かり、十六歳で養父の代理をしていたといわれる。

元斎は、時宗の遊行《ゆぎょう》上人との関わりを持ち影響を受けていたともいわれる。昌俊もその影響下にあって、遊行上人等と交友関係をもっていた。

『高階尚俊（佐川田昌俊）歌集』に、次のようにある。

越後路に侍りし比、能登国金台寺といふ道場にて、木戸元斎寿三か初冬の心をよませ侍るに

袖の上にはらひかねぬる秋の露の其のま、こほる冬は来にけり

昌俊には、幼時より交わった木戸元斎、直江兼続、大国実頼や、当時の連歌師の第一人者里村紹巴、文化人の第一人者といわれる細川幽斎、定家以来の伝統を守り、歌を家業とし

ている飛鳥井雅庸、他に時宗僧との連歌の交流もあったとされるが、こうした集団と交遊を結んだことは、昌俊の以後の人生に多大な影響を与えていたであろう。

3　和歌の学統に見る木戸家の人物

直江兼続のもと、中央で活躍した木戸元斎は、二条派和歌の相伝を受けていた。二条流の二条堯孝、冷泉流冷泉持氏からの伝授は、木戸正吉で一本になり、木戸元斎へと伝えられているのである。「二条家冷泉家両家祖伝次第」（『藤川百首抄』学統図、小高敏郎『近世初期文壇の研究』）を、次に掲げる。

二条家　堯孝――東常縁――常和
冷泉家　持為――木戸孝範――女（正吉母）
　　――木戸正吉（常和弟子・大膳大夫範実）――賢哲――木戸休波元斎（木戸伊豆守忠朝二男）

また、文政四年（一八二一）の写本『和歌一流経信家六条家略』（国立国会図書館蔵『輪池叢書』三九）によれば、以下の系図が考えられる。

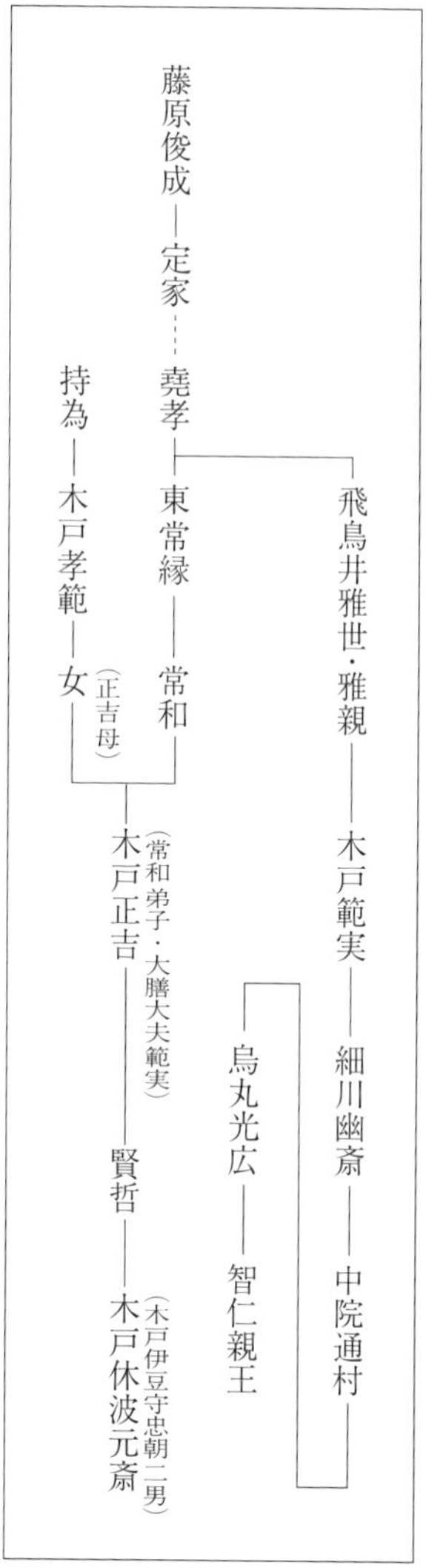

東常縁《とうつねより》（応永八年〔一四〇一〕～文明十六年〔一四八四〕頃）は、室町時代中期の武将歌人。藤原俊成・定家の流れを汲む二条家の歌学を修めた。常縁が『古今和歌集』の奥旨を連歌師宗祇《そうぎ》に講じたのが、後に古今伝授の始まりとされる。

特筆すべきは、東家と木戸家の姻戚関係である。両図に記述される常縁の子常和と木戸孝範の娘は婚姻を結んでおり、両者の間に木戸正吉が生まれた。その縁によって、地方大名上杉家の家臣である木戸家に、二条家の歌学が伝わったのである。図の通り、正吉は二条家・冷泉家双方の学統を継承し、それはやがて元斎へも受け継がれてゆくのである。

4　元斎と飛鳥井雅庸との出会い

天正十九年（一五九一）初春のこととして、関西大学附属図書館蔵『歌会作法聞書』（「飛鳥井雅継卿和歌口伝」とあり、内題は「歌会作法聞書」とある）は、歌会作法五十ヶ条を示したものであるが、内題の後に、

于時天正十九初春中之一日、越後但馬守実頼、飛鳥井左中将雅継之門弟に被参候時、御伝受被成候赴き、大方注留者也

とある。

天正十九年初春に、越後の（大国）但馬守実頼が、飛鳥井左中将雅継の門弟となったとき、伝受されたことを書き留めた、という内容である。その奥書には次のようにある。

右一巻御相伝之時、中将雅継公御一会を不漏斗を肝要に書付候、文章後見恥入候得共、重而御執心之由候之条、別而不及清書写して進之候、不可有御他見者也、

天正十九年　正月十三日　　木戸元斎寿三　書判

大国但州　人々御中

「御相伝のとき、雅継公（雅庸）の一会を漏らさぬように心がけて書き付けた。文章は後に見られると恥じ入るばかりだが、再三のご所望なので、清書もしないまま、写して差し上げる。決して他の人に見せぬように」。二点の史料から読み取れることは、天正十九年初春に、大国実頼が飛鳥井雅継（のちに雅庸）の門弟となり、歌会作法についての伝受を木戸元斎が書き留めたものを写して実頼に贈ったということである。

大国実頼は直江兼続の実弟で、大国家の養子になり、豊臣姓を受け、従五位下を賜った人物であり、上杉家と豊臣家の折衝役を務めた。昌俊とも関係が深く、慶長六年頃に昌俊と同時期に洛中に出奔したとされる。『高階尚俊歌集』（昌俊歌集）のなかに申し合わせて詠んだ歌がある。実頼は、元斎とは勿論であるが、昌俊とも深い関係にあったことが分かる。

飛鳥井雅庸（永禄十二年〔一五六九〕～元和元年〔一六一五〕）は、慶長八年に参議、元和元年に権大納言になる。家業の和歌・蹴鞠を受け継いで、聖護院道澄准后より古今伝授を受け、後水尾天皇に蹴鞠師範を奉仕した。書道も能くし、藤木成定より入木道伝授を受ける。徳川家康・秀忠をはじめ諸侯との交際につとめ、駿府に赴いて家康に『源氏物語』の秘訣を授けた。秀忠・細川忠興・島津家久に蹴鞠を指南するなど幅広く活躍した。当時における歌道師範は、中院家・冷泉家・飛鳥井家とされる(『国史大辞典』)。

佐川田昌俊の歌学の師が、当時の正統な和歌を受け継いだ存在であったことは明らかである。

雅庸は、連歌会などで細川幽斎や木戸元斎とほとんど重なる場で活躍しているので、共通の文芸圏内にあった。雅庸は、元斎のことは勿論、昌俊のことも充分認識していたことであろう。

昌俊は、歌壇に大きな影響を与えた集団と交遊を結んでいた。歌学を以て永井家に仕え、飛鳥井雅庸が入門を許したのも、こうした背景が認められたからではなかろうか。

昌俊が永井直勝に仕えたのは、慶長十二年頃、直勝が徳川家康の側近の一人として駿河に供奉した頃とされる。慶長六年頃からといわれる放浪生活が終わったのである。

昌俊が直勝に抱えられた理由は、関ヶ原の戦いの武勇だったのであろうか、それとも歌学の力か。のちに家康に召されて駿河にいた飛鳥井雅庸のもとに同道して、門弟になることを勧めた直勝は、その後の昌俊の活躍を大いに期待していたであろう。また、長男・尚政が家光から命ぜられた淀城での任務、公家・寺社対策は、昌俊の歌学の力に大いに助けられたのではないか。

二、昌俊の連歌

佐川田昌俊が、駿府の家康のもとに、側近の永井直勝とともに訪ね、飛鳥井雅庸の門弟になったのは、大坂冬の陣を控えた慶長十九年であったといわれる。その時昌俊は、「古今伝授保持者の門弟になる」という、歌学を学ぶ者にとっての生涯の願望が叶ったのである。将軍側近・直勝の家老という立場の武士としては、この上ない厚遇である。歌学に優れた昌俊の永井家における活躍を見よう。

1 名歌の誕生

佐川田昌俊を代表する歌として、「待花　吉野山花待つ頃の朝な朝な心にかかる峯の白雲」がある。この歌は、昌俊のどの時期に詠まれたのか。黙々寺の「碑銘」に、

初メ飛井亜相雅庸、駿府ニ来リテ、昌俊詠ズルノ所ノ倭歌ヲ見テ、以為ラク、其ノ中ニ

秀逸有リト。帰リ奏シテ、後陽成院ノ乙覧ニ備フ。

とある。

昌俊が雅庸に駿府で出会ったのが、慶長十六年か同十九年のこととされる。昌俊の歌を何首か見て、「そのなかに秀逸有り」と評価して、帰洛してから後陽成天皇に見せたのである。

昌俊が雅庸の門弟として認められたのは、昌俊の歌の才能を評価されてのことであった。それに加えて、和歌の学統の系図にあるように、木戸範実や元斎の学統を敬愛した人物としての昌俊への信頼もあろう。

2 昌俊が出座した連歌会

昌俊が実際に連歌会に出座した様子と交友関係を詳しく見ていきたい。

昌俊が出座した連歌会が行われたのは、直勝が家康と、その後は秀忠に仕えたので、駿府または江戸である。直勝の嫡男・尚政は、寛永十年以前は江戸にいて、十一年以降は山城淀に転封していたので、畿内に在り、参勤交代等で参府する機会があった。連歌会の時期からみて、大部分は、江戸で一座したと思われる。昌俊が出座した連歌会の一覧を見よう（表1）。

大坂城落城直後の慶長二十年六月二十八日から始まり、隠居した寛永十六年の翌年十七年元旦が最後である。年不明も入れると三十一回出座している。

興行主は大名が最も多く、他に豪商や僧侶がいる。ほとんどが連歌百韻であるが、まれに和漢連歌・漢和連歌も交じっている。佐川田昌俊はどんな人物と会を楽しんだのであろうか。主な連衆（連歌作者）を挙げてみる。

なお、昌俊ははじめ「尚俊」を名乗っているが、名を改めた理由については、主君・尚政を憚ったとも、あるいは、連歌師の「昌」を冠したともいわれる。

興行主と参加者中、判明した人名は以下の通りである。

①昌琢（里村昌琢、天正二年〔一五七四〕～寛永十三年〔一六三六〕）：前出。昌休を祖父、昌叱を父、紹巴の娘を母として生まれる。慶長十三年に法橋、元和三年、徳川秀忠より百石を受け、里村南家の当主として、寛永五年に御城連歌に勤仕して連歌壇に不動の地位を築いた。当時の連歌界の最有力人物。里村南家の人物では、他に昌琢の弟・昌俔《しょうけん》、昌琢の子・昌程の名が見える。

									連衆計
忠利 7	昌俔 9	於松 8	円政 8	玄俊 7	**尚俊** 7	玄的 7	小珍 2	心也 1	13
昌俔 11	了俔 10	以省 8	寛佐 9	**尚俊** 7	玄陳 9	玄的 9	時佐 1		11
慶順 2	昌俔 7	禅昌 2	行生 6	宣滋 7	紹由 2	玄的 7	重信 6	宗順 7	19
豊一 1	住円 1								
応昌 10	玄益 10	道春 10	元竹 9	**尚俊** 10	永喜 9	正意 8	聴意 8	玄高 1	12
義成	**昌俊**	昌純							7
俊賀 8	藤甫 9	**昌俊** 9	以省 9	昌隠 8	尭政 7	寿伯 7	心利 1		12
俊賀 8	重保 8	親直 7	**昌俊** 8	藤甫 7	昌隠 7	玄仲 13	執筆 1		12
外由 8	以省 9	**昌俊** 10	昌隠 9	元次 7	貞三 8	栄清 8	公宗 1		12
応昌	道春	元竹	安元	円周	永喜	重保	**昌俊**	元吉	13
勝則 1	正吉 1	長広 1	広安 1	定長 1	次長 1	昌琢 12	応昌 9	**昌俊** 10	21
吉清 10	重観 9	昌悦 9	執筆 1						
重成 9	**昌俊** 9	貞三 9	能泉 8	栄清 8	重観 7	昌悦 7	丈公 1		12
以省 8	乗秀 7	保心 8	**昌俊** 8	外由 8	昌隠 7	泰次 6	元次 7	保定 1	13
応昌 9	以省 8	外由 7	昌隠 9	**昌俊** 8	泰次 6	重好 7	丈公 1		12
勝之 10	応昌 9	頼定 8	重成 7	**昌俊** 8	以省 8	徳元 7	良定 1		12
昌程 9	義保 9	**昌俊** 9	以省 8	外由 9	昌隠 8	吉次 7	友半 1		12
応昌 10	玄宥 7	昌程 9	乗秀 7	以省 8	**昌俊** 7	良定 1			11
昌俊 9	外由 10	元次 8	宗じ 8	昌隠 7	周元 7	以省 9	丈公 1		12
勝之 9	久盛 3	重成 9	**昌俊** 9	昌悦 8	重好 7	丈好 1			11
昌程 10	以省 8	**昌俊** 9	紹益 7	貞三 8	栄清 7	昌悦 8	丈公 1		12
昌琢	安元	俊賀	重頼	応昌	久盛	勝之	**昌俊**	徳元	15
昌俔 9	慶純 9	玄陳 8	紹由 8	了俔 8	玄的 8	**昌俊** 8	仙安 1	小弥 1	13
昌俊 11	徳元 8	至玄 10	昌悦 8	春宣 9	保忠 8	則知 7	大助 1		12
為重	至言	昌隠	重信	昌悦	保忠	光保			11
永喜	正意	重門	**昌俊**	紹佶	吉直	執筆			11
玄陳	昭乗	玄的	**昌俊**	昌程	言当	宗因	久幸		12
宗玄									5
									4
昌俔	玄陳	慶純	紹由	宗順	了俔	**昌俊**	小珍		12
昌俔	玄陳	禅知	玄仲	**昌俊**	能円	重頼	行生	政直	14
正意	貞昌	応昌	**昌俊**	兼益	宗三	貞俊	執筆		12
个庵	**昌俊**								6

表1 佐川田昌俊が関係した連歌興行一覧

回数	年月日	興行主・形式等	作者			
1	慶長20. 6.28	日下部五郎八	昌琢 11	宗好 9	玄仲 9	末云 8
2	元和 3. 8. 4	夢想之百韻	(御 1)	於松 10	昌琢 13	玄仲 12
3	元和 7.10.24	玄陳発句百韻	玄陳 7	**昌俊** 7	信的 6	昌琢 7
			順息 6	道哲 2	政直 6	景治 1
4	寛永 4. 4.25	敬公御夢想和漢	(御 1)	尾張大納言2	本光国師11	玄仲 11
5	寛永 4.11.25	定勝公万句御連歌之内賦初句連歌	定勝	宗茂	紹之	外由
6	寛永 4.12.25	金森出雲守興行百韻	昌琢 13	重頼 10	安元 9	応昌 10
7	寛永 5. 1.14	脇坂淡路守興行百韻	昌琢 13	安元 10	重頼 9	応昌 9
8	寛永 5. 1.28	浅草文殊院興行百韻	昌琢 13	応昌 10	安元 9	重保 8
9	寛永 6. 1.25	稲葉丹後守正勝興行百韻	正勝	国師	昌琢	玄仲
10	寛永 7. 1.10	蒔田権佐興行百韻	広定 1	定光 1	広則 1	定正 1
			昌程 9	以省 2	徳元 9	昌隠 10
11	寛永 7. 1.13	小出大和守興行百韻	昌琢 13	吉英 9	応昌 10	昌程 10
12	寛永 7. 1.21	岡本宮内興行百韻	昌琢 13	義保 9	応昌 9	昌程 9
13	寛永 7. 1.24	岡本伊兵衛興行百韻	昌琢 13	保心 8	義保 9	昌程 8
14	寛永 7. 2. 3	脇坂淡路守興行百韻	昌琢 13	安元 11	忠国 9	昌程 9
15	寛永 7. 2.24	知足院興行百韻	昌琢 13	栄僧 8	俊賀 9	応昌 10
16	寛永 7. 2.29	佐久間大膳興行百韻	昌琢 13	勝之 10	俊賀 10	安元 9
17	寛永 7. 3.17	大覚寺興行百韻	昌琢 13	乗秀 8	応昌 10	昌程 9
18	寛永 8. 2.18	脇坂淡路守興行百韻	昌琢 13	昌程 11	安元 11	重頼 9
19	寛永 8. 2.20	小出大和守興行百韻	昌琢 13	吉英 9	重成 9	重頼 10
20	寛永 9. 1.25	池田長章興行百韻	長章	長常	長教	成言
			紹益	大助		
21	寛永10. 2. 9	糸屋宇右衛門興行百韻	昌琢 13	友直 7	玄仲 12	公頼 8
22	寛永10. 2.20	木屋庄九郎興行百韻	昌琢 14	光保 8	長忠 4	昌程 12
23	寛永10. 3. 5	沼津右兵衛興行百韻	昌琢	俊長	昌程	**昌俊**
24	寛永10.	漢和連句	道春	応昌	玄仲	大圭
25	年不明	寛永十二年以降カ	昌琢	宗玄	正方	昌俔
26	年不明	寛永十五年以降カ	宗甫	昭乗	言当	**昌俊**
27	年不明	寛永十五年以降カ	玄的	个庵	**昌俊**	昌乗
28	年不明	東大国文研究室蔵	昌琢	玄的	玄仲	禅昌
29	年不明	東大国文研究室蔵	無記	広高	昌琢	玄仲
			昌佐			
30	年不明	脇坂淡路守興行百韻	道春	安元	兼与	永喜
31	寛永17. 1. 1	島原松平文庫蔵	玄尚	紹尚	紹其	宗甫

渡辺憲司「佐川田昌俊と連歌史料」より作成。アラビア数字は、句数。数字がないのは、句数不明。4回までの「尚俊」は、昌俊のこと。31回の連歌興行に一座した人数は、述べ366名である。

②**玄陳**（里村玄陳、天正十九年〔一五九一〕～寛文五年〔一六六五〕）：里村北家の当主、紹巴の孫で玄仍の長男である。北家では、他に玄仍の弟・玄仲、玄仍の二男・玄的、玄陳の長男・玄俊等が記されている。

③**禅昌**（元亀二年〔一五七一〕～寛永八年〔一六三一〕）：北野天満宮の宮司で連歌にも活躍した。『北野年中記』の紙背文書に昌俊の書状が掲載されていることから、昌俊は天満宮の連歌師等ともかなり親密な関係を保っていたとされる（渡辺憲司『近世大名文芸圏研究』）。

④**本光国師**（以心崇伝、永禄十二年〔一五六九〕～寛永十年〔一六三三〕）：幕府の対外政策の重鎮。対公家・寺社対策の強硬派。昌俊は崇伝の周辺にあったことになる。

⑤**重頼**（金森出雲守重頼、慶長元年〔一五九六〕～慶安三年〔一六五〇〕）：父・金森可重《ありしげ》、兄・金森宗和はいずれも茶人として著名であり、重頼自身は連歌を好んだ。金森家は当時最も風雅を好んだ一門であった。

⑥**小出大和守吉英**（天正十五年〔一五八七〕～寛文六年〔一六六六〕）：但馬国出石で五万石を領していたが、吉英は沢庵宗彭を庇護した大名として知られる。また、元和元年、大坂の陣で和泉岸和田城を守っていたが、劣勢の報を聞いた金森重頼が加勢に駆けつけたことは著名であり、以後両家の間に親密な交遊があった。遠州茶会には寛永十六年二月

十五日に参席。

昌俊と沢庵も交遊があり、寛永九年夏の奥書がある『東海和歌集』に、「佐川田歌よみてこしける返し」との詞書があることも知られている。

⑦広定（蒔田《まいた》左衛門左広定、元亀二年〔一五七一〕～寛永十三年〔一六三六〕）：遠州が国奉行を勤めていた備中の賀陽、窪屋一万石領主。甫庵とも称し、好学の大名として、また秀忠の御伽衆の一人としても知られる。

⑧脇坂淡路守安元（天正十二年〔一五八四〕～承応二年〔一六五三〕）：興行主として三回の連歌会を催し、昌俊と五回一座している。登場する回数が最も多い。安元は、元和元年伊予大洲から信濃飯田に転封し、五万五千石を領した。秀忠の御伽衆の一人である。文芸に関心があり、『伊勢物語』の注釈書を書いている。近世初期の善本蒐集家としても知られる。

安元の歌集『八雲愚草』は多くの詞書を持ち、哀傷、贈答、餞別《せんべつ》の部から安元の交遊関係を見ることができる。飛鳥井雅庸、中院通村、林羅山、小堀遠州、沢庵宗彭、金森重頼ら、昌俊の交遊圏と重なる人物が見出せる。

『八雲愚草』上巻、哀傷の部に、安元が昌俊について「佐川田のなにかし、なき跡のあハれをふかくとひ給ふる」から始まる文があり、下巻にも贈答の部に載せられ、安元と昌俊の親密な関係を示している。

⑨表⒅⒇の「久盛」は、豊後国岡城主で七万石を領した中川内膳正久盛（文禄三年〔一五九四〕～承応二年〔一六五三〕）で、父はかつて古田織部が付家老となった大名である。

⑩⑷⑹⑺⑻⑼⑽⑾⑿⒀⒂⒃⒄⒇㉔に出座する「応昌」（生年不詳～正保二年〔一六四五〕）は高野山文殊院の僧であり、寛永十六年文殊院堂上灌頂停廃をめぐる、行人方と学侶方との対立事件で著名な人物である。応昌は、当時連歌壇においても有力な人物であったことが知られる。林羅山との交遊は『林羅山詩集』巻四十の「悼惜文殊院応昌」「応昌七年忌」により窺うことができる。正保期、遠州達八人衆は、高野山対立事件の解決へと介入する。

⑪⑽⒁⒇㉑の「徳元」は、斎藤徳元（永禄二年〔一五五九〕～正保四年〔一六四七〕）。武士として豊臣秀次らに仕え二千石を領したが、関ヶ原の戦いで敗れ、京極高住に仕えた後、寛永初年頃から昌琢に連歌を学び、また俳諧も嗜んだ。

⑫⑷㉔に出座している「永喜」は、林羅山の弟・林永喜（天正十三年〔一五八五〕～寛永十五年〔一六三八〕）で、羅山、脇坂安元らと親密である。

⒀⑷「尾張大納言」は、尾張徳川家義直、「正意」は尾張徳川家藩儒・堀正意（杏庵、天正十三年〔一五八五〕～寛永十九年〔一六四二〕）。尾張徳川家は、金地院崇伝、小堀遠州や松花堂昭乗とは、政治的・文化的に強い繋がりがあった。遠州茶会一回。

⒁⑸の「宗茂」は、筑前国柳河藩で十三万石を領する立花飛騨守宗茂（永禄十年〔一五六七〕～寛永十九年〔一六四二〕）である。脇坂と同じく秀忠の御伽衆で、秀忠の数寄屋御成には、ほとんど相伴しているほどの数寄者である。遠州茶会一回。

⒂同じく⑸上杉定勝（慶長九年〔一六〇四〕～正保二年〔一六四五〕）は、出羽米沢で十五万石を領している。昌俊と上杉家については、すでに述べているが、文芸との関わりについて、少し記す。

定勝の父・景勝は、昌俊と昌俊の養父・木戸元斎にとっては、旧主君であり、上杉家は、昌俊の前半生にとって最も重要な関わりをもっている。木戸元斎は、上杉家の重臣として、また上杉家文芸の中心的存在として、直江兼続とともに知られる武家歌人であった。昌俊は元斎のもとで養育され、和歌を教えられた。昌俊は元斎の後継者として上杉家文芸の中心になり得ることを期待されて養育された。慶長六年に昌俊は上杉家を離れて、数年後、昌俊の人生は大きく変化し、かつての宿敵徳川家に仕える永井直勝の家臣とし

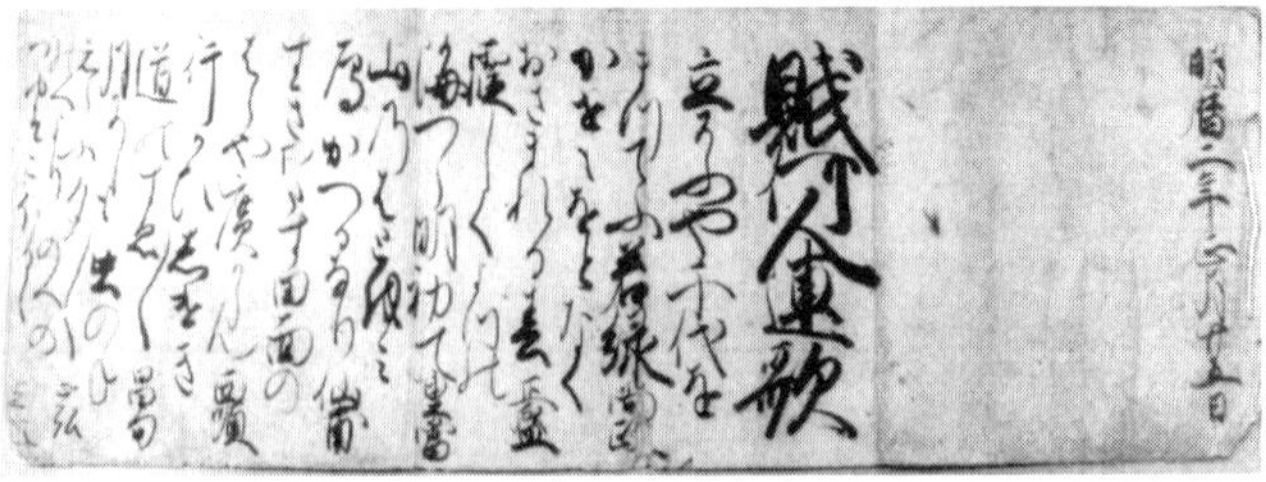

賦何人連歌（明暦二年正月二十五日、佐太天神宮蔵）
発句は領主である淀藩主永井尚政が詠んでいる。「立そふや千代を まつてふ若緑」。

て活躍しているのである。

⑯日下部五郎八（日下部宗好、天正二年〔一五七四〕～寛永十年〔一六三三〕）は、三千石の旗本。徳川の重要な戦に軍功があった。大坂城普請を加賀爪《かがつめ》忠澄、堀直之とともに奉行した。寛永十年致仕する。遠州茶会には、二条城行幸後、寛永三年九月十六日晩に招かれる。

⑰稲葉丹後守正勝（慶長二年〔一五九七〕～寛永十一年〔一六三四〕）は、稲葉正成と春日局の長男。家光の老中として活躍するが早世してしまう。

⑱言当《ことまさ》（淀屋个庵《こあん》、天正五年〔一五七七〕～寛永二十年〔一六四三〕）は、大坂の豪商・淀屋二代目。初代は岡本与三郎、常安とも。常安は、中之島を開拓した。大坂惣年寄・糸割符《いとわっぷ》年寄を務め、歌道・茶の湯にも精通する文化人であった。「天下の台所」大坂の発展に大きく貢献した。子孫に淀屋辰五郎がいる。遠州茶会に四回参席。

⑲宗玄（橘屋宗玄、生没年不詳）は、京都の商人で、遠州の茶の弟子。茶の湯巧者が務める「詰」役が多い。遠州茶会への参席は三四回と茶会記中最も多い。また、連歌会関係の人物とも同座している茶会が多く見られる。
⑳宗甫は遠州、昭乗は松花堂であろう。
㉑栄清は、豪商大文字屋の栄清と推測するが、後の考証を待ちたい。

ここまで主な連衆を見てきた。江戸で催されたと思われる連歌会が多いが、連歌師、秀忠の側近と御伽衆、大寺社の僧、数寄者、豪商達と各階層にわたっている。昌俊は、秀忠の年寄である尚政の重臣という立場で、こうした人物たちと風雅の席を同じくしていたのである。

3　昌俊の関わった連歌会と尚政

佐川田昌俊が関係した連歌会について、種々の方面から分析が加えられるべきであるが、一つ特徴的なのは、興行の時期が、寛永四年から寛永十年という、尚政が秀忠の年寄であった時期であり、幕府が朝廷・大寺社対策を厳しくしていた時期と重なることである。また、興行主で多いのは、風雅を好んだ大名であることは勿論、加えて秀忠の側近・御伽衆という立場にあった人達である。側近としては、尾張徳川家の義直（二条城行幸時に、秀忠の意向で武家方折衝役を果たす）、稲葉正勝、御伽衆として脇坂安元、蒔田広定、佐久間勝之、立花宗茂等が挙げられる。

尚政は、秀忠の年寄として、金地院崇伝、林羅山といった公家対策の強硬派の間で知られていた。昌俊は、文芸に秀でた才能と、連歌会における自らの存在を充分自覚し、尚政の側近として、大名たちを中心に、江戸で連歌の会による文化的組織化をはかっていたのではなかろうか。

第一章に見るごとく、直勝は武勇をふるうのでなく、徳川家の対公家政策を進展させ主従関係を秩序づける役割を果たし、著しい累進を遂げた。対公家・寺社対応政策という重責を担う役割は、尚政の代になると一層大きくなった。昌俊が家老として仕え、歌学への動きを活発にするのは、尚政が襲封した寛永二年以降である。その後寛永九年までとそれ以降とで、公家対策は変化している。そのどちらをも尚政は主導する。尚政は、上方八人衆の公家対策を主な役割として淀に転封されたのである。

4　連歌会に同座した人物と遠州茶会の客

佐川田昌俊が関係した連歌会に同座した人物には、遠州茶会にも参席している客が多い。日下部五郎八宗好（一回）、里村北家の玄的（三回）、玄添（一回）、本光国師金地院崇伝（一回）、小出大和守吉英（一回）、尾張徳川家義直（一回）、立花宗茂（一回）、橘屋宗玄（三十四回）、松花堂昭乗（十回）、徳玄・淀屋言当（四回）等である（小堀宗慶編『小堀遠州茶会記集成』）。

寛永九年までに昌俊が出座した連歌会は、永井尚政が秀忠の老中であった時期と重なる。一方、この時期遠州茶会は、ほとんど伏見の遠州屋敷か京都の屋敷で催し、茶による客たちの組織化をはかっていた。そうして、寛永十年以降は尚政・遠州が主導して、茶と連歌を中心に千五百人を上まわる上方・江戸の文化的ネットワークが形成され、政権の強固な基盤になっていくのである。

三、昌俊と周辺との交流

寛永十年以降の佐川田昌俊の居所と行動は、淀に転封した永井尚政と同じくしていた。ここでは、昌俊の行動と交流した人物を『筒城《つづき》』第五十八輯から探ってみたい（引用に際しては適宜翻刻を改めた）。

1 黙々寺の碑文

佐川田昌俊は、寛永十六年に酬恩庵境内の黙々寺に隠棲し、花鳥山水を愛で禅に帰依し、六十八歳の生涯を終え、黙々寺内墓地に葬られた。

その生涯は、埋葬地の背後に建立された石碑に記された。銘文は林羅山の撰による。石碑は昌俊の没後に、石川丈山が跡取りの俊甫に強く勧めて建立させたという。京都の詩仙堂を営み隠棲した丈山と昌俊とは、寛永十年の永井尚政の淀転封前からの友で、昌俊への追悼文「輓《ばん》懸壺居士詞引」が知られる。

①石川丈山(天正十一年〔一五八三〕~寛文十二年〔一六七二〕)は、「輓懸壺居士詞引」によれば、三河泉郷出身の徳川家に仕える譜代武士の家に生まれる。

慶長三年に家康の近侍となる。その忠勤ぶりに信頼を寄せられるが、大坂夏の陣では、軍令に反して抜け駆けの先登りをしたため、家康に賞されなかった。そのため、丈山は浪人して妙心寺に隠棲した。元和三年林羅山の勧めで、藤原惺窩《せいか》に師事し儒学を学ぶ。文武にすぐれた丈山には仕官の誘いが多かった。病の母のため、やむなく紀州浅野家に仕官し、転封により広島に従った。母の死により、退去して京に出て、寛永十三年に睡竹堂をつくり隠棲した。なお、鷹峯《たかがみね》の本阿弥光悦、八幡の松花堂昭乗とともに、江戸幕府の意を受けて京中の監視をしていたともいわれる。さらに寛永十八年、洛北に詩仙堂を建て、終《つい》の棲家《すみか》を定めた。中国の詩人三十六人を選び三十六詩仙とし、狩野探幽に肖像画を描かせ、堂内二階に掲げた。作庭にも長じ、東本願寺枳殻邸《きこくてい》（渉成園《しょうせいえん》）は丈山の手になるといわれる。酬恩庵の庭園の基本設計には、昌俊・丈山・遠州が参画したという。

後水尾上皇からお召しがあったが断った。清貧を旨とし、学問に没頭して三十数年過ごし、寛文十二年九十歳で死去した。

「風雅を以て大名に仕える」という、丈山と昌俊との共通点がふたりを生涯の友と結び付けたのであろうか。昌俊の訃報を受け、「愕然《がくぜん》として嘆き、涙が止まらない。体調が悪いので、追悼文は使いが届ける」と記述している。

②林羅山（天正十一年（一五八三）～明暦三年（一六五七））は、家康以来四代に渉《わた》る侍講となった幕府の侍官。我が国の朱子学派の碩学《せきがく》で「天下の書で読まざるものなし」といわれた。号は羅山のほか、道春、羅浮子《らふし》、花顔巷《かがんこう》、夕顔巷《せきがんこう》等。

『林羅山詩集』巻之十四（寛永四年）に、「今茲之冬淡州卒去年七十少先生一歳相織三十年交際最厚」とあって、羅山と昌俊の間に三十年以上の交流があったことが分かる。

羅山と昌俊の関係は、寛永初年頃により親密になっていったと考えられる。寛永六年に羅山の長子・叔勝の夭逝を悼む歌三首（『林羅山詩集』巻四十一）が昌俊から贈られ、羅山の第四子・守勝の『読耕詩集』第七（内閣文庫蔵）には昌俊の子・俊甫のことが記される。こうした個人的な感情のやりとりによって、羅山と昌俊の関係が儀礼的交遊以上のものになったと推測される。

羅山は昌俊顕彰碑の銘文を揮毫《きごう》しているのみならず、昌俊と詩の贈答があり、また昌俊が薪に隠棲した後、昌俊が愛用の香炉を贈っている。寛永五年一月二十五日の『稲葉丹後守正勝興行百韻』に、「国師・昌琢・玄仲・道春・昌俊」とあるように、昌俊との連歌の交流も知られる。羅山が昌俊の悲報を受けた際に輓詞（死者を悼む詩）を作っている。「佐川田昌俊自号黙黙子、是我多年之莫逆（気心の知れた友、親友）也」と述べ、涙が止まらないので筆を擱《お》いたとある。

2 書状に見る人物

①佐川田昌俊 書状 淀屋个庵（天満屋新四郎）宛

夜をこめて雨にぬれ〳〵かへりしは天魔のつきた新四郎殿ニ哉

今朝余ニ夜ふかく御出候間、我等もふね、川洪水候ところニ案内をつけ申さす、無念ニ御座候、今日ハ雨天ニて水ニ御滞留あるかと巌居御たつね、御厚志ニ候へとも時あしくて候喘〱としたる為躰、残念至極ニ候、夜前御物かたりの苞の心を以、老身保養可仕候はや、御ゆかしく存候、くれ〱今朝の仕合御残多存候、恐惶かしく

六月二七日　　　昌俊（花押）

天満屋新四郎殿　　　默々翁

六月二十七日付、書状の下部に「默々翁」とあるため、昌俊が隠棲を決意した頃の書状といわれる。天満屋新四郎（个庵）の来訪もその相談のためと想定される。「夜を込めて雨にぬれぬれかへりしは天魔のつきた新四郎殿にや」とあり、隠棲を決意しつつある昌俊を、洪水の中、夜が明けないうちに訪問してきた「天満屋」への礼状といわれる。洪水で湖のようになった中を船を出させて訪ねてきたのである。

初代个庵は、豊臣秀吉の伏見城や淀川堤防工事を請けた。二代目はその事業をさらに拡張し、浪花の淀屋橋の架設でも知られ、天満に魚市場を開設した。連歌・和歌・茶の湯に通じて寛永文化サロンの一員としても活躍している。

②佐川田昌俊 書状 部金七郎《ぶかねしちろう》（近衛信尋の執事）宛

「（切封） 部金七郎様　まいる　　　　佐喜六」

従御前、見事之茸美被下置、難有賞味仕候、江月和尚之見立にて用意、満足奉存候、御前宜被仰上可被下候、御茶之事も追而可申上候、花月の一頌如何被存候、其内期貴面中候、恐々謹言

二日　　　　黙々（花押）

すみわひて身をかくすへき山里にあまりくまなき夜半の月哉　一笑々々

江月宗玩が喜六を訪ねて酬恩庵に来た。そこに御前（近衛信尋）から、茸《きのこ》が届けられ、江月も相伴に与《あずか》った旨の礼をした。また茶会の誘いかたがた、和歌の方は如何《いかが》ですかと尋ねる。

近衛信尋《のぶひろ》（慶長四年〔一五九九〕～慶安二年〔一六四九〕）は、後陽成天皇の第四皇子で、後水尾天皇の弟。近衛信尹《のぶただ》の養子になる。和歌・連歌などの諸道に優れ、後水尾院のサロンの中心にあり、その号の「応山」は沢庵の撰にかかる。寛永三年の二条城行幸の際は、公武融

和の朝廷方の折衝役を務める。

③小堀遠州 書状 佐川田昌俊宛

伏見奉行の遠州と、淀城の尚政に仕える昌俊とは、寛永文化人の間でも、職務でも、殊に親しかった。淀屋个庵からもたらされた、江戸で一緒だった榊原職直《もとなお》の情報もいち早く知らせようとしている（引用は、小堀宗慶『続 小堀遠州の書状』による）。

榊飛より之状もたせ進之候、今日〳〵と御越を相まち申候、个庵昨日上候とて今朝来り候、貴公へ懸御目可申と申候、我等も当年初而あひ申候まゝ、年頭之祝義をくたし候、吉野花見候之衆、雨ふり、さての仕合と存候、おかしく候、とかく今日ハまち申候、かしく

榊飛父子、今度なへ嶋手ニ居候而、出丸一番のりいたし大慶ニ候、

　　默々寺　　　　　　　　　　　　　　　宗甫

「榊原職直の書状をもたせました。个庵が持ってきてあなたに見せたいとのことでした。

个庵とは今年はじめて会い、遅ればせながら年頭の挨拶をしました。吉野に花見に行った人たちは、雨が降って、あいにくのことです。ともかく今日のお越しをお待ちしています。なお榊原父子は九州で、鍋島軍の軍監として、出丸で一番乗りだったとのこと、大慶です」。

寛永十四年秋、島原天草一揆が起き、長崎奉行の榊原職直・職信父子は、鍋島軍の軍監に任じられたが、翌年二月二十七日、諸軍に先駆けて一番乗りをした。淀屋个庵は、「榊飛」の知らせを是非昌俊に見せたいと、今日伏見に来たという内容。のちに、このときの行動が軍令に反するとされ、榊原は閉門になる。なお、昌俊も尚政と共に十四年秋に島原に出陣したとする史料がある。

榊原飛騨守職直（天正十四年〔一五八六〕〜慶安元年〔一六四八〕）は、寛永十一年五月から長崎奉行を勤めていた二千五百石の旗本。職信はその嗣子。遠州茶会への参席は八回、職信は三回、次子職員《もとかず》は一回。淀屋个庵は、前出。

④木下長嘯子 書状 うもし宛

『简城』には、昌俊ゆかりの人物の一人、木下長嘯子《ちょうしょうし》の書状として、次の書状が挙げられているので、参考までに掲出したい。

昨日はみな〳〵まいり、慰御うれしくまいらせ候その間つれ〳〵に一しゆいたし候御らん候へく候かしく
いせしまや奥津白玉かすそへてさゆるひかたに霰ふる也
「(捻封)
うもし　まいる　　より
長　」

「うもし」は不明である。「昨日、皆々私のところに集まり、心が晴れたことです。その時、一首詠んだ歌を送ります。『伊勢志摩や沖つ白玉数添へて冴ゆる干潟に霰ふるなり』というものです」という内容。

木下長嘯子(永禄十二年〔一五六九〕~慶安二年〔一六四九〕)は、豊臣秀吉の正室・高台院の弟・木下家定の子で、若狭小浜の城主であったが、関ヶ原の戦いの後世を捨て、長嘯子と号した。京の東山に隠棲し、花鳥風月を友とした。和歌に秀で、細川幽斎・林羅山・松永貞徳・安楽庵策伝などその交際範囲は広い。歌集『挙白集』が知られ、当書状の歌も収録されている。寛永文化サロンの一員で、先に挙げた人物のほかに、松花堂昭乗との交流が知られる。

長嘯子の歌集『挙白集』のなかに、「佐川田のなにがしにこたふることば」として二首の和歌が収められている。「佐川田のなにがし」は昌俊のことである。

きみがすむ山の木がらしつたへずはふかきいろあることのはもみじ
かたしきの床のやま風いかならん我にてしりぬさゆるよなよな

「きみがすむ山」は、薪の黙々寺をさし、隠棲後の昌俊に宛てているのである。長嘯子も元は武士であり、境遇を同じにする者同士、心を通わせていたのかもしれない。
もう一首、家老時代の昌俊を訪ねた際の和歌を掲出する。

佐川田なにがしよどに住み侍りける比、尋ねゆきて水郷月といふことを
秋かぜによわたる月も所えて玉みがきそふよどのつぎ橋

昌俊は寛永十六年にどのような理由で隠棲したのか。今回、昌俊が「肥前衆」として、島原天草一揆の現地に赴いたことが分かった。一揆の原因は、農民が飢饉という現状のなか、

佐川田昌俊墓
（酬恩庵墓所）

酬恩庵 北庭

過酷な年貢を藩主から要求されたこと、キリシタンへの弾圧が厳しかったことなどとされるが、その三万ともいわれる、武器をもたない老人や女性や子供を含めた農民たちに、十二万もの武士集団が鎮圧に出陣した。農民達は全滅であった。昌俊は、これまで求めてきた、王朝文化を政権に取り入れるという目的とは、かけ離れた光景を目にしたのではないか。長嘯子も人間が殺し合う世界が耐えられなかったために隠棲した。昌俊もそうした世界から身を退こうとしたと推測する。

⑤その他の書状・史料に見る昌俊

『筒城』掲載の、昌俊の名が書かれた書状には、小堀遠州宛江月宗玩書状（「重陽日」）、玄斎宛沢庵宗彭書状、大仙院宛小堀遠州書状（日付なし）があり、その他の史料には、酬恩庵の庭園整備計画に携わった常閑尊翁、連歌師牡丹花肖柏の孫で俳人・歌人・医師として幕府に仕えた半井卜養《なからいぼくよう》、本阿弥光悦、寸松庵の佐久間将監真勝、幕府お抱えの連歌師・里村北家の玄仲等の名が記されている。

佐川田昌俊は、歌学の道に進むか、徳川家家臣に仕えるか、相当に悩んで、永井家についた。そこで多くの文化サロンの人物達と接し、自らの歌への情熱も叶えることができた。しかし、武家の奉公に充分満足できない日々があったのではなかろうか。

寛永十六年に隠棲した場所と墓からは、そうした昌俊の苦悩の様子が伝わってくる。しかし、昌俊の人柄ゆえか、武家茶人の佐久間将監の墓も酬恩庵にあり、また个庵のごとく嵐をついてでも訪れる友がいたのである。

第四章　新たなる遠州像と尚政

前章まで、永井直勝・尚政父子と、永井家家老・佐川田昌俊の生涯をみてきた。永井尚政は小堀遠州とは、主に寛永期、寛永十年（一六三三）から遠州が死去する正保四年まで、政治的にも茶のうえでも深く関わってきた。

この章では、これまで茶の湯界で専らイメージされてきた遠州とは違う、「新たなる遠州像」を紹介したい。

遠州は、尚政と同じく徳川幕府の政治的重要人物であり、また政権に相応しい茶の湯文化を創造した茶匠であった。遠州の生涯とは、また遠州の創造した茶とは、どのようなものかを明らかにしたい。また、尚政と遠州との関わりを調べ、二人が同時に登場する史料から、その歴史性をも解き明かしたい。

一、遠州の職務

1 父・小堀正次の生涯

遠州の父小堀正次（新介、天文九年〔一五四〇〕〜慶長九年〔一六〇四〕）は、近江国小堀村出身の武士で、浅井家に仕えていたが、元亀元年（一五七〇）の姉川の戦いで浅井軍は織田軍に敗れ、小堀一族は織田・豊臣家に仕えることになる。天正十三年（一五八五）、正次は、豊臣秀吉の弟・秀長（大和郡山城主、一一〇万石）の重臣となり、兄の天下統一戦に出陣する秀長に代わり、国家老・横浜一晏《いちあん》と共に太閤検地や奈良の寺社対策を徹底して行っていった（深谷信子「小堀遠州の職務と茶の淵源――揺籃期」）。

天正十九年に秀長が、慶長三年（一五九八）に秀吉が亡くなり、政情が混沌としていった。同五年、正次は、関ヶ原の戦いで徳川方につき、戦後は、徳川氏の重職・備中国奉行に抜擢される。その任務は備中国内の検地、年貢収納、千石夫の徴収、幕命を幕府領と大名領などの私領に触れる、特産の収穫物を幕命の通りに運搬する等である（高木昭作「幕藩初期の国奉行制について」、人見彰彦『備中国奉行小堀遠州』）。正次は、国奉行と御所等の幕命による作事の奉行を兼務した。それは、第二章で述べた、徳川家が、畿内に脆弱《ぜいじゃく》な勢力しかないなかで、その支配を拡げ真の天下人になる過程での畿内重職役人の使命だった。正次は外様でありながら、譜代の京都所司代板倉勝重や、代官頭大久保長安と幕府の触に連署するまでになり、同七年以後は板倉勝重に次ぐ畿内第二位の幕府役人であった。

表1　小堀遠州略年譜

和暦	西暦	年齢	事項
天正7年	1579	1	父・小堀新助正次、母・磯野員昌の娘の嫡男として生まれる。
13年	1585	7	父・正次、藤堂高虎は、知行約百万石の大和郡山城主・豊臣秀長（豊臣秀吉の弟）の重臣になる。
16年	1588	10	遠州、千利休に会い、翌日秀吉の茶の給仕に出る。
文禄4年	1595	17	四月、豊臣秀長の嗣子・秀保が急死し、父は秀吉の直参となる。作介（遠州）、古田織部に入門す。
慶長2年	1597	19	藤堂高虎の養女を娶る。
5年	1600	22	父・正次、関ヶ原の戦いで家康に呼応し出陣。戦功により一万四千石に加増され、備中国奉行になる。
9年	1604	26	二月、父・正次、江戸に出府の途次急逝。十月、作介、父の遺領一万二千四百六十石、**備中国奉行**を嗣ぐ。
11年	1606	28	七月、**後陽成院御所の作事奉行**。この年、**江戸城普請**も手伝う。
13年	1608	30	一月、**駿府城作事奉行**を命ぜられ、その功により、三月、従五位下遠江守に叙任される。
15年	1610	32	**名古屋城修理工事**の奉行。
18年	1613	35	**禁中作事奉行**を命ぜられ、この頃から遠州の名が上がる。
20年	1615	37	四月、大坂夏の陣。八月、**上方郡代**になる。
元和3年	1617	39	**河内奉行**になる。大坂伝馬屋敷拝領。
5年	1619	41	**女御御殿・大坂城作事奉行**（寛永七年まで）。備中から近江国浅井郡小室に移封される。
8年	1622	44	**近江国奉行**になる。

9年	1623	45	十二月、**伏見奉行になる**。
寛永2年	1625	47	**二条城作事奉行になる**。七月、豊後橋詰の伏見奉行屋敷に移転。
3年	1626	48	九月、二条城行幸にあたり、五味豊直とともに奉行する。
4年	1627	49	**仙洞御所造営の作事奉行**になる。
6年	1629	51	**院御所の作事奉行**。六月、**江戸城山里の新庭指導**のため、家光に召される。
7年	1630	52	**大坂城**完成。
8年	1631	53	六月、家光、遠州を江戸城西の丸数寄屋に召し、瓶花と炉灰を仕らす。
9年	1632	54	秀忠死去の時、遺物として黄金三百両を贈られる。
11年	1634	56	七月、水口城にて、五畿内のことを懇命される（**上方八人衆**の一人になる）。
12年	1635	57	九月、畿内、近江の作毛・堤を巡検する。各地で飢饉の兆しあり。
13年	1636	58	五月、品川林中の**御殿・茶亭**を作り、家光の御成を迎える。
14年	1637	59	島原・天草一揆起こる。
15年	1638	60	二月、島原の乱が鎮圧される。一揆後の幕政について、評定所で協議する。
17年	1640	62	**内裏・新院（明正院）御所造営奉行**を務める。
19年	1642	64	飢人、各地にあふれる。幕府、代官・旗本に飢饉対策を命ずる。十月、**飢饉対策奉行**になり、この月より足かけ四年江戸に留まる（「遠州江戸四年詰」）。
20年	1643	65	二月、三都で飢人の人返し。三月、農村法令「土民仕置之条々」発令、田畑永代売買の禁が定められる。
正保2年	1645	67	「江戸四年詰」を終え、四月二十一日、伏見に着く。伏見奉行を勤め、集大成の茶会を催す。
4年	1647	69	二月六日、伏見奉行屋敷において死去。

『寛政譜』、藤井讓治『江戸開幕』、横田冬彦『天下泰平』、熊倉功夫『後水尾院』、森蘊『小堀遠州』他より作成。ゴシック体は遠州が関わった作事、太明朝体は遠州が就いた官僚としての役職。

2 徳川幕府の畿内重職官僚――小堀遠江守政一

①国奉行・上方郡代としての遠州

慶長九年（一六〇四）、父・正次の備中国奉行を継いだ遠州は、京都所司代・板倉勝重、代官頭・大久保長安の下で、河内国奉行、近江国奉行、他に畿内公儀作事奉行も担って貢献する。大坂両陣の後、国奉行を兼ねながら上方郡代（畿内代官とも）に抜擢される。上方郡代の任務その一は、細々《こまごま》と領地が錯綜するなかでの紛争裁許。その二は、後陽成院御所、京都御所・女御御所、大坂城、二条城二ノ丸御殿・行幸御殿・庭園、仙洞御所・女院御所、新院御所等々幕命による畿内のすべての作事を奉行し、代官を動かして建築・修理・造替を遂行すること。その三は、将軍の上洛に関するすべて――両御所（徳川家光・秀忠）や、上洛する約三十万人の武士達のスケジュールと居所等――を統轄することである。天皇や大寺社が存在する畿内という特殊な地域において、特殊な役割を果たすことであった（朝尾直弘「畿内における幕藩制支配」、鎌田道隆『近世都市・京都』）。遠州は

小堀遠州像（部分、頼久寺蔵）

元和九年（一六二三）に伏見奉行に就くが、上方郡代の役割も死去するまで担った。

②「上方八人衆」に抜擢される

上方八人衆については、第二章で述べた。

ただし、寛永十九年（一六四二）に幕府の存続を揺るがすほどに深刻になった寛永飢饉の対策奉行のうち、当面の飢饉対策と、近世を通じて農民を統制する「農村法令」作成の中心になったのは、小堀遠州といわれる（横田冬彦『天下泰平』）。遠州は、対策奉行のうちでは、慶長九年から四十年間、最も長く農民支配に関わり、農民の生活、河川の状況、訴訟等に精通していたのである。法令作成の中心的役割を果たした遠州の官僚としての実力は、江戸城から全国の大名・代官達まで広く知られ、将軍に召されて長期に江戸で対策にあたることになる。この期間は足かけ四年に及び、これがいわゆる「遠州江戸四年詰」である。遠州は領民の貧困対策に窮した大名達を指導し、官僚としての集大成を果たした。

正保二年（一六四五）、もはや目も体も衰え、何度も願った帰洛がついに叶えられた。職務は続行したが、以後参府はせず、伏見奉行屋敷で三昧《さんまい》の茶会を催して過ごし、同四年二月六日、六十九歳で死去した。

二、遠州の茶の画期と茶道具・茶室

初期の遠州茶会の記録は、古田織部の弟子であった慶長期のものがあり(『松屋会記』)、その茶会の内容は、まさに織部の茶そのもので、遠州が「織部の高弟」と呼ばれる所以《ゆえん》である。慶長九年に織部の鎖の間披露の茶会に招かれている(「織部茶会記」)。元和五年(一六一九)、大坂城を造替し、畿内支配を大改革するために将軍秀忠が上洛した際、その筆頭年寄・土井利勝の茶会で遠州は茶堂を務めている。すでに織部は亡く、遠州が武家茶の第一人者であったことが分かる。

1 数寄屋飾りの基本の茶会

遠州が茶会を再開するのは、寛永三年(一六二六)、後水尾天皇の二条城行幸前後に、二条城至近の三条屋敷で二十四回の茶会を催し(小堀宗慶編『小堀遠州茶会記集成』。以下『茶会記集成』と略記)、百人近くの客を招いた時である。織部の茶を知る土井利勝たちを招いて、利休とも織部とも違う美意識で取り合わせた茶を披露した。その際、二条城にあった秀忠の意向を伺い、秋に客を十二人招いて三回の口切り茶会を催し、遠州好みの茶をもう一歩進めた。

二条城行幸行事のために上洛した武士たちを招き、遠州が披露した茶会を見よう。

九月二日之朝　7（創造期2）

（番号は『茶会記集成』における編年順をあらわす。括弧内は後掲する表4による。以下も同じ）

御客
青山大蔵殿
板倉周防殿
岡田兵部殿
永井信濃殿
茶屋二郎四郎（四郎二郎）殿

床ニ
一　墨蹟法雲道洵両筆
一　棚下之重ニとゝや茶碗　中ニ瀬戸之小茶入
脇ニ羽箒おき合而
手水之間
一　墨跡取而香地（柑子）口之花入　さゝん花　くちなし入
一　三島之水指置合而脇ニ右之茶入　同とゝや茶碗置合而　以上

茶碗	分	茶入	分	水指	分	水滴	分	蓋置	分	他
と丶や茶碗	ホ	瀬戸小茶入　仕	ロ	三島之水指						
と丶や茶碗	ホ	瀬戸小茶入　仕	ロ	三島之水指			ロ	引切		
と丶や茶碗	ホ	瀬戸小茶入　仕	ロ	三島之水指						
と丶や茶碗	ホ	瀬戸小茶入　仕	ロ	三島之水指						
と丶や茶碗	ホ	瀬戸小茶入　仕	ロ	三島之水指						
と丶や茶碗	ホ	瀬戸小茶入　仕	ロ	三島之水指						
と丶や茶碗	ホ	瀬戸之丸壺　盆	ロ	三島之水指						
と丶や茶碗	ホ	瀬戸之丸壺　盆	ロ	三島之水指						
と丶や茶碗	ホ	瀬戸小茶入　仕	ロ	三島之水指						
と丶や茶碗	ホ	瀬戸小茶入　仕	ロ	三島之水指						
染付茶碗	ホ	瀬戸小茶入	ロ	三島之水指						短檠
染付茶碗	ホ	瀬戸之丸壺　盆	ロ	三島之水指						
染付茶碗	ホ	瀬戸之小茶入	ロ	三島之水指						
染付茶碗	ホ	瀬戸之丸壺　盆	ロ	三島之水指						鐶
と丶や茶碗	ホ	瀬戸小茶入　仕	ロ	三島之水指			ロ	引切		
染付茶碗	ホ	瀬戸小茶入　仕	ロ	三島之水指						
染付茶碗	ホ	瀬戸之小茶入	ロ	三島之水指			ロ	引切		
染付茶碗	ホ	瀬戸小茶入　仕	ロ	三島之水指			ロ	引切		
染付茶碗	ホ	瀬戸之小茶入　仕	ロ	三島之水指						
と丶や茶碗	ホ	瀬戸之小茶入　仕	ロ	三島之水指						短檠
染付茶碗	ホ	瀬戸之大き成肩衝	ロ	三島之水指			ロ	引切		
と丶や茶碗	ホ	瀬戸小肩衝	ロ	三島之水指			ロ	引切	イ	金之しいの香炉
染付茶碗	ホ	瀬戸之小かたつき	ロ	三島之水指			ロ	引切		
染付茶碗	ホ	瀬戸之小肩衝　仕	ロ	三島之水指						
高麗	ホ	在中庵	ホ	肥後焼	ホ	伊賀焼	ロ	引切	イ	もろこし茶壺
島物	ホ	膳所焼	ホ	肥後焼	ホ	伊賀焼			イ	玳玻盞天目
染付茶碗	ホ	道休　茶通箱	ホ	肥前焼（高取焼）	ホ	伊賀焼				

表2 寛永3年(1626)の茶会における使用道具一覧と分類

順	番	月日時	分	掛物	分	花入	分	香箱・香合	分	炭斗	分
1	3	8/26 朝	ハ	墨跡定家一首之歌	イ	柑子口之花入					ロ
2	4	8/26 晩	ロ	徹翁大文字	イ	柑子口之花入					ロ
3	5	8/28 朝	ロ	徹翁大文字	イ	柑子口之花入					ロ
4	6	8/29 朝	ロ	法雲道洵両筆	イ	柑子口之花入					ロ
5	7	9/2 朝	ロ	法雲道洵両筆	イ	柑子口之花入					ロ
6	8	9/3 朝	ロ	法雲道洵両筆	イ	柑子口之花入					ロ
7	9	9/3 晩	ロ	法雲道洵両筆	イ	六角之花入					ロ
8	10	9/4 朝	ロ	法雲道洵両筆	イ	柑子口之花入	イ	桜(梅)之香箱			ロ
9	11	9/5 朝	ロ	法雲道洵両筆	イ	柑子口之花入					ロ
10	12	9/5 昼	ロ	法雲道洵両筆	イ	柑子口之花入					ロ
11	13	9/5 晩	ロ	法雲道洵両筆		──	イ	桜之香箱			ニ
12	14	9/11 朝	ロ	法雲道洵両筆	イ	柑子口之花入	イ	桜之香箱			ニ
13	15	9/13 朝	ロ	徹翁大文字	イ	柑子口之花入					ニ
14	16	9/13 晩	ハ	定家初雪の歌	イ	六角の花入					ニ
15	17	9/14 朝	ロ	法雲道洵両筆	イ	柑子口之花入					ロ
16	18	9/14 晩	ロ	法雲道洵両筆		──					ニ
17	19	9/15 朝	ロ	徹翁大文字	イ	柑子口之花入	ニ	牛の香箱			ニ
18	20	9/15 晩	ロ	徹翁大文字	イ	柑子口之花入					ニ
19	21	9/16 晩	ロ	徹翁大文字	イ	柑子口之花入					ニ
20	22	9/17 晩	ロ	法雲道洵両筆		──					ロ
21	23	9/21 晩	ハ	定家あはぬよの歌	イ	柑子口之花入					ニ
22	24	9/22 朝	ハ	定家あはぬよの歌	イ	柑子口之花入	ニ	青地牛之香箱			ロ
23	25	9/22 晩	ハ	定家あはぬよの歌	イ	柑子口之花入	イ	花鳥之香箱			ニ
24	26	9/23 朝	ハ	定家あはぬよの歌	イ	柑子口之花入					ニ
25	27	10/15 朝	ロ	徹翁大文字	イ	金獅子ノ耳	ニ	染付ナツメノナリ	ロ	フクベ	ロ
26	28	11/15 朝	ロ	隆蘭渓	イ	金之六角	ニ	染付	ロ	フクベ	ニ
27	29	11/21 朝	ロ	隆蘭渓	イ	金ノ龍耳	ニ	染付	ロ	フクベ	ニ

『茶会記集成』から作成した。「番」は、同書の編年順の番号を表す。

茶入の「仕」は茶碗に茶入が仕込んであること、「盆」は茶入が盆に載っていること、「茶通箱」は茶入が茶通箱に入っていることを表す。

「分」は分類を表す。イ＝唐物、ロ＝侘の美、ハ＝王朝美、ニ＝新唐物、ホ＝国焼。

表3 寛永三年（一六二六）に使用された茶道具の解説

1、寛永三年八月から九月までの使用道具

種類	道具名他	内容
掛物	定家筆 小色紙	「大井川行幸の歌」。「かめ山のいはねをわくる大井河（ママ） ちとせすむへきかけの見えたる」（『古今和歌集』）。
	徹翁 大文字墨蹟	徹翁義亨筆「虎林」。徹翁は南北朝時代に大徳寺の開山・宗峰妙超の遺命を受け、第一世住持になり、その基礎を築いた。
	法雲道洵両筆 墨蹟	法雲と道洵の墨跡。法雲は、間極法雲といい、南宋後期から元初期の僧で、虚堂智愚の法を嗣ぎ、虚堂の行状を撰したことでも名高い。道洵は東礀道洵といい、法雲と同時代の僧。この墨蹟は『集成』に掲載された一点のみが確認されている。遠州はこの墨蹟を多用する。
	定家筆 色紙	「初雪の歌」。「ふればかくうさのみ増さる世をしらで 荒れたる庭に積もる白雪」（『新古今和歌集』）。
	定家筆 色紙	「あはぬよの歌」。「あはぬ夜のふるしら雪と積もりなば 我さへともにけぬへきものを」（『古今和歌集』）。
花入	古銅柑口花入	「三千年になるてふもものことしよりはなさくはるにありにけるかな」の歌が添う唐物花入。約30cmの高さで、口が柑子の形をした古銅製の花入。
	六角之花入	「古銅口紋六角花入」。「口せこ」の銘がある。
香合・香箱	桜（梅）之香箱	「梅花文堆朱香合」。『集成』では蒔絵とされる。小堀大膳（正之）箱書付。蒔絵は奈良時代に始まる日本独特の漆芸技法。殊に和歌との強い結びつきがある。堆朱説もある。
	青地牛之香箱	白呉州台牛香合。現在は、福建省漳州窯製と言われる。
	花鳥之香箱	「梅鶯文堆朱重香合」。堆朱の香合とされる。

羽箒		遠州茶会の特徴として、何種類かの羽箒が毎回使用される。
炭斗	フクベ	瓢か。
茶碗	と、や茶碗	「利休ととや」と呼ばれ、一般のととや茶碗とは別に扱われる。遠州筆「ととや」。御物袋は浅黄小牡丹唐草緞子。利休―織部―遠州と的伝した茶碗。
	染付茶碗	東南アジアで焼かれた「雲堂手」といわれる染付茶碗。渦状の雲と楼閣が描かれているためこの名がある。利休が紀三井寺の香炉から転用し、「紀三井寺」と命銘。同種の茶碗を秀忠、遠州が所持していた。
茶入	瀬戸之丸壺 盆・仕覆	黒い屈輪盆に載せていることから、後に「相坂」と命銘される「相坂丸壺」と推測される（『集成』）。仕覆は、相坂金襴ほか三点。盆は張成作の唐物五葉盆。江月和尚筆由来記。遠州書付他、次第の数が多い。
	瀬戸小茶入 仕覆	『集成』では、上記「瀬戸之丸壺」と同じように解説されている。ととや茶碗に仕込んだり、屈輪盆に載せたりして名物の扱いをされるが、当茶会時は、無名の古瀬戸茶入である。
	瀬戸大き成肩衝	『集成』では、古瀬戸「在中庵」か、孤篷庵什物の「大野」と推測されている。しかし、秋の口切り茶会には、「在中庵」・「道休」と命銘した茶入が登場する。
水指	三島之水指	『集成』には、「三島礼賓手芋頭水指」として、『小堀家道具覚書』の図が掲載されている。
蓋置	引切	青竹。
香炉	金之獅子之香炉	「金紫銅獅子香炉」。明時代。『玩貨名物記』所載。

2、寛永三年十月から十一月までに使用された道具（1に新たに加えられた道具）

掛物	蘭渓道隆 墨蹟	「居山」二大字。蘭渓道隆は、鎌倉期に南宋から渡来した禅僧。北条時頼の帰依を受け、建長寺の開山になった。

花入	金ノ龍耳	古銅龍耳付花入。日本製とされる。
香箱	染付ナツメノナリ	染付「棗形《ナツメノナリ》香箱」。明末の民窯の製品で、天啓期に船載され、遠州により取り上げられた斬新な道具とされる（『小堀遠州の茶会』根津美術館）。
茶碗	高麗	高麗茶碗「霜降」（『遠州蔵帳』記載）と推定されている（『集成』）。
	島物	遠州が南方から入手した天目形の茶碗（『遠州蔵帳』記載、遠州箱書）。遠州は、貴人以外の客に、これで茶をすすめた。
茶入	在中庵	古瀬戸茶入「在中庵」。「生涯手放したくない」と遠州が最も執着した、遠州好みの最高の茶入に位置付けられる。
	道休	「在中庵」と同じ茶入。堺の南宗寺塔頭の道休和尚が所持していたためにこの名がある。
水指	膳所焼	遠州が命銘し、後に中興名物になる「大江」と推測される（『集成』）。
	肥後焼	次の「肥前焼」と同じく、肥後焼とは考えられない。細川氏の肥後入国は寛永九年である。
	肥前焼（高取焼）	肥前焼とは考えられないので、「高取焼」と推測される（『集成』）。
水滴	伊賀焼	この時期から、水滴が記載されるようになり、伊賀焼の建水が登場する。
茶壺	もろこしの茶壺	中国製か。口切り茶会のため。
天目	玳玻盞天目	「尾長鳥」の天目。国宝・重要文化財の玳玻盞天目のうちの一点。「唐花尾長鳥紋天目」。
天目台	竹之台	『集成』に、竹の天目台は不明とされる。

茶道具の解説は、基本的には、小堀宗慶編『小堀遠州茶会記集成』（『集成』と略記）の「解説」を参考にした。

遠州は、寛永三年九月六日から十日まで、行幸してきた後水尾天皇一行を供応した。行幸行事前後に、遠州は、満を持して設えた三条屋敷の数寄屋において自らの茶を披露する。招いた客は、行幸行事のために全国から上洛してきた約三十万人の武士のうち、将軍の側近・老中・全国の数寄大名・旗本とその家臣たちである。客達の三分の一は、当人または身内が古田織部の茶を知っていた。そして織部の屋敷は、茶会を催した遠州の三条屋敷のすぐ南にあり、当時は藤堂高虎の屋敷になっていた。

遠州の屋敷のすぐ北には、永井宿所、すなわち上洛した大勢の永井家中のための宿がある（永井家の京都屋敷は他にある）。そのすぐ北が京都所司代・板倉家の宿である。遠州の三条屋敷と永井宿所の東に、三条せとものや町があり、東海地方の瀬戸・美濃・志野や、九州地方の唐津・高取などで焼かれた茶道具が商われていた（第二章の図「古地図における永井家他の屋敷・宿所と「せと物や町」」参照）。

そうした三条の自邸に、数寄に長けた武士達を招き自らの茶を披露したのである。堀川通りを挟んで西側にある二条城では、織部を茶の湯指南としていた大御所・秀忠が遠州茶会に参席した側近達の「上聞」を待ち構えていた。使用された道具を見ると、掛物から、花入・香合、点前道具の茶碗・茶入・水指・水滴まで、茶会の回数に比して数が少ない。それは、加賀百万石藩主・前田利常、大御所筆頭年寄・土井利勝などを正客とした場合、家臣や大名達が、道具を変えずに「跡見の席」を請うたからである。遠州は主要な客に、基本的な道具を飾り、跡見の客には取合せを変えずに見せ、再度参席した客には、一部を変化させている。

遠州の茶の道具組を大別してみると、おおよそ次の五つの要素が考えられる。

①室町期から将軍を中心とする人物達が尊重した、主に中国からの唐物の美。
②平安期に公家を中心に尊ばれ、当時復興をみた和歌や王朝文化に連なる美。
③利休たちが大成した侘の美。
④盛んな南蛮・朱印船貿易等で舶載された文物のなかに見出した新唐物の美。
⑤古来の日本の焼物に、文禄・慶長の役以来、朝鮮から伝わった技法や美意識が加わって変化した和陶や、高麗物の美。高麗物は新唐物とも共通する。

遠州は、これらの五要素をもつ道具を自らの美意識で取り上げた。東山御物をはじめとする、権威を荘厳する「唐物の美」は、格式があり、将軍を頂点とする武家の茶に必須のものである。「王朝美」は、日本人の文化の拠り所となる美を表す。徳川家康は大坂冬の陣直前まで、古今伝授や『源氏物語』などを中心に、王朝文学・伝統文化を政権に取り入れ、朝廷を凌駕《りょうが》しようとしていた。遠州もそれに倣い、茶の重要な要素に取り入れている。印刷技術、識字能力の広まりにより、『源氏物語』等の王朝文学・謡曲の『嵯峨本』などは、上層以外の階層へ普及するさなかにあった。「侘の美」は、茶の湯の本来のあり方である悟道の精神性を根本とするもので、遊興や華美を志向することを戒めている。「新唐物の美」は、中国の元や明・西欧・東南アジア・朝鮮から朱印船貿易などで盛んにもたらされる文物を、新たな茶道具として取り入れたものである。「国焼・高麗の美」は、文禄・慶長期以後国内の窯が盛んに茶道具を焼成したものが、遠州の元に届けられ、そのなかから目利きし、茶席に登場させたのである。

2 遠州の茶の画期

晩年までの各画期の使用道具を見渡すと、生涯にわたる数寄屋での道具組の基本は、この時期にすでに形成されていたことが推測される。

遠州は、生涯に、延べ千五百人の客を招いて四百回近くの茶会を催した。彼が幕府の重職役人であったこと、武家茶の第一人者であったことを勘案して、遠州と客、客同士の職務と婚姻関係、また政権に関わる出来事等を調べ、一覧してみた（表4）。自らの茶と政権

香合	茶碗	茶入	水指	建水	棚、鎖の間等
	今焼・国焼	今焼・国焼	国焼	面通	数寄屋のみ
蒔絵・青地	高麗・染付・国焼	銘ある瀬戸・国焼	各地国焼	各地国焼	5年9月～10月の茶会のみ、棚・書院に文房具。国焼きが続々登場
					家光御成の茶会で、3個所の茶室に道具を飾った
唐物・青貝	高麗・染付・国焼	瀬戸・新瀬戸	各地国焼	国焼・合子	数寄屋のみ
青貝	高麗・国焼	高麗・銘ある瀬戸	各地国焼	膳所・合子	鎖の間飾る場所：4個所
唐物	瀬戸・染付・高麗	瀬戸	各地国焼	国焼・合子	数寄屋のみ
青貝・彫物	雲堂手・高麗	瀬戸「飛鳥川」	信楽六角	唐銅合子	鎖の間飾る場所6個所：床−2、書院−1、棚−2、小台子
漆・青貝・堆朱	高麗・染付	銘ある瀬戸	各地国焼	国焼・合子	数寄屋棚：上下。鎖の間飾る場所：4個所
青貝	瀬戸	銘ある瀬戸	高取	合子・信楽	数寄屋のみ
青貝・蒔絵・青磁	染付・高麗・瀬戸	銘のある瀬戸	合子・国焼	合子・備前	数寄屋のみ
青貝	高麗・瀬戸	銘ある瀬戸	瀬戸	瀬戸・古備前	鎖の間飾る場所：6個所
青貝	瀬戸が高麗の2倍	銘ある瀬戸	瀬戸7割・国焼	合子6割・国焼	鎖の間飾る場所：7個所

に相応しい茶を創造する時期を創造期として七期に分けた。また、家光に献茶をし、新たな茶を確立し、広めた時期を確立期として八期に分けた。晩年期は、職務を続行しつつ、三味の茶を楽しもうとしていた。畿内で遠州とともに茶の創造に関わった客を招き、好みの道具を使って、茶を楽しむ、そうした日々を少しでも多く過ごそうとした。

遠州の生涯の茶を示し

表4　遠州の茶の画期と茶道具

画期	分類	時期	場所	茶室	掛物	花入	香炉
創造期	1	慶長4～同6	六地蔵	数寄屋	墨蹟	籠	
	2～7	寛永3～同12.5.8	京都・伏見	数寄屋	墨蹟・定家色紙	古銅・青磁	古銅
確立期	①	同13.5.21	江戸品川	御殿茶室	3個所の茶室		
	②	同14.1～同15.3	伏見	数寄屋	墨蹟	竹・青磁・唐銅	唐物
	③	同15.12～同16.3	江戸	数寄屋・鎖の間	墨蹟・唐絵に賛	古銅・青磁	
	④	同16.11～同16.12	伏見	数寄屋	墨蹟・定家色紙	瓢・唐銅	
	⑤	17.5～同17.8	江戸	数寄屋・鎖の間	墨蹟	古銅・青磁	青磁・染付
	⑥	同17.10～同19.4	伏見	数寄屋	墨蹟	古銅・青磁・竹	
	⑦	同19.8～同19.閏9	伏見	数寄屋	墨蹟	竹・唐銅	唐銅
	⑧	同20.3～同20.9	江戸	数寄屋	墨蹟・唐絵賛・定家	唐銅	
		同20.11～正保2.1	江戸	数寄屋・鎖の間	墨蹟・歌	唐銅	唐銅獅子
晩年期	晩	同2.10～同4.1	伏見	数寄屋・鎖の間	墨蹟・和唐絵賛	唐銅・焼物	唐銅・焼物

『茶会記集成』より作成。

たい。

日本文化の特徴として、中国産の唐物を尊重して取り込みつつ、自らのものとし、新たな美意識で作り替えるということが伝統的にある。「和漢のさかいをまぎらか」すのである。

茶の湯においても、珠光・利休・織部と、命懸けで唐物からの脱却をはかってきた。遠州もその執念を受け継ぎ、己の美意識を基本として、先師からの命題の実現に突き進み、そ

静岡県金谷に復元された伏見奉行屋敷の数寄屋
（静岡県ふじのくに茶の都ミュージアム）

の茶の画期ごとに、実現させていることが分かる。寛永三年以降、遠州の手元に各地の窯から盛んに届けられる国産や高麗の焼物を、短期間に何点も使用し、披露している。この状況が寛永前期にずっと続き、同十五年からは、鎖の間の床の和風化に取り組むのである。遠州が雪舟の絵を鎖の間に掛けると、石州や宗和が続き、「怒濤のように」というほど多くの数寄者達が雪舟を飾るのである（和田千春「茶会と雪舟」）。江戸中期・後期と、遠州の道具が中興名物に選ばれ、唐絵が占めていた書院の床に、日

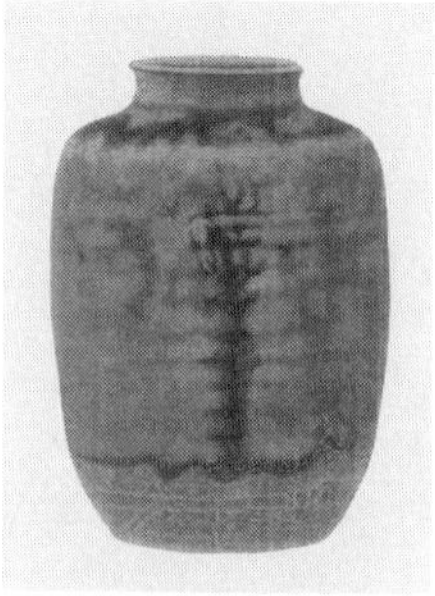

小堀遠州所持
瀬戸茶入　銘「飛鳥川」
（『大正名器鑑』より）

本人絵師の狩野派・土佐派・琳派の光琳・抱一達の作品が掛けられる。その先例を作ったのが遠州であった。政権と関わりつつ、数寄者として茶のために一身をなげうつ覚悟は明らかである。遠州の茶には、そうした面が何度も表れる。

遠州好みの数寄屋はいくつかあるが、現在静岡県金谷に、松花堂昭乗の瀧本坊にある「閑雲軒」が復元されている。躙口《にじりぐち》を入った目の前に点前座が見える。四畳台目で広く、窓が十一個所開けられていて明るい、茶道口と給仕口がカネ折れになっている点等が遠州茶室の特徴を備えている。

3　家光への献茶

寛永十三年（一六三六）四月、将軍家光に献茶を命ぜられた遠州は、翌月二十一日に品川御殿で自らの茶を披露した（『茶会記集成』）。

寛永十三年子五月廿一日（品川）　置合付100（確立期①）

将軍様御茶屋

一　御床　定家　桜チルノ文

前ニ二本足ノ棚　上堆朱ノ布袋香合　鳥ノ掘（彫）物盆ニノル

下ニ金ノ獅子ノ香炉

一　利休金風炉　驢馬ノ釜

一　水指棚　上　茶入　鶴首　ユテキ（油滴）　天目　フヤウノ台ニ乗

茶杓　茶巾　茶筅

下　からかねの水さし

今度遠江仕候御茶屋

一　御床　月石渓　金ノ四方ノ花入　アヲイ　白キヒメユリ

一　風炉　笛《フェ》ノ釜

一　三重棚　上　青地小獅子ノ香炉　青貝布袋香箱（合）

中　羽箒　下　在中庵茶入

一　水指　焼物瓢箪

一　茶碗　膳所焼

一　水滴　高取焼　引切　柄杓
一　縁ニ　御手拭掛
御涼所
一　竹二重切花入　廻リ花　御腰物掛　御シトネ
上様御花　アチサイ三リン

寛永十一年に上方八人衆になって江戸に行く機会が増えた二年後の日光社参の時に、遠州は品川御殿での献茶を命じられた。急ぎ伏見から道具を取り寄せ、その間に遠州好みの茶室を用意した。

「将軍様御茶屋」では、将軍茶の湯師範には必須の王朝文学「定家　桜チルノ文」、その前に堆朱の棚を置き、堆朱布袋香合を鳥の彫物盆に載せた。下には、金紫銅の獅子ノ香炉を置く。釜は利休金風炉で、驢馬《ろば》の紋の釜。遠州独特の水指棚に、唐物鶴首茶入、芙蓉《ふよう》台に載せた油滴天目、茶杓、茶巾、茶筅を飾った。

遠州好みの茶室の床には、石渓心月筆墨蹟、古銅四方花入を飾った。風炉に笛の釜を据えた。数寄屋には、三重棚を置き、青磁小獅子香炉、新唐物・青貝の布袋香合、中棚に羽箒を置き、下棚には遠州秘蔵の瀬戸茶入「在中庵」があった。国焼の瓢箪水指、本阿弥光悦作「膳所光悦」、高取焼建水と、点前道具は国産で揃え、遠州好みを主張した。御涼所では、竹二重切花入を掛け、家光に花所望をして、茶の湯における天下人であると奉った。

この献茶の後、家光から天盃と清拙正澄筆「平心」を賜り、武家茶第一人者の栄誉を受ける。家光から、秀忠の茶とは違う、政権に相応しい茶の創造を託されたと推測する。

4 政権に相応しい茶とは——寛永十五年暮

遠州は、寛永十四年秋に起きた島原天草一揆後の幕政を改革する評議のため、参府していた。そして、越年を覚悟して自らの茶を披露することを計画する。

暮れも押し詰まった寛永十五年極月二十九日に、家光の寵臣《ちょうしん》堀田正盛を正客として、新たに創造した茶を披露した（深谷信子「小堀遠州の茶会と「雪舟」」）。

①創造した茶を披露

寛永十五年於江戸　115（確立期③）
十二月廿九日之朝　　　　　　　　　御客

堀田加賀守殿
島四郎右衛門殿
岡宗員殿

一 掛物 清拙
一 釜 姥口
一 棚ノ下重 青貝 布袋 香合 羽箒 大鳥
一 炭斗 ふくへ
手水ノ間ニ
一 掛物巻 花入 あまつら 水仙入
一 水指 備前 茶入 在中庵 水さしニ置合テ
一 棚下ノ重ニ引切 羽箒
一 茶碗 とゝや
一 水こほし 膳所やき
くさりの間飾
一 掛物 仙人之絵 くりの香合 黒キしゝノ香炉
一 書院 硯 龍魚 筆架 はくたく 青貝ノ軸 墨

一　棚　為家伊勢物語　青貝重箱　堆朱ノ盆ニ香合
一　袋棚　茶入のミそ　茶碗　五キ手　水指　染付　ふた置　青地　輪違

正客は、当時家光を将軍にし、政務にも大奥開設にも意欲を燃やし、最も権勢を揮《ふる》った春日局の孫に当たる堀田正盛である。彼は家光の寵臣で、数寄屋御成も式正御成も最も多く、遠州がその茶を広めるには、最適な正客であった。

まず、床に、二年前の献茶の際に拝領したが、江戸では誰にも見せなかった清拙正澄筆「平心」を披露した。また、新唐物の青貝布袋香合、古銅あまつら花入を飾る。点前畳には、姥口釜、備前焼水指、瀬戸茶入「在中庵」、(利休ととや)ととや茶碗、膳所焼建水と、遠州好みばかりを飾る。数寄屋から通い口を通って、一番披露したかった鎖の間と、その床の雪舟筆「仙人之絵」(『茶会記集成』寛永十五年十月十八日条に、「掛物　雪舟　仙人の絵」とある)を見せた。それは画期的なものであった。武家の供応は、数寄屋一室では収まらない。儀礼があり、供膳もある。そして、書院といえば牧谿《もっけい》や梁楷《りょうかい》筆の唐絵が垂涎《すいぜん》の的になっていた。遠州は、日本の禅僧画家・雪舟の絵を飾って、唐物からの脱却を図った。書院(作り付の棚)には、硯「龍魚《りゅうぎょ》」、筆架「白沢《はくたく》」、青貝軸の筆といった唐物文房具、違棚には、家康が武家に取り入れたがった為家筆『伊勢物語』、そして新唐物の青貝重箱、唐物の堆朱盆に香箱を載せた。袋棚には、茶入「野溝」、呉器手茶碗、染付水指、青磁輪違蓋置と、数寄大名の堀田にとっても、目をみはるものばかりであった。

江戸での遠州屋敷の鎖の間は、織部に倣ったもの（現在は、広島市の上田宗箇流家元邸に復元されている）で、上段の床・付書院・違棚を設け、袋棚と、炉に鎖で釣った釜を掛けた、同十七年以後の遠州の鎖の間と比べると、シンプルな座敷だったと推測される。しかし、江戸城の家光に年始の挨拶をした武士達は、堀田からこの斬新な遠州の鎖の間茶会を耳にし、元日の晩から跡見を請い、二か月後の三月五日までに三十回以上、延べ百六十人の客が遠州邸に押し寄せた。これは織部に代わる「将軍茶の湯師範」を目指す遠州の想定内のことだった。

②尚政の跡見

同（寛永十六年）正月四日晩　１１９（確立期③）

永井信濃殿

一　清拙かけ物　島田運也

一　下棚　布袋香合　羽ほうき　　山田宗縁
一　炭斗　瓢　　茶や長右衛門

中立

一　掛物巻テ　彫物ノ灯台
一　茶入　在中庵　水指ニ置合テ
一　水さし　備前
一　柄杓　風呂《（炉）》先ニかけて
一　茶わん　瀬戸
一　こほし　せゝやき

尚政も、この画期的な茶会の跡見に招かれている。

跡見茶会なので、鎖の間の茶会記は略されているが、清拙筆の掛物、布袋香合、古瀬戸茶入「在中庵」など遠州の重宝は記されている。

客の「山田宗縁」は、宗旦四天王に数えられる山田宗徧《そうへん》（寛永四年～宝永五年）であろうか。「島田」はかつて江戸町奉行を勤め、寛永飢饉対策奉行になる島田利正である。茶屋は、幕府の呉服師ではないか。

③遠州茶会をプロデュースした尚政

元旦、登城してきた武士に、遠州の茶を広める作戦は、実は永井尚政が大いに関わっていたと思われる。遠州は家光から「平心」を賜って、誰にも見せずに帰洛した。それを最初に見せたのが尚政だった。遠州が心を許した茶友は尚政だったのである。その史料を次に挙げる。

寛永十四年正月八日之朝　101（確立期②）
長（永）井信濃殿
一　掛物　清拙
一　下ノ棚に茶入　ふりつゝみ（振鼓）　そめ付ノ茶わん二組入　脇に羽箒
中立
一　花入　竹　いそのかミ　梅　椿入
一　水さし　しからき　六角　脇ニ右之茶入
一　水飜　かね合子

前年にさかのぼるが遠州は、寛永十三年五月に品川御殿で献茶をして、家光から清拙正澄筆「平心」を拝領した。それから半年ほど江戸に滞在しており、その間拝見を請う人物も多かったと思われるが、遠州は誰にも見せなかった。そして、翌年正月、尚政ひとりを招き、床に清拙筆「平心」を掛けている。

遠州と尚政は家光から拝領した「平心」を、江戸で効果的に披露する計画を練ったのではなかろうか。二人は新たな鎖の間と雪舟の絵も同時に披露できるタイミングを計った。そうしてついに①の寛永十五年十二月二十九日に堀田正盛を正客とした茶会を催すことができ、遠州の屋敷には連日跡見の客が押し寄せ、雪舟と鎖の間を大勢の客に広めることができたのである。

④寛永十七年十月十七日からの同年四月二十六日伏見の茶会――遠州好みの鎖の間

遠州は、さらに明るく、飾る場所を多くした鎖の間を創作していた。伏見奉行屋敷の鎖の間での茶会であるが、新たな鎖の間の飾りを試みたのであり、五二回のうちで鎖の間は二度しか使用しないが、一七〇人の客を招いている。数寄屋のみの茶会の際も、客達は、鎖の間の室礼を拝見できたかもしれない。

鎖の間に使用された木材は生地でなく、唐木を主とし、漆や透かしや青貝を使用した。

長押《なげし》・欄間・襖絵・釘隠等に第一級の職人・絵師・彫金師の腕を揮わせ、多種・多様な室礼は、それまでと全く違う斬新な彩色・光のある「綺麗」な空間と室礼を造り出した。

鎖の間には上段が何箇所かあり、上段の上にまた上段を設けるものもあった。床・違棚・書院は二箇所ずつあり、その一箇所ずつが上・中・下と複数の異形な棚を持ったため、道具の数は夥しいほど多いのが特徴である。床には、室町期の第一級文化人にその美を愛でられ、戦火を潜ってきた希少な唐絵、日本の禅宗画家・雪舟等の三幅一対の絵と、家光が帰依している沢庵和尚の絵讃が主である。違棚には、陶淵明等の書物と、唐物や王朝美を備えた香道具。書院には定家に連なる為家等の王朝文学『源氏物語』や『伊勢物語』の巻物を盆に載せた。ここに家康が自ら蒐集し、公家達に家蔵の珍本を献上させた王朝文学の古典を飾って王朝美を極め政権の象徴的な道具とした。硯箱・筆架・墨などの文房具は唐物や新唐物。水指棚は唐木に青貝の象嵌・彫物等の細工を施し、新出の点前道具等。新たな政権に相応しい道具として選んだ、当時風靡していた雪舟と、家光が帰依した沢庵の掛物を中心に、唐物・新唐物・王朝美を取り合わせている。鎖の間の茶会を二度しか催していないのは、この時期政務が多忙だったことが推測される。この画期の茶会が終わる頃、寛永十九年の寛永大飢饉が起きるのである。遠州の茶の集大成は、飢饉対策奉行として、小堀家のもう一方の重要な役割・幕府官僚の集大成を果たしてからのことになる。

5 最晩年の「三昧の茶」

正保二年（一六四五）四月帰洛した。参府することは二度とない。思いのたけの茶を楽しもうと周囲を見廻したが、常に遠州茶会で適切な評価をしてくれる江月和尚も、松花堂昭乗も亡かった。しかし、遠州は気力を奮い起こして、秋から同四年正月まで、畿内の数寄者たち約二百七十人を招いた五十八回の茶会を催した。伏見に腰を落ち着けた遠州は、茶会の大部分に鎖の間を使った。

この日のメンバーは、上方八人衆の板倉・尚政・大坂の曽我・堺の石川（河）たちである。彼らは、押しも押されもしない将軍茶の湯師範の遠州の茶を、畿内の数寄者達に広めようと待ち構えていた。詰の小浜嘉隆は嫡男・広隆が尚政の八女を娶ったばかりである。

帰洛して初めての口切り茶会を示そう。

（正保二年）十月十一日之朝　２８５（晩年期）

板倉周防守殿

釜口厚　炭入ふくへ《瓢》三角　　永井信濃守殿

一　床之内　掛物　国師横物　四喝　　曽我丹波守殿

一　棚下　香合　貝五葉　　石川土佐守殿

羽箒　大鳥　　小浜民部殿

中立

一　掛物巻　花入　かね《金》くた《管》耳　弥　　水仙入

一　水指　高取やき《焼》

一　茶入　凢　水指置合

一　茶碗　瀬戸　弥兵衛

一　こほし物　かうし《合子》

鎖之間　釜　きりこ《切子》

一南　床之内　三ふく《幅》一対　雪舟団扇　卓　六角　上ニ四方香炉　青地《磁》

一南　違棚　上　陶淵明之図ノ巻物　軸台

中　六角香合　蒔絵

下　重印籠　ひし成《菱形》　貝

一東　書院　伊勢物語 為家　蒔絵ノ硯箱 雉子
一北　床之内　掛物 沢庵和尚自絵自賛　若菖《（石）》 朱ふちほり《（縁彫）》ノ卓ニ乗
一北　書院　硯 季洞　筆貝　筆架 青地　墨　硯屏 貝　巻物 定家 軸台青貝
一　西之違棚　上　香合 堆朱　盆ニ乗　下　染付丸香炉　青貝之丸盆ニ乗　壺
ふだう《（不動）》一　水指棚　青貝四方　水指 からかね《（唐銅）》丸　堆朱之盆ニから《（唐）》物柿ノ茶入

客達は、遠州も含め、最も気の置けない仲間であり、現在も高野山論争など、畿内特有の問題に関わっている。板倉・尚政は、江戸での遠州の茶会に招かれ、家光の御成もしばしば迎えていて、これからは遠州の茶のご意見番である。

遠州は、自らの構想で造作した伏見奉行屋敷の数寄屋と鎖の間を使用して、好みの道具を飾り、武家茶大成の茶会を催す。江戸でも披露しなかった茶に客達は目をみはった。

数寄屋の床には客達にゆかりのある春屋宗園の「四喝」を飾り、共通の万感の思いで一気に同心する。青貝の香合、古銅管耳の花入に、誰かを偲んで水仙を入れている。遠州が指導した窯「高取」の水指、瀬戸「凢《およそ》」茶入、茶碗は「弥兵衛」とあるが、何をさすのかは不明。

これは、加賀百万石の藩主前田光高に遠州が贈ったもので、光高は遠州が帰洛する寸前に亡くなり、形見として前田家から届けられた。そのため「筑州公から戻り候」とある。これで、「水仙入」の意味が分かった。

「通ひ口」を通って鎖の間に入る。何という飾付けであろうか。このような目を圧倒する飾りは従来にないものだった。棚・違棚・書院・床之内が複数あり、そこにさらに異形の棚が上中下と付いて、どの棚にも道具が置かれている。

床に雪舟の絵を掛け

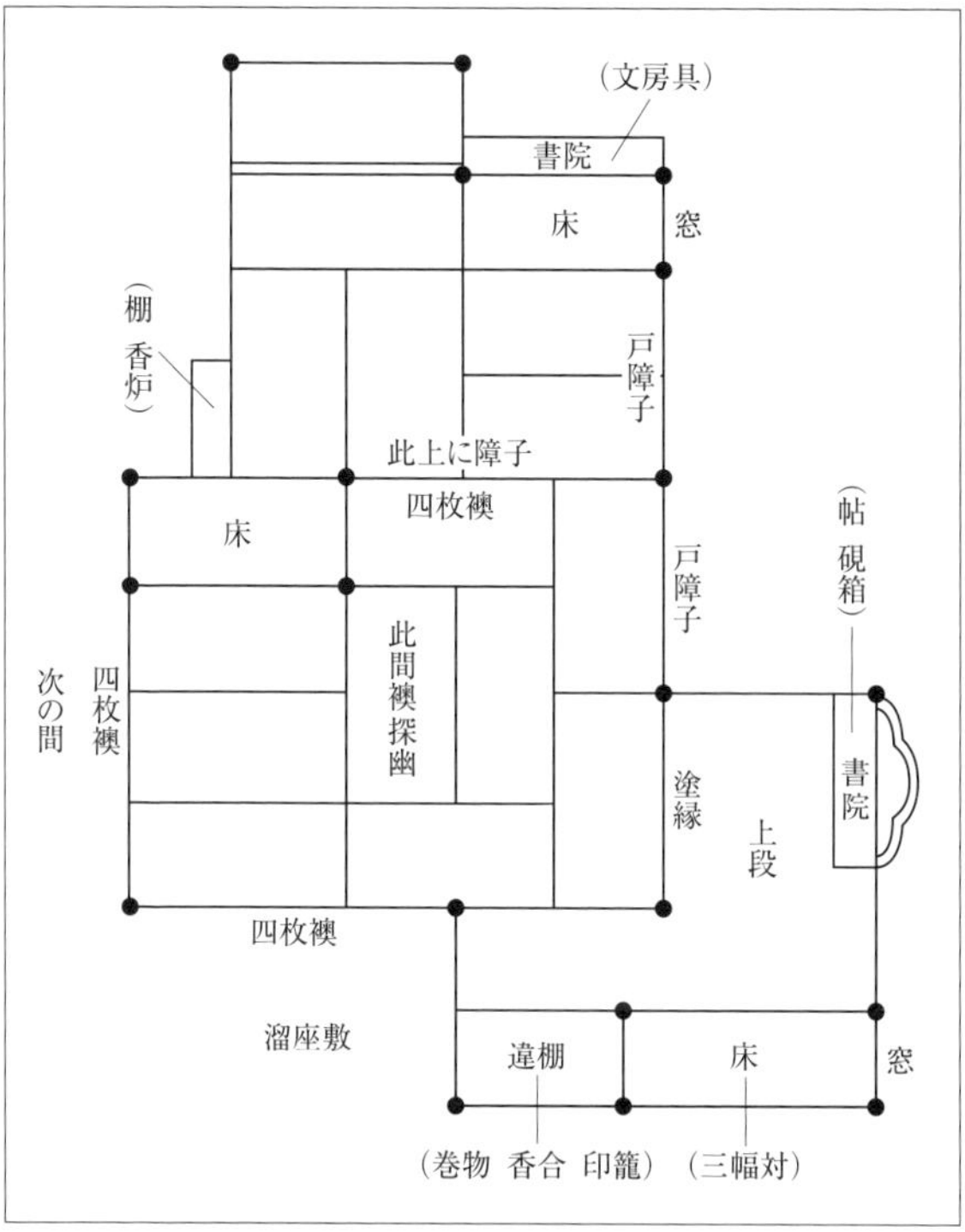

鎖の間平面図（『茶会記集成』より作成）

表5 伏見奉行屋敷の数寄屋と鎖の間飾り朝の茶会（正保2年10月11日）

数寄屋	釜	厚口
床	掛物	国師 横物 四喝
棚下	香合	貝五葉
	花入	金管耳 弥
	花	水仙
	水指	高取焼
	茶入	凢
	茶碗	瀬戸 弥兵衛
	水翻	合子
	炭斗	瓢 三角
	羽箒	大鳥

鎖の間	釜	きりこ	
南 床之内	掛物	三幅一対 雪舟団扇	
卓 六角	香炉	青磁四方	
南 違棚 上		陶淵明ノ図巻物軸台	
中		六角香合 蒔絵	
下		重香合 菱形 貝	
東 書院		伊勢物語 為家	蒔絵ノ硯箱 雉子
北 床之内	掛物	沢庵和尚自絵自賛	石菖 朱縁彫ノ卓ニ乗
北 書院		李洞硯、筆 貝、筆架 青地、墨、硯屏 貝、巻物 定家、軸台 青貝	
西之違棚 上		香合 堆朱 盆ニ乗	
下		染付丸香炉 青貝之丸盆に乗、壺 不動	
水指棚 青貝四方		水指 唐金丸、堆朱之盆ニ唐物柿ノ茶入	

るのは、遠州が始めたことだが、一間以上の上段付の南床に、雪舟の団扇三幅対（山水カ）が掛かり、前の六角の卓上に青磁四方香炉が置かれた。違棚の上には、軸台に「陶淵明之図」の巻物、中段は「六角蒔絵香合」、下段は青貝（カ）で紋を付けた菱形の重印籠が置

静岡県金谷に復元された伏見奉行屋敷の鎖の間
（静岡県ふじのくに茶の都ミュージアム）

かれた。東書院には、為家（定家の嫡男）筆『伊勢物語』、雉子《きじ》文蒔絵の硯箱が飾ってある。北床之内には、家光が帰依している沢庵宗彭の自画自賛、沢庵は今、死の床にあって皆が心配している。朱色の縁彫のある卓に、石菖《せきしょう》鉢が置かれている。

北書院には、李洞《りどう》硯、青貝軸の筆、青磁の筆架、唐墨、青貝の硯屏《けんびょう》、青貝の軸台に載せた定家の巻物が飾られている。西違棚は、上に盆に載った堆朱香合、下には青貝の丸盆に載せた染付丸香炉、口切りのために、壺「不動」を飾った。

点前道具を載せる水指棚は、四方形の青貝製であり、唐銅の丸い水指、堆朱の盆に唐物の茶入「柿」を置いた。

これが遠州の集大成した茶である。なお、伏見奉行屋敷の数寄屋・鎖の間・書院屋敷は、現在静岡県島田市金谷の静岡県ふじのくに茶の都ミュージアムに復元されている。

数寄屋に鎖の間を伴った茶の空間は、武家茶の規範となって江戸期に広まり、その美は近現代まで継承されていく。飾

静岡県金谷に復元された瀧本坊の書院
（静岡県ふじのくに茶の都ミュージアム）

られた道具は、唐物荘厳の美、王朝美、侘びの美、新唐物の美、国焼の美を備えて、均斉がとれている。その茶が、遠州茶会に招かれた客達、すなわち将軍やその側近たちの大いなる賛同が得られて、政権に相応しい茶としてもてはやされてはじめて、主導した茶匠は「将軍茶の湯師範」とされる。以後、茶の湯師範の好みの宇治茶から、道具・茶室等々は争って入手されるようになる。茶の湯師範としては、天下人の賛同を得て、バランスのとれた美を持ち、入手しやすい道具を提供できることが肝要ではなかろうか。遠州の茶の美は、近世を通じて、将軍の側近達に重用され、「柳営御物」として高い評価を得てきた。百五十年後の松平不昧《ふまい》の再評価を受け、維新以後も、近代数寄者に重用され、高橋箒庵の『大正名器鑑』に掲載されたことから、今日まで「遠州」の銘を付けた道具は常に茶道界のトップを占める。約四百年後の今日、遠州の茶道具が飾られた茶会は、特別なものと位置付けられ、その茶は日本のみならず世界的にも高く評価されている。

三、遠州茶会と尚政

約四百回の遠州茶会の客は、将軍、大老・老中・若年寄・側近、旗本、大目付、幕府の施策を執行する目付・使番・取次役の武士、そして御三家・一門大名・譜代大名・外様大名、畿内支配に関わる官僚・代官とその身内、公儀作事に関わる奉行・諸職人達、朱印船貿易商人、御用医師・絵師、刀剣目利の本阿弥家、金銀貨幣を製造する後藤家、畿内豪商、大寺社僧、遠州の身内・弟子・茶道具職人と商人、数寄者、いわゆる寛永文化人等延べ千五百人にのぼる。

客達は北は秋田から江戸、畿内、南は九州薩摩まで全国的に広がり、そのネットワークは、官僚として、茶人としての遠州の活躍をさらに進展させるものであった。

前章からの関連で判明したことであるが、四百回以上の遠州茶会の客組を見ると、ほと

二 客	三 客	四 客	五 客
板倉周防	岡田兵部	**永井信濃守**	茶屋四郎二郎
石古(河)土佐			
永井信濃守			
永井信濃守	多賀左近	堀三右衛門	大河善兵衛
永井信濃守	板倉主水	松平三十郎	五十嵐宗林
島田運也	山田宗縁	茶や長右衛門	
柳生但馬	神尾備前	藤重藤権(言)	
永井信濃守	上林峰順	竹庵	
永井信濃守	板倉二郎右衛門	五味備前守	
板倉周防守	**永井信濃守**		
永井信濃守	曽我丹波守	石川土佐守	小浜久太郎嘉隆
板倉周防	**永井信濃守**	ものよミ春斉	五味金右衛門
永井信濃守	小浜久太郎嘉隆	梅原休閑	
板倉周防守	五十嵐宗林	上林峰順	五十嵐太兵衛

んどの茶会で、客たちの共通性によって客同士が親交している。茶会で一座建立するためには、客が数寄者であること、また客同士が気心の知れた、打ち解けた関係にあることが重要であり、客組は慎重に選定されている。そのためには、詳しい親戚関係・婚姻・相続等のネットワーク、過去の戦功・賞罰、官職・領地高等、今で言えば個人情報をパソコンで管理するほど掌握していなければならない。遠州の驚くべき記憶力に驚嘆する。しかし、五十代半ばまでほとんど畿内を中心に活躍した遠州が、江戸での茶会を合計で百回以上

表6　永井尚政が招かれた遠州茶会と同席した客

順	画期	分類	茶会の場所	番号	時期	正客
1	創造期	2		007	寛永　3.　9. 2朝	青山大蔵
2	確立期	②	江戸	101	寛永 14.正. 8朝	永井信濃守
3	〃	②	江戸	103	寛永 14.正.21朝	永井信濃守
4	〃	②	江戸	106	寛永 14.　2.12朝	板倉周防
5	〃	②	江戸	113	寛永 15.正.14朝	堀市正
6	〃	②	江戸	114	寛永 15.　3.29朝	板倉周防守
7	〃	③	江戸	119	寛永 16.正. 4晩	永井信濃守
8	〃	⑤	江戸	176	寛永 17.　7.28朝	永井信濃守
9	〃	⑥	伏見	221	寛永 19.正. 8朝	江月和尚
10	〃	⑥	伏見	226	寛永 19.　2.22晩	板倉周防守
11	〃	⑦	伏見	234	寛永 19.閏9.15朝	酒井讃岐守
12	晩年期		伏見	285	正保　2.10.11朝	板倉周防守
13	〃		伏見	293	正保　2.11. 8朝	安藤右京
14	〃		伏見	301	正保　2.極.14朝	牧野佐渡
15	〃		伏見	308	正保　3.　2.11朝	永井信濃守

『茶会記集成』より作成。

催して、約四百五十人の客を招き、過《あやま》たず成功させている。これほど多くの茶会を設定し、一味同心させるためには、幕閣として広い人脈を持つ尚政と昌俊、所司代・板倉重宗、大老の酒井讃岐守忠勝も含め、家光の側近たちの多大な協力があったのではないかと推測する。尚政たちは、江戸城の両御所に仕える時期が三十年以上に及ぶ。遠州に情報を提供した尚政たちも、遠州と畿内の数寄者たちから政権運営への貢献を得ていたことは自明のことである。

遠州が茶会に招く客は、一介の数寄者は少なく、徳川政権に貢献する

表7　遠州茶会で尚政と同席した客の人物像

	名前	階層	人物像
1	青山大蔵少輔幸成	武士	一万六千石を領し、書院番・小姓組番頭。従五位下大蔵少輔。二年後に秀忠の年寄。
2	板倉周防守重宗	武士	元和五年から、畿内西国の民政を統轄する京都所司代。遠州茶会に十九回参席。尚政との同席は八回。四女は、尚政の妻の義姉。
3	板倉主水佑重矩	武士	重宗の弟・重昌の嫡男。島原一揆で軍令に背いて逼塞し、当茶会の直前許された。家綱の老中の後、京都所司代、その後尚政の子・尚庸が就く。
4	板倉二郎右衛門重形	武士	重宗の二男。寛永十七年、家光に御目見え。母は、戸田氏鉄の娘。
5	曽我丹波守古祐	武士	上方八人衆、大坂町奉行。
6	石河土佐守勝政	武士	上方八人衆。遠州茶会六回。堺政所。
7	酒井讃岐守忠勝	武士	老中、大老。家光の信任が最も篤い。当茶会の際は、将軍の代理として上洛。
8	堀市正利重	武士	秀吉・家康に仕えた名将・堀秀政の弟。寛永五年、大番頭と寺社奉行を兼ねる。
9	堀三右衛門直之	武士	堀直政の五男。寛永八年江戸町奉行。同十四年市中火災のとき、防火が等閑であったとして出仕を止められ、当茶会の直前にゆるされる。
10	多賀左近常長	武士	常直の嫡子。寛永三年、使番になる。上使を務める。遠州茶会六回。
11	五味備前守豊直	武士	上方八人衆として、遠州の同役。遠州茶会十一回。尚政との同席は二回。
12	安藤右京進重長	武士	家康の年寄安藤重信の養子。上野高崎六万六千石の大名。寛永十四年に奏者番と寺社奉行を兼ねる。高野山争論の検断に上洛。遠州茶会九回。
13	牧野佐渡守親成	武士	寛永十九年、武蔵石戸で五千石知行。書院番頭。後の京都所司代。
14	柳生但馬守宗矩	武士	寛永九年、大目付。同十九年、大和柳生一万二千五百石を領する。遠州茶会四回。
15	神尾備前守元勝	武士	寛永十一年、長崎奉行、同十五年、江戸町奉行。遠州茶会四回。長女は、遠州の弟・正行の嫡男・政十の妻。
16	大河善兵衛正雄	武士	家康の頃から、目付・使番等を勤める。寛永十四年、京極忠高が卒し、出雲に赴く。

17	小浜久太郎嘉隆	武士	寛永十七年、西国の巡見使になり、同十九年、父を継いで、大坂船手奉行になる。尚政との同席は二回。母は、永井尚政の義妹。嫡孫の妻は、尚政の娘。
18	島田運也利正	武士	家康に仕え、慶長十九年、江戸町奉行になる。寛永二年剃髪して、幽也を称す。五千石を知行し、同十九年、町奉行として飢饉対策にあたる。
19	松平三十郎	武士	人物の詳細は不明。
20	岡田兵部少輔利長	武士	従五位下兵部少輔、四千石の旗本。秀忠に近侍する。
21	上林峯順（勝盛）	代官	山城・河内の代官。上林掃部丞家四代目。御茶壺道中を取り仕切る宇治の茶頭取。尚政との同席は二回。六代目重胤の妻は尚政の娘。
22	上林竹庵（政信）	代官	山城・河内の代官。掃部丞久重の四男・竹庵政重の二代目。宇治の茶頭取。
23	山田宗縁	茶人	千宗旦の弟子といわれる山田宗徧であろうか。寛永四年生まれ。
24	五十嵐太（郎）兵衛	職人	蒔絵師・道甫家の分家。本阿弥光悦の蒔絵を施工したといわれる。尚政との同席は二回。
25	茶屋四郎二郎道澄	豪商	清次（元和八年没）の嫡男。寛文三年没。茶屋は、家康の側近として、呉服師・朱印船貿易・朝廷工作・隠密的な行動などを務めていた。遠州茶会に十二回。
26	茶や長右衛門	豪商	茶屋の一族と思われるが、詳細は不明。遠州茶会二回。
27	ものよミ春斉	儒者	林羅山の三男・春勝（元和四年～延宝八年）。鵞峰とも。高野山騒動処理や朝鮮通信使応接に当たった。遠州茶会一回。
28	江月宗玩	禅僧	寛永二十年十月一日没。遠州茶会二十七回。つねに正客をつとめ、遠州の茶の形成に貢献する。
29	藤重藤厳（言・権）	職人	奈良の塗師。大坂夏の陣後、新田肩衝等を掘り出し家康に献じた。また名物茶入を掘り出し漆で繕い、付藻茄子は藤元が、松本茄子は藤厳が賜った。遠州茶会四回。
30	梅原休閑（賀）	不明	遠州茶会四回。
31	五十嵐宗林	茶人	遠州の弟子。遠州茶会十九回。

『寛政譜』、『茶会記集成』、深谷信子『小堀遠州の茶会』、『新版茶道大辞典』等より作成。

各階層の人物が大部分である。客たちの多様なネットワークは、この後、二百六十年間続く政権の強固な基盤を形成していったと言えるのではなかろうか。

第五章　瀧本坊「空中茶室」の客・尚政

一、松花堂昭乗の人物像

この章では、松花堂昭乗（式部卿・惺々翁《せいせいおう》とも。なお、「松花堂」も「昭乗」も広く知られているため、適宜使用していくこととする）が居所とした石清水八幡の瀧本坊茶室における茶会を取り上げ、松花堂が催した茶会の重要な客であった永井尚政、弟・直清、家老・佐川田昌俊、遠州と、相伴者達の役割について述べることとする。

石清水八幡の神人《じにん》・松花堂昭乗についての研究は、その書・絵画・茶と茶室など、膨大なものがある。また、生い立ちと環境から、朝幕の重要人物との政治的な行動の側面も知られる。

初めに松花堂の政治的活躍の一端を紹介し、その因となった経歴・系図などから、その人物像を紹介したい。

1　松花堂の政治的行動

松花堂昭乗は石清水八幡の神人で、文化面で多くの事績を遺しており、その研究は枚挙に遑《いとま》が無いほどである。一方、政治的な側面も知られるが、ここでその点について、確認しておきたい。

①元和九年、将軍上洛の場合

松花堂昭乗 書状 近衛信尋宛（年不明）六月三日付（陽明文庫蔵）

（前略）

一、御所様（近衛信尋）ヨリ中納言殿（徳川義直）へ之御進物ハ一昨日関白様太閤様なと御成之由候間、其様子被聞召合可然奉存候、両としより（義直の家老）の内成瀬隼人ハ御供にて被上候、竹腰山城（石清水八幡出身の家老）ハいまた不被上候、山下信濃市辺出羽滝川豊前（義直家老）なと申仁おひろうなと被仕仁に候、若御音信も可被成候哉、自然被遣候とも御薫物なと忝かり可申候、かく其御所様ヨリの中納言殿への御音物は御摂家様たちのヲ被聞召合御尤ニ存候、其内にて関白様なとの程よく御座候はんや、さのみぬきいで、、おびただしきハ彼家之風俗にあひ不申かと存候、またさび過候もいかゞに候、

一、不及申上候へとも中納言殿へ御成被成候様子公方様の御耳へも入申候よし候、万

事こうたうなるをほめられ申候ときこえ候、御供衆なと長き刀大がらにだてなるかたひらなと御きせ被成ましく候、いかにも殊勝ナルが風にあひ申候よし候、此中も評ばん仕候間はゞかりながら申上候、

（中略）

一、かこひはいまた首尾不仕候間御すきは有之ましきと存候、さりなから大名のは一日にも出来仕候間いか、候はんも不存候、恐惶謹言

六月三日　　　　　　　　式部卿（花押）

木瀬吉十郎殿

宛名の木瀬吉十郎は、近衛家家司《けいし》。元和九年（または五年）、将軍秀忠の上洛を控え、後水尾天皇の代理・近衛信尋と、将軍徳川秀忠代理・尾張徳川義直（石清水八幡で出生）が、伏見の義直の屋敷で将軍上洛について打合せをすることになった。義直邸に赴く信尋へのアドバイスを、松花堂昭乗がしている書状である。

前半は、信尋から義直への進物について。関白や太閤の御成を参考にして調えてはどうか、薫物などを忝《かたじけな》がるようである。ともかく仰々しいのは武家の風俗に合わないし、あまり貧弱なのも如何かと思う。後半は、装束について。気品を高く持つことが良いとされ、

カブキ者のようなのは駄目で、いかにも殊勝らしくするのが武家の風に合っている。信尋の渡御の様子は必ず大御所秀忠の耳に入ることを心得ておいてほしい。数寄屋の準備はまだできていないので、侘びの茶会はないと思うが、大名の数寄屋は一日でも出来てしまうから、必ずしも茶会がないとは言いきれない、と少し脅している様子である。信尋は、装束と数寄屋での茶会について昭乗から細々助言を受けている。

公家の茶の場合、織部などの侘び茶を取り入れても、後段に芸能や宴会が付属するという不完全な形式になってしまい、また公家の装束から考えると、躙口から入ることに無理がある等、当時は、まだ試行錯誤の状態だったようである。昭乗は、近衛家から扶持を受けて仕えていた。信尋の父・信尹が昭乗に和歌や書を伝授しており、信尋自身も伝統文化の数々を身に付けていたが、数寄屋の茶は昭乗のアドバイスに従わざるを得なかった。

将軍上洛の目的は、徳川家光の将軍宣下と、畿内の反徳川勢力を威圧し、円滑な公武関係を築くことであった。

昭乗は、関白を極官とする摂家のトップで、天皇の弟でもある信尋と、将軍秀忠の弟・尾張徳川家の義直とを仲介する位置にあった。そして、将軍上洛時の公武の事前打ち合わせという、朝幕間最高の交渉時の仲介役として活躍していたのである。

②「駿河本」借覧の仲介役

松花堂昭乗　書状　近衛信尋宛（寛永三年ヵ）八月十五日付（陽明文庫蔵）

貴札、拝見仕候、

従　禁中様／尾張中納言殿之、御書物共、過半、其御所様迄、被成御返候由、就其、大事之御本ニ候之間、片時もはやく御返被成たく、被　思召候由、御尤ニ奉存候、拙子かた迄、もたせ可被下歟之由、中〳〵左様ニ而ハ、埒あき申ましく候、又、最前の奉行も、勿論、其節、尾州へ罷下、此方ニハ、居不申候、大事之書籍共ニ而御座候間、首尾之儀、致伺公、可得御意候、唯今ニも罷上、言上仕たく候へとも、

（後略）

八月十五日　　式部卿（花押）

寺田太七様　貴報

宛名の寺田太七は、①の木瀬と同じく近衛家の家司である。昭乗は、「禁中様」（後水尾天皇）が徳川義直から借りた本の仲介をしていた。「大事之御本」「大事之書籍」とは、御三家筆頭の尾張徳川義直が、父・家康の死後、「駿府御分物」として譲られた膨大な書籍・巻物

のことである。「禁中並公家衆諸法度」で、「学問する」ことを命ぜられた天皇は、家康の蔵書を借覧したいと願った。昭乗は、「大事之御本」であるから、早く返してほしいと言う。佐藤豊三氏は、書状が書かれた時期を、義直が中納言に叙任される寛永三年（一六二六）八月十九日以前とされている。天皇が二条城に行幸する直前のことである。

禁中へ御借シノ御書籍之覚　寛永元年二月二十五日付（蓬左文庫蔵）

（表紙）
寛永元子ノ二月廿五日

横田三郎兵衛　肥田孫三郎

禁中え御借シノ御書籍之覚

駿河本ノ内

治平要覧　百二十九冊　二箱入

（中略）

合三十壱部　冊数合四百八拾三冊カ　箱数合拾箱入

此書在御前

○侍中群要　十巻　但シ是ハ御写被遊御進上

右之御書籍共寛永元子二月廿五日ニ
竹腰山城守上洛時御上セ被成候　肥田孫三郎横田三郎兵衛書状相添八幡山
式部卿方□□□御書籍請取之手形別山城守手前へ請取在之由ニ候也
　寛永元子ノ二月廿五日　肥田孫三郎　横田三郎兵衛

（後略）

肥田孫三郎・横田三郎兵衛は、徳川義直家臣。これは寛永元年（一六二四）二月二十五日に後水尾天皇に貸した本の「覚」である。竹腰正信が上洛時に取り扱った。昭乗は、家康の遺物の本を後水尾天皇に貸し出す仲介をしていたことになる。

松花堂昭乗　書状　近衛信尋宛（寛永三年）八月十三日付（陽明文庫蔵）

先日申上候聖人之像四ふくの御かき付の儀、禁中様へ其御所様より被仰上可被為進之由、先日御意之通中納言殿へ申入候へは一段忝之旨被仰候、即拙僧に致持参可申上之由候へとも、拙僧今程散々相煩申候ニ付、乍憚弟子に申ふくめもたせ進上仕候、
　帝堯　帝舜　周公　孔子

此四ふくにて御座候、いつれもうらにをし紙ニ書付御座候、此をしかミのとをりのおもてにあらはされ被下候様にとの事に候、

（中略）

八月十三日　木瀬吉十郎殿

式部卿（花押）

これも寛永三年のものとされるから、前の「八月十五日付」の書状とともに義直上洛中のものである。義直は「駿河本」を天皇にお貸しする代わりに、昭乗の描いた「聖人之像」四幅に後水尾天皇の書付を加えてほしいと願った。昭乗の画や書は、元和期にすでに贈答品として珍重されていて、義直は昭乗の画に後水尾天皇の宸翰《しんかん》を加えることにより、茶掛の格上げをはかったのである。天皇が承諾したので、義直が「一段忝」として画を近衛家に届けることになったという内容であろう。

昭乗は、尾張徳川家所蔵の「駿府本」を天皇に貸し、その見返りに、昭乗の絵に天皇の賛を頂くという義直の願いの仲介を務め、交渉を成功させている。

全国から三十万人ともいわれる武家達を上洛させ、公武間の緊張のなかで催された重要行事、天皇の二条城行幸の直前に、徳川家と天皇の間でこのような交渉があったとともに、

一介の社僧が公武融和の労をとっていたことも判明した。

寛永期の文化芸能人・寺社僧の文化的活躍と普及活動は、幕府が承認を与えたなかで行われ、政権確立の政治的行動を伴っていたとの特徴を、松花堂昭乗は最も先鋭的に現しているのではなかろうか。

石清水八幡の社僧にすぎない松花堂昭乗のこうした働きの所以は、その生い立ち、経歴、周辺の人間関係に因があると推測する。次項で、松花堂の生い立ちなど、人物像をみたい。

2 松花堂昭乗の経歴と系譜

①経歴

松花堂昭乗は、天正十二年(一五八四)に生まれ(生年は諸説ある)、寛永十六年(一六三九)に死去した。

兄・中沼元知が近衛家の取りなしで、門跡寺院・一乗院の諸大夫を勤める中沼家の養子になったため、昭乗も近衛家に仕えることになり、近衛前久《さきひさ》に書を習う。のちに扶持を受けることになる。時期は不明であるが、石清水八幡の鐘楼坊に身を寄せ、瀧本坊実乗に真言密教を学び、阿闍梨《あじゃり》の地位に昇る。絵は狩野山楽に学んだともいわれ(川畑薫「松花堂昭乗と小堀遠州」他）、様々な芸能を身に付け、石清水八幡出身の家康の九男・徳川義直とも昵懇《じっこん》になる。

表1 松花堂昭乗略年譜

和暦	西暦	年齢	事項
天正12年	1584	1	奈良春日で生まれる。生年は諸説ある（『中沼家譜』には、天正十年堺とある）。名は、喜多川辰之助。幼兄・左京元知が近衛家の取りなしで、奈良の門跡一乗院の諸大夫を務める中沼家の養嗣子になると、昭乗も近衛家に仕えることになり、書を前久に学んだといわれる。
慶長初期			八幡宮鐘楼坊に身を寄せ、瀧本坊実乗について真言密教を学び、阿闍梨の地位に昇る。
慶長19年	1614	31	近衛信尋に依頼されて『長恨歌』を、実乗の命令で『琵琶行』を書き、その書風はこの頃著名になっていた。
20年	1615	32	大坂落城後、狩野山楽が石清水八幡に身を寄せたとき、画の手ほどきを受ける。書画に優れた文人として昭乗の名があがっていた。
元和9年	1623	40	秀忠・家光上洛に際し、朝幕の折衝役・近衛信尋と徳川義直を取り次ぎ、政治的仲介者の役割を果たす。
寛永3年	1626	43	後水尾天皇の二条城行幸前後、尾張徳川家と後水尾天皇の文化的斡旋をしている。
4年	1627	44	三月、師・実乗が遷化したため、昭乗は瀧本坊の号を使用する。
14年	1637	54	十二月、瀧本坊を甥の乗淳（中沼左京の子）に譲り、自らはその傍らの泉坊に方丈「松花堂」を建てて隠居。
16年	1639	56	九月、入寂。

松花堂昭乗関係系図

＊は嫡子　■は遠州茶会に同座した人物　＝は婚姻　……▼は養子

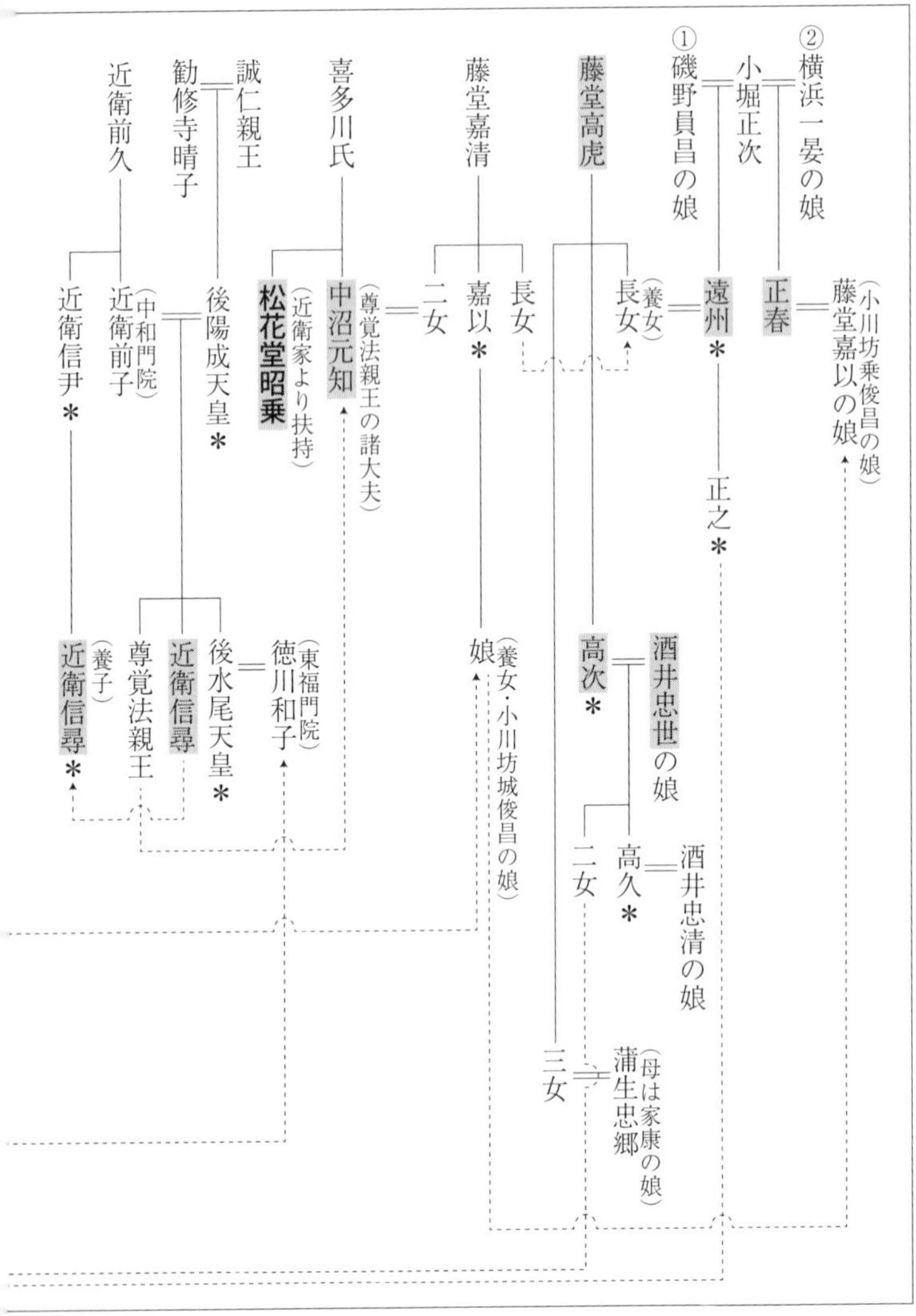

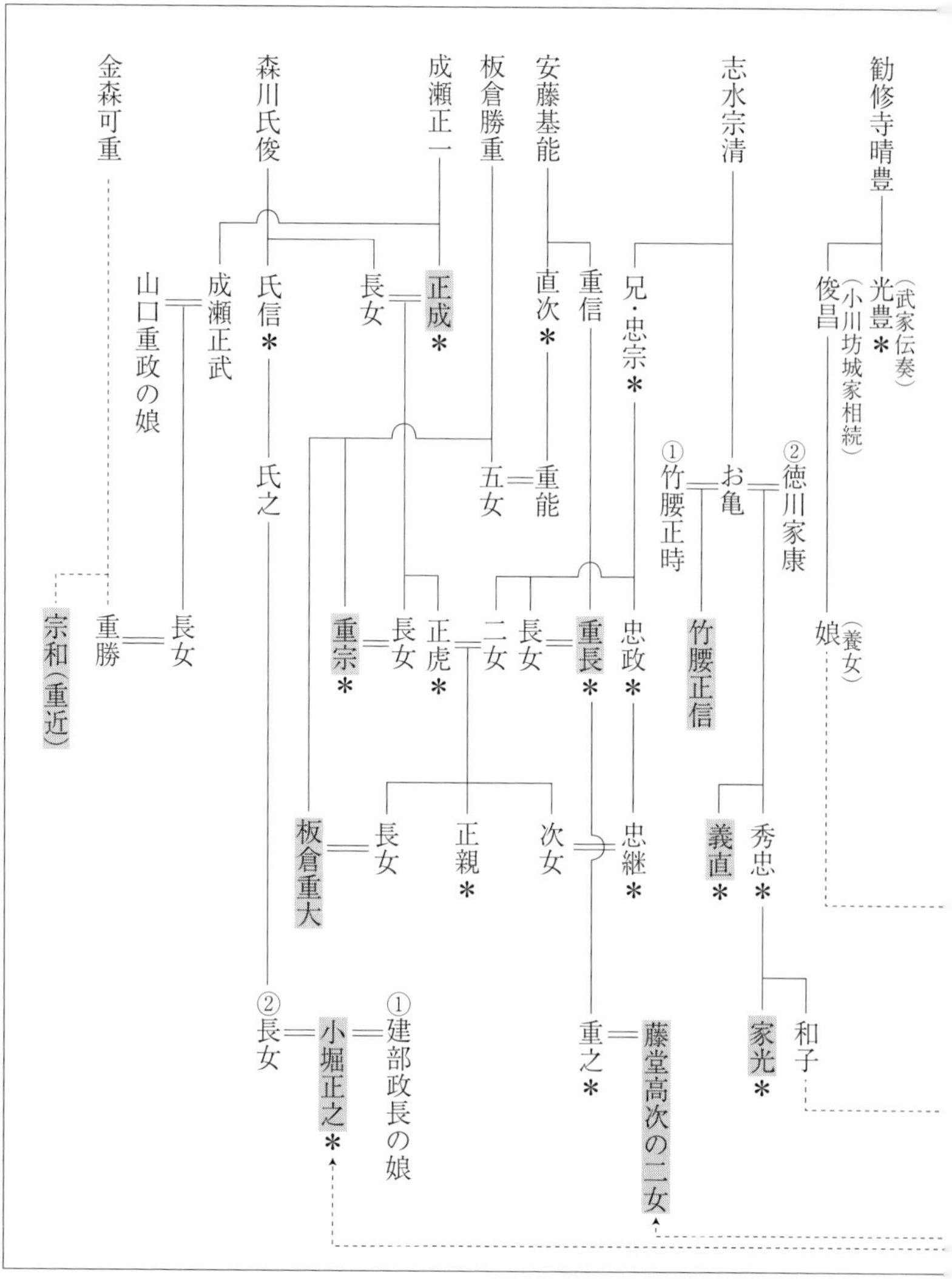

勧修寺晴豊
光豊＊（武家伝奏）
俊昌（小川坊城家相続）
娘（養女）
志水宗清
兄・忠宗＊
お亀
①竹腰正時
②徳川家康
竹腰正信
忠政＊
忠継＊
義直＊
秀忠＊
家光＊
和子
安藤基能
重信
直次＊
重能
重長＊
重之＊
藤堂高次の二女
板倉勝重
五女
長女
二女
正虎＊
重宗＊
次女
正親＊
板倉重大
成瀬正一
正成＊
森川氏俊
氏信＊
氏之
②長女
小堀正之＊
①建部政長の娘
成瀬正武
山口重政の娘
金森可重
重勝
宗和（重近）

②系譜

松花堂昭乗は、親族について、生涯語ることはなかったという。しかし、摂家筆頭の近衛家に仕え、家康の子徳川義直と昵懇といえば、昭乗を囲繞する人物達の人間関係は複雑かつ政治的なものになる。

慶長五年、石清水八幡に仕える志水氏の娘と家康の間に、後の尾張徳川家の義直が誕生した。石清水八幡はもともと源氏が戦勝祈願をする神社であるため、家康がしばしば訪れていたが、その重要性が一気に高まった。

元和六年、徳川和子が後水尾天皇の中宮になり、公武の婚姻関係が成立した。

松花堂関係では、兄・元知が後水尾天皇の弟・尊覚法親王に仕え、中沼家の養子になった。法親王の兄・信尋は、近衛家の養子になり、昭乗は近衛家から扶持を受け取ることになった。

昭乗は同社の神人《じにん》であり、その芸術面での実力を発揮し、徳川氏とも昵懇になる。すなわち、昭乗は、朝幕双方から、何らかの報酬を得ていたのである。

兄の妻・藤堂嘉清の二女は、遠州の妻（藤堂高虎の養女）と姉妹であり、遠州と昭乗は殊に親しかった。藤堂嘉清の嫡男・嘉以の養女は、勧修寺晴豊の子で小川坊城家を継いだ俊昌の娘であり、遠州の弟・正春（幕末まで京都代官を世襲する）の妻になる。晴豊の妹・晴子は後陽成天皇の母で、天皇と近衛前子の子が後水尾天皇・近衛信尋・尊覚法親王である。

このように、公武の婚姻関係は複雑に結びついていて、その融和関係の形成に有機的に機能していった。

3　松花堂昭乗の茶会

『松花堂茶会記と茶の湯の世界』を参照して、松花堂の茶会記・茶道具・茶会の客等について述べたい。

①松花堂昭乗の茶会記

昭乗の瀧本坊と鐘楼坊の茶会記は、今日庵文庫と松花堂美術館に所蔵されている。

今日庵文庫所蔵の茶会記は、瀧本坊での茶会が、寛永八年（一六三一）閏十月十二日から同九年七月七日まで十二回、鐘楼坊での茶会が、寛永九年九月二十四日から同年十一月十日まで八回。松花堂美術館所蔵の茶会記は、瀧本坊での茶会が、寛永九年十一月十五日から同十年七月二十九日まで十回、鐘楼坊での茶会が八回、瀧本坊での茶会が二十二回で、合計三十回である。

②所蔵の道具

昭乗の茶道具は、「八幡名物」として、現代でも非常に評価が高い。「八幡名物」とは、「松花堂名物」ともいわれ、本来は松花堂の蔵品を「八幡蔵帳」に記録したものであるが、その内容が優れているため、記載されている道具はそのまま名物扱いされているという。

掛物は、俊成文（藤原俊成の文）、「縁起」（藤原定家筆）、『玉葉』（頓阿筆）、布袋図（黙庵筆）、福禄寿図（雪舟筆）など。書院飾りに、『古今和歌集』、『玉葉』などの古筆物。花入は、「ラカン《（羅漢）》」（昭乗自作の竹一重切花入）、「かふらなし《（蕪無）》」花入は青磁であろう。香炉は、唐銅大獅子香炉など。香合は、碁盤香合（大阪・藤田美術館蔵）や、「かうはこ《（香箱）》」（中国元代張成作堆朱香合）がある。文房具は、「花白河硯箱」（根津美術館蔵）など。「石菖鉢」が違棚や付書院に飾られた。

点前道具の主なものを次にあげると、茶入は大名物「国司茄子」に、「盆七賢」（竹林の七賢人の模様がある盆）と、「ハクコク」（明時代の裂地《きれじ》である白極緞子《はくぎょくどんす》）の仕覆が添っている。茶碗は、「ヒラノ」（「平野」と遠州の箱書のある高麗茶碗）。水指は、「瀬戸四角水指」に、近藤道志の黒漆イジ塗の蓋が付く。点前道具に高麗茶碗が使用され、国焼の茶入・水指・建水が頻出するのは遠州と一致する。遠州は元和期から国焼の窯を指導し、好みの道具を焼かせており、自会に盛んに登場させるのがこの時期である。昭乗が使用した国焼道具も、こうした窯から届けられた和陶を目利きして取り上げていたことが推測される。

「八幡名物」の国司茄子・花白河硯箱など、後々までも伝えられる昭乗の名物がどの茶会にも登場している。数寄屋と書院の飾りを通じ、唐物や王朝文学・新唐物・侘び茶の由緒をもつもの・国焼といったさまざまな美の要素をもつ道具が使用されている。同時期の遠州茶会の道具との比較をしてみると、掛物・花入・香炉・香箱などの床飾りの道具は、唐物・王朝美をもつ道具が共通している。遠州が多用する墨蹟がないのは、昭乗が石清水八幡の社僧であったからであろう。

昭乗は、書院の床・棚に多くの唐物の文房具、唐物・王朝美の香道具、王朝文学の古典籍を飾って眼識の高さを示している。一方、遠州のこの時期の茶会記には、一室での茶会しか見られないので、床や棚飾りの数は少ない。

③昭乗の茶会の客達

昭乗の客のうち、「近衛様」すなわち近衛信尋は後水尾天皇の弟で、天皇の側近のうちでは武家と最も関わりをもっている。松花堂は近衛家の家司という関係にある。「摂政様」は一乗昭良で、信尋と同じく後水尾天皇の弟である。西賀茂に広大な別邸をもち、茶の湯に堪能であった。「櫛笥《くしげ》殿」は櫛笥隆朝である。半井《なからい》寿庵は遠州の娘婿で、朝幕の重要な人物を診る「御医師」である。

武家の客は、大名・旗本の家臣と畿内代官である。永井尚政の家老佐川田喜六昌俊、尚政の弟・勝竜寺城主の永井日向守直清、京都所司代板倉重宗、小堀遠州、五味豊直など「上方八人衆」のメンバーが多い。竹中筑後守重義は秀忠の側近で、豊後府内藩主で長崎奉行を任され、昭乗の茶会には四回も招かれている。武家の客の大部分が遠州の客と共通する。寺社僧は、大徳寺の江月宗玩など。その他田中家・善法寺等の石清水八幡の人物。蒔絵師の道志・道味、瓦屋助三、釜屋助太郎などの職人・町人達と、遠州の弟子達も参席していて、その交流は多彩で、延べ八十人余に及ぶ。遠州と同じく客の階層が武士・僧侶以外にも多いことが特徴的である。

二、瀧本坊茶室群について

寛永五年頃、石清水八幡にある瀧本坊で、松花堂の構想のもと、遠州による茶室と御殿の造作が始まった。寛永十年に尚政が淀城に、直清が勝竜寺城に転封されて、ふたりを歓迎する茶会が瀧本坊の茶室で催された。その茶室群の様子を、八幡市教育委員会発行「石清水八幡宮境内範囲確認調査　現地説明会資料」を参考に詳しく調べたい。

1　瀧本坊の地理的特徴

石清水八幡は、貞観元年（八五九）奈良大安寺の僧・行教が宇佐八幡の神託を受け、男山に遷座、これを平安京の裏鬼門とした朝廷によって翌年社殿が造営されたという。平安期は朝廷の尊崇を受け、鎌倉・室町期には武家が戦勝を祈願するところとなった。殊に源氏は守護神として敬い、徳川家康は、伏見向島の屋敷からほど近くにあるため、足繁く通ったと思われる。畿内の中心地点にあり、木津川・宇治川・淀川の三川が合流して淀川になり、大坂に流れ下るという交通の要衝である男山周辺は、以後も幕府にとって重要な地域であった。慶長五年に、家康と石清水八幡社家・志水宗清の娘・亀の間に、後の尾張徳川家の義直が誕生している。

石清水八幡の塔頭《たっちゅう》・瀧本坊についての、京都府八幡市教育委員会による本格的調査が、平成二十二年九月から三ヶ月にわたり、実施された。

その結果、昭乗の依頼で、小堀遠州が造作した茶室「閑雲軒」の跡が発見され、瀧本坊の茶室と客殿などが急峻《きゅうしゅん》な崖面に懸け作りされた「空中茶室」であることが明らかになり、その想像図とともに報道された。調査の成果は、八幡市教育委員会小森俊寛氏や、茶室研究家の中村昌生氏により発表されている。また、静岡県島田市金谷の静岡県ふじのくに茶の都ミュージアム庭園に、遠州の伏見奉行屋敷の数寄空間とともに、閑雲軒が構造の細部まで復元されている。こちらは地上からの高さは約一・二メートルという。

昭乗が、石清水八幡と三川を挟んだ向かい側の城に転封してきたばかりの永井尚政・直清兄弟達を招いた茶室とは、どのようなものだったのであろうか。

2 瀧本坊の空中茶室とは

松花堂昭乗が営む瀧本坊は、男山（標高およそ一四三メートル）の北東急斜面地を削平して創り出した平地を巧みに利用して建てた僧房である。昭乗の請いにより、遠州は、その急峻な崖面に約七メートルの高低差をつけ、木材を組み上げて、懸け造りの建築を造作した。この特殊な造りの茶室で、昭乗達は「名物道具を飾り付けた数寄空間で、雄大な景色を見ながらお茶を楽しんだ」と伝えられている。その数寄空間とはどのような特徴をもつ建築だったのか。調査報告書と、最近の研究等をもとに、検証してみよう。

①瀧本坊茶室の特徴

石清水八幡の塔頭である瀧本坊の客殿を含む数寄空間は、寛永五年から同八年の間に造作されたといわれる。松花堂の茶会記に載る瀧本坊での茶会が、寛永八年閏十月に始まっていることから、その頃には完成していたと思われる。

瀧本坊茶室復元イメージ
（八幡市文化財保護課提供）

「遠州の茶室」（『別冊太陽』掲載）の中村昌生氏の解説に従って、瀧本坊の茶室群を廻ってみたい（復元された数寄屋・鎖の間・書院の写真は、第四章一六〇頁・一七七頁・一七八頁に掲載）。

両方に開かれた大門、玄関から入り、南へ板間を進む。南面する松の間と花鳥之間は閑雲軒の寄付と見なされ、縁に沿って北端に向かうと遠州作の手水鉢《ちょうずばち》・雪隠《せっちん》があり、東側四畳台目の閑雲軒の躙口に向かう榑木《くれき》の板間に毛氈《もうせん》が飛び石状に敷いてある。数寄屋と縁は

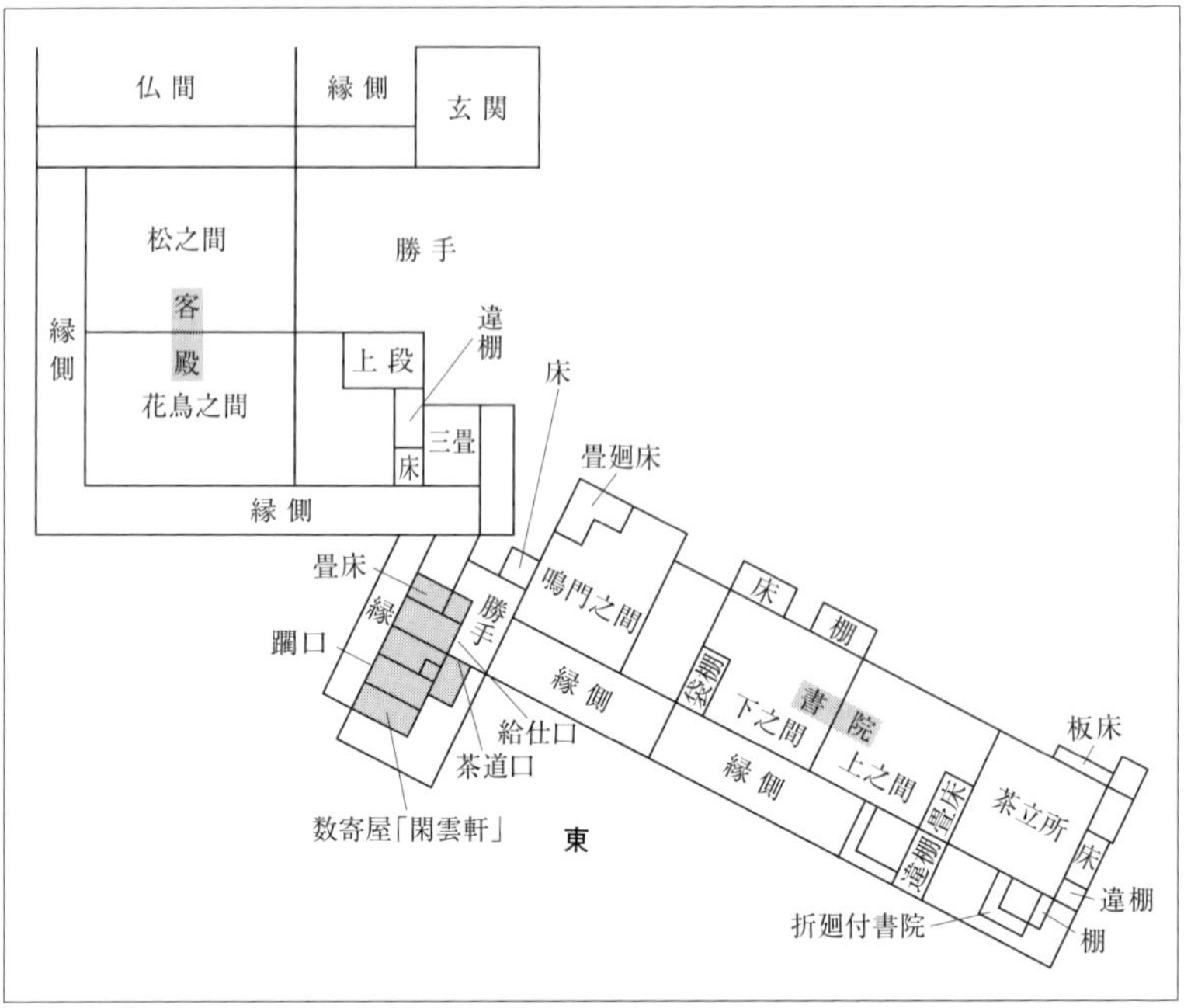

瀧本坊 平面図（中村昌生「遠州の茶室」より作成、本章217頁に詳細図掲載）

そこから東南へ約五十度斜めに向かい、崖を覗き込むように迫り出した「懸け造り」になって支えられている。

「この開け放たれた縁が茶室閑雲軒の露地」という。江月宗玩はこの茶室に「臨渓」の額を掲げている。閑雲軒に躙り入る。客座四畳、中央近くに台目構えの点前座があり、左に床、右は化粧屋根裏を見る。それは左が貴人座で右は下座（相伴席）という遠州好みの手法であった。

遠州は窓のあけ方にも独自

の工夫があり、「起こし絵図」には十一窓が数えられる。

勝手から手摺りを設けた板縁が東北に延びている。その縁の下は、崖の斜面に大きく張り出した懸け造りで、はるか下方に川面がある。

縁に面して、北側に折廻しの上段と一間床がある十二畳の鳴門之間、二間続きの九畳の下之間と、同じく九畳の上之間に進む。「起こし絵図」では、室境には墨絵の山水画が襖に描かれていたという。

下之間は、正面が台目床で、右手に棚が幾段も設えてあった。下座の方には袋棚、台目畳の高所に複雑な構成の棚を付けていた。その奥には、一間の鞘《さや》の間を隔てて、八畳の茶立所があり、正面に一間の畳床、左側に一間の板床（押板）、右側に折廻しの付書院と違棚を備えた一畳が付されていた。

この空間の床・棚・違棚等と、襖・長押《なげし》・欄間等の内容を、静岡県ふじのくに茶の都ミュージアムの復元座敷から推定してみたい。

鎖の間・書院座敷の造りを見ると、三幅対の掛物が掛けられる一間以上の床が、上段の上に作られ、その隣にも床があり、床のなかに違棚があり、違棚には漆が塗られ、透彫りが施されている。透彫りは、七宝、輪違といった遠州独特の文様であり、床の仕切、欄間など各所に様々な文様が見られる。天井は砂摺で、竹が編み込まれた欄間もある。釘隠の形・襖の引手等は精緻で装飾性に富み、壁・長押は朱色の色土壁と木目を黒く色付けして対比させている。各座敷の襖絵は復元されていないが、狩野派などの絵師による墨絵・彩色画が描かれていたという。床には三角形の二重棚、三段・四段の袋棚が作り付けられている。「ここに顕れた遠州座敷は、桂離宮などの、現存する遺構の域をはるかに超えて装飾的であり、日本住宅史において近世を特質する数寄屋造りの、最も熟成された結構をもっている」（中村利則『日本の茶 世界の茶』。中村氏は同ミュージアムの遠州の数寄空間を復元された）という。この茶室群と同様の室礼は、すでに寛永二年に、遠州の伏見奉行屋敷に完成していたとされる。

これらの座敷の床・棚・違棚に道具を飾った場合、その累積は夥《おびただ》しい数になると想像される。寛永八・九年の遠州の茶会記には、このように複雑な茶室や、数多い道具飾りの棚類は見られない。瀧本坊の数寄空間には、寛永十七年以降の遠州の茶会記に見られるのと同内容の道具がすでに飾られていると思われ、瀧本坊の建築と室礼には、最先端の遠州の茶が一足早く展開されていたようである。

②瀧本坊からの実景

瀧本坊は、その登り口から、急な坂と階段を登り続け、神社の前を通り過ぎると「瀧本坊」の石碑が建っている。鬱蒼《うっそう》とした木立に囲まれて、現在は周辺の視界は開けていない。瀧本坊茶室からの景色は「絶景」とあるので、近くの見晴台に登ると、眼下に桂川・宇治川・木津川を合流させた淀川が湖の如く広がり、今はそこにいくつもの鉄橋が架かり、大小の車が激しく行き交っている。遠望すると、西北の彼方には、遙か比叡山、東山のなだらかな曲線、醍醐《だいご》、宇治から南へと青緑色の濃淡で霞んでいる。その手前に京都市内が望まれ、伏見・淀などの街が次第に迫ってきて、まさに絶景のパノラマを見せている。

三、瀧本坊「空中茶室」での尚政・直清の歓迎茶会

1 茶会記

松花堂美術館所蔵の茶会記に載る松花堂昭乗の茶会のうち、寛永十年（一六三三）六月二十九日の茶会を取り上げる（『松花堂茶会記と茶の湯の世界』）。前述した尚政・直清を歓迎する茶会である。なお、この茶会記に、永井尚政は当会で一回、直清は一ヶ月後の七月二十九日にもう一度招かれ計二回、佐川田昌俊の相伴が一回記述される。遠州は当茶会が

三回目である。

寛永十年酉六月廿九日朝

板周防殿　永信濃殿　同日向殿

小遠江殿　振舞ありて茶斗すきや

一国司茄子　七賢盆　一掛物　両筆

袋はくこく　定家為家

一華入(ママ)　からかね　一茶杓　玉緒

一茶垸　ひらの　一水さし　四角

一すミ入　ひしの　一かうはこ　六角ソメ付

書院ノ置合

一かけ物　ゆうやくしほてい　一上ニ大獅子かうろ

一下二かふらなし花入　一琴硯

一縁起　一釜　南蛮頭巾

一ふた置　ほや　一木茄子

①使用された茶道具

数寄屋の掛物は、王朝文学を代表する藤原定家・為家父子のもの、花入は古銅であろう。点前道具も、昭乗が所持する最高の道具が披露されている。すなわち、唐物盆と名物裂の仕覆が添った唐物茶入「国司茄子」、遠州が箱書した高麗堅手茶碗「ひらの」、遠州作茶杓「玉緒」、明から舶載された遠州好み六角染付香合といった「八幡名物」に連なる道具が出揃った。書院の床の布袋図は黙庵筆であろう。棚の上段に、大形の獅子香炉、下に青磁の蕪無花入、他には定家筆「縁起」と唐物文房具の硯「琴」が飾られている。点前道具を飾る棚は、遠州に倣うとすれば、唐木や透彫り・青貝等の飾りのある漆塗りの水指棚かもしれない。そこに釜「南蛮頭巾」、火屋蓋置、茶入「木茄子」といった、江戸にはなかった道具が披露されて、昭乗の茶会に初めて相伴した永井兄弟の目をみはらせる馳走となったことであろう。

ここでは、昭乗の手で練られた一碗が飲み回された。

②客の人物像

正客の「板周防殿」は、京都所司代板倉周防守重宗である。板倉は今は亡き徳川秀忠の三人の側近「近侍の三臣」（重宗、尚政と井上正就）のひとりであったが、元和五年（一六一九）、幕府の公武融和計画の「和子入内」が暗礁に乗り上げた際、父・勝重に代わって京都所司代に着任した。以来、「入内」を一決し、大坂大改革、二条城行幸実行へとその実力を行使して、幕府の施策を広め、朝廷・寺社等への統制を強め、文化サロンをも主催する畿内の重鎮である。当茶会の翌年からの「上方八人衆」体制の最高責任者として、畿内以西に緊急事態が発生した際には、幕命を待たずに決する権限を与えられていた。茶の湯は、古田織部の弟子で、秀忠御成の跡見茶会に招かれたり、「御口切時分、御数寄出候哉。瀬戸黒茶碗進入申候」と織部から口切茶会のための瀬戸黒茶碗を贈られたりしている。

次客の「永信濃殿」は、尚政。当茶会の三ヶ月前、翌十一年からの家光の畿内施策の一環として、畿内の要衝を守る淀城に十万石に加増されて着任した。尚政も織部の弟子で、織部の茶を慕っていた秀忠御成の跡見茶会に招かれ、また西の丸での秀忠の茶会に度々相伴してもいた。

三客の「同日向殿」は、尚政の弟の永井日向守直清。直清も兄と同時に二万石に加増されて、淀城に近い勝竜寺城に着任した。直清も、織部の秀忠御成茶会の跡見に招かれている。

詰の「小遠江殿」は、小堀遠州。畿内郡代で、伏見奉行。瀧本坊茶室を造作した。

2　茶会の政治的背景

寛永元年（一六二四）、大御所秀忠は緊迫した朝幕関係を「融和」の名の下に思い通り統制しようと、同三年の後水尾天皇の二条城行幸を計画した。約三十万人ともいわれる武士を率いて上洛し、畿内を軍事力で圧倒し、公家達には知行や金銀を与え、主要な町の地子を免除して優遇するなど懐柔政策をとった。行幸行事は成功したかに見えたが、翌年から紫衣事件が起き、寛永六年に幕府の法度に抗弁した沢庵宗彭達禅僧を配流したことなどから、後水尾天皇は譲位してしまい、未だ朝幕関係は融和していない。大御所秀忠は、家康の悲願であった「西国の押さえ」を今一歩と追い詰めながら、寛永九年正月に死去してしまう。

秀忠の後、家光が親政を執ることになる。両御所体制が解消され、家光は政権を支えている軍団と、年寄制等の内部組織の改革を行う。これまで秀忠が取り仕切っていた畿内以西の支配方式も改め、紫衣事件で配流していた僧達を戻し、後水尾院の意向も取り入れていった。しかし、未だ、江戸に比べて、政治・経済・文化等の各面において朝廷・寺社・豪商達の影響力が強く先進的な畿内の支配を、確実に幕府のものとしてはいなかった。

家光は寛永十一年に、三十万七千という大軍を率いて上洛し、新たな天下人の実力を示したあとは、能吏を要衝に配置して、畿内支配を組織的に機能させる。畿内以西の政治・経済・軍事を、畿内の要衝八個所の重鎮「八人衆」と大坂城代による合議に任せ、八人衆が交互に参府して、老中等の将軍側近達と全国的な幕政の協議を行い、その決定を責任地域の実情に即して実施するという構想を立てた。

家光政権の実力と威光を、江戸ばかりでなく畿内から全国に、武家のみでなくあらゆる階層に知らしめるのである。

すでに、八人衆のうち遠州と五味豊直は元和元年に郡代に、板倉と久貝正俊は元和五年に京都所司代と大坂町奉行に、石河勝政は寛永十年に堺奉行に配置されて、布石は打たれていた。最後の仕上げとして同三月に永井兄弟が転任し、大坂町奉行の曽我古祐は家光上洛と同時の着任が予定されていた。

当茶会は、畿内の民政を熟知している板倉と遠州、家光の内意を含んで転封された永井兄弟という、畿内要衝の重鎮が同座した茶会だったのである。

この茶会のあとの七月二十九日に永井直清を、十一月十五日に永井尚政と遠州・佐川田昌俊・江月宗玩・竹中重義といった永井兄弟とは顔なじみの人物達を招いての、同所での茶会が予定されていた。

3　当茶会の意味するもの

数寄屋の閑雲軒に躙り入った四人の客達は、家光の内意の執行を誓って、一碗を飲み交わした。点前の昭乗も同心している。

書院に移るべく開けはなたれた地上七メートルの懸け造りの高欄に出た。下を覗《のぞ》くと一四三メートルの絶壁の下に細い川面が見える。目を遠方に転じると、遮るものなく畿内の山、川の青緑色の濃淡が折り重なって見渡せた。比叡山から東山方面、醍醐、宇治、伏見、さらに南方へと見下ろせる。その間を縫って桂川・宇治川・巨椋池・木津川が合流し、淀川の大河となって大坂へと流れ下ろうとしていた。流れは、和泉灘《いずみなだ》から瀬戸内海にそそぎ、中国・四国・九州までの地をひたすであろう。人・物・文化、あらゆる文物がこの流れの中にあるのだ。

絶景だった。三川が合流して大小の船が所狭しと行き交って活況を呈し、点在する人家を豊かな自然が取り巻いていた。永井兄弟の目に、この絶景が大きな驚きと感動をもって広がる。絶景のなかで客達は、将軍から託された政治的課題と、ここに暮らすすべての人間のたつきを、結束して守りきるという壮大な決意を誓い合ったのではなかろうか。

四、終わりに

前に紹介した小森俊寛氏の「石清水八幡宮・瀧本坊の空中茶室（閑雲軒）について」の調査報告に、宝暦六年（一七五六）の「瀧本坊数寄屋図」（木津氏蔵）が掲載されている（次頁「瀧本坊の数寄屋図」）。

書院・客殿の平面図の襖に、雪村筆墨絵山水図、狩野元信の図、雪舟筆二幅対寒山・拾得図、狩野山雪の杉戸絵猫図、唐獅子図、永徳筆極彩色の富士、昭乗筆極彩色三幅対、山楽筆墨絵の山水図、柿木図襖、昭乗筆狗子の絵等の名筆が座敷ごとに詳しく記される。時期は、当茶会の百年余り後である。しかし、ここに載る絵師達は、寛永十年頃にはすでに著名な絵師であり、京狩野の山楽・山雪は、男山の地や昭乗に親しんでいた。当茶会の際に、こうした飾り付けが可能であった。

尚政が招かれた時の茶会記には、数寄屋飾りと、書院飾りがわずかに記されているだけである。飾られた作品の数が多い京狩野派の山楽・山雪は、永徳の弟子であったが、探幽兄弟と同じ御用絵師ではなかった。それが、当茶会に飾られてはいたが、筆記されなかっ

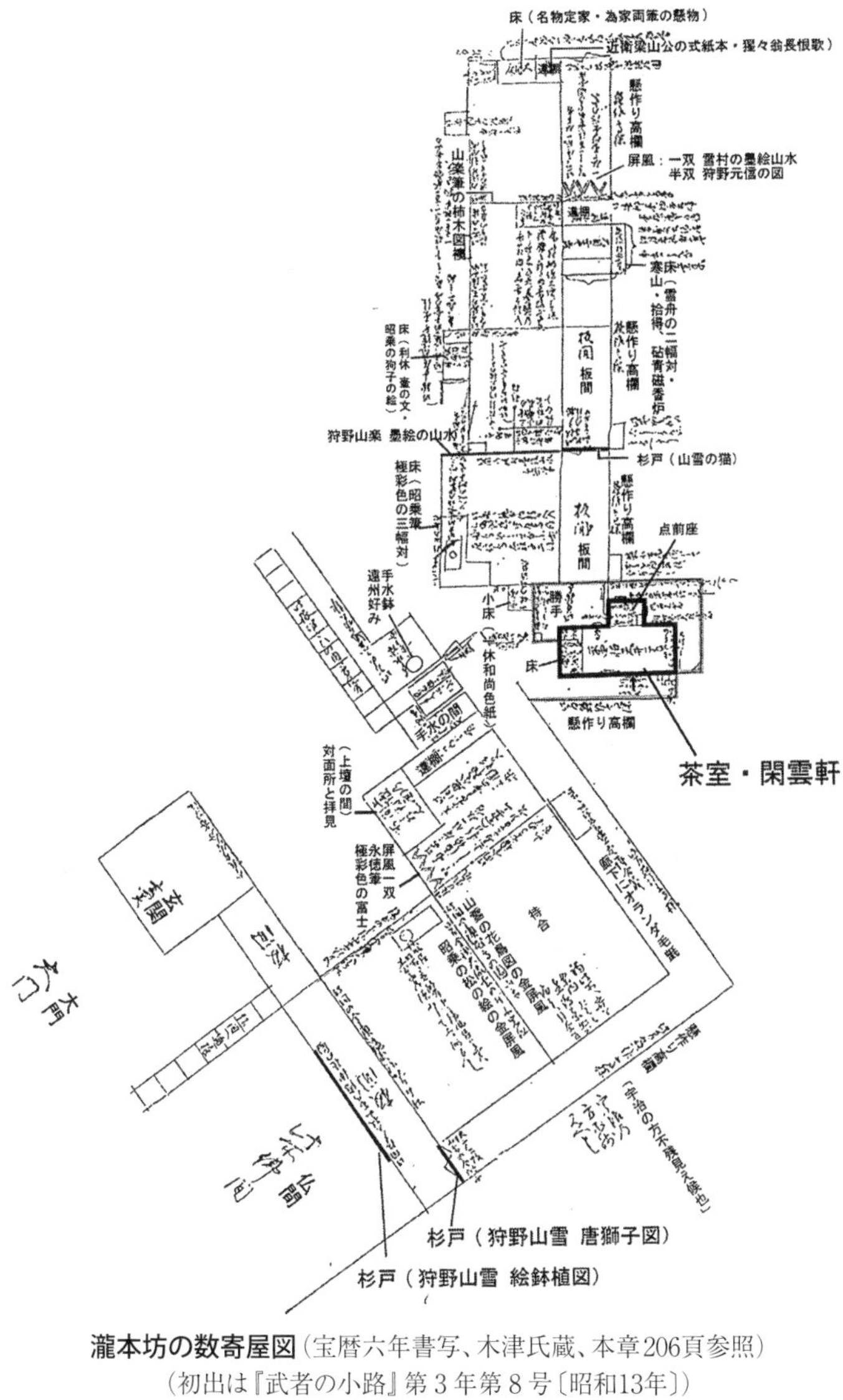

瀧本坊の数寄屋図（宝暦六年書写、木津氏蔵、本章206頁参照）
（初出は『武者の小路』第３年第８号〔昭和13年〕）

た理由であろうか。今後の瀧本坊数寄屋群の解明を待ちたい。

瀧本坊は、石清水八幡参詣のスポットであったが、茶室群の見事さが加わって、訪れる客は一層増え、政治的・文化的役割がさらに増したと思われる。

昭乗は、武家や文化人達との交誼《こうぎ》を重ね、寛永十六年九月十八日惜しまれつつ死去する。昭乗を慕う大勢の親交者による追悼文、佐川田昌俊の「松花堂昭乗行状記」等が今も残されている。

第六章　永井尚政の文化的交流

永井尚政は、江戸では秀忠・家光の側近であり、江戸城に登城する諸大名、旗本、武家以外の階層の人物と交わってきた。尚政の文化的交流は、『東武実録』に見られる秀忠の茶会に相伴することが主であった。寛永十年以降は、畿内支配の中心人物として、幕政を推し広める課題をもって、淀に転封してきた。その地で尚政は上方八人衆の役割を果たしながら、文化的文物に触れる過程で、その素養を磨いていく。尚政と遠州は、畿内・江戸と足繁く往復するなかで、上方の文化を江戸に伝え、独特の江戸文化を形成させる端緒を作った。尚政とその周辺との交流を様々な視点から見ていきたい。

一、興聖寺の寺宝について

1 尚政の書状

永井尚政 書状 万安英種宛（慶安元年）十一月廿六日付（興聖寺蔵）

一筆致啓上候、然者内々申候、寺建申義、板倉周防殿と談合申候へハ、可然之由御申候之間、寺地御見立なから御上可被成候、乍御太義奉待存候、為其御迎ニ大坂私屋敷迄

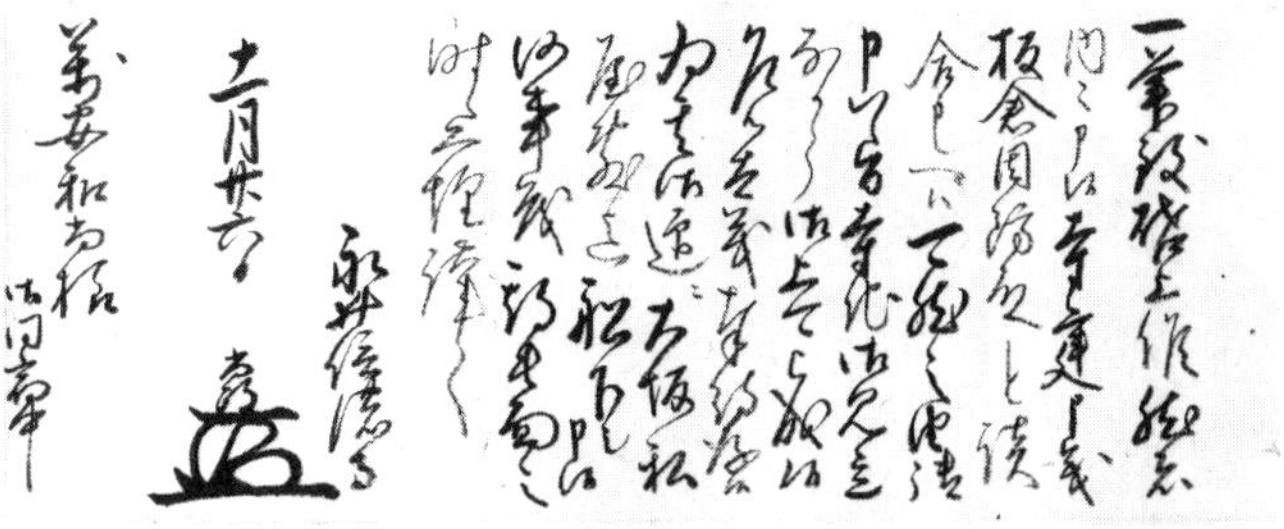

永井尚政 書状 万安英種宛（慶安元年十一月廿六日付、興聖寺蔵）

船下シ申候、何事茂期貴面之時候、恐惶謹言

十一月廿六日　永井信濃守尚政（花押）

万安和尚様　御同宿中

興聖寺住持を迎える永井尚政の直筆書状。尚政の直筆書状は少ないので、これは貴重な一通である。尚政の書体はさすがに太くたくましく立派である。摂津住吉の臨南庵にいた万安英種（天正十九年〔一五九一〕～承応三年〔一六五四〕）に対して、板倉の了解もとれているのでと、寺地の見立てがてら上洛するように勧めている。大儀とは存ずるが、大坂屋敷まで船を迎えに遣わしますと、丁寧に応対している。すでに興聖寺の一部は出来上がっていたとみられる。

2　興聖寺の寺宝

守屋茂編『宇治興聖寺文書』第四巻には、永井尚政の菩提寺である興聖寺の「什宝目録」が載せられている。興聖寺は古刹であるが、尚政が中興したので、同時代の絵や工芸品は、尚政が収集し、創建した興聖寺に寄進して寺格を高めたものと推測する。今に残る貴重な寺宝を、目録のなかから取り上げてみたい。

①道具

後水尾上皇：座氈（御物、尚政寄進）

東福門院：紀貫之押絵像、東福門院 壇袱、三輪紅葉文棗（従女院御所様御拝領之棗香合以橙御作ニ被遊候）

徳川家綱：羽織（拝領）

②掛物

後水尾上皇筆：宸筆 和歌（寂蓮歌）

明正天皇筆：渡唐天神繍像（新院様勅筆 並 賛詠）、新院 宸筆

道晃法親王筆：「興聖寺再興縁起」

中院通村筆：「興聖寺縁起」

（大徳寺）翠巌宗珉筆：横物「興聖寺春望」

万安英種像（興聖寺蔵）

（大徳寺）天祐紹杲《じょうこう》筆：横物「開山拝贍偈」
（大徳寺）江雪和尚筆：「探幽斎記」
（万福寺）隠元隆琦《りゅうき》筆：「観流亭」題字・扁額、「朝日山礼石大士偈」、道元禅師頂相（賛）
（滝本坊）松花堂昭乗筆：竹之図

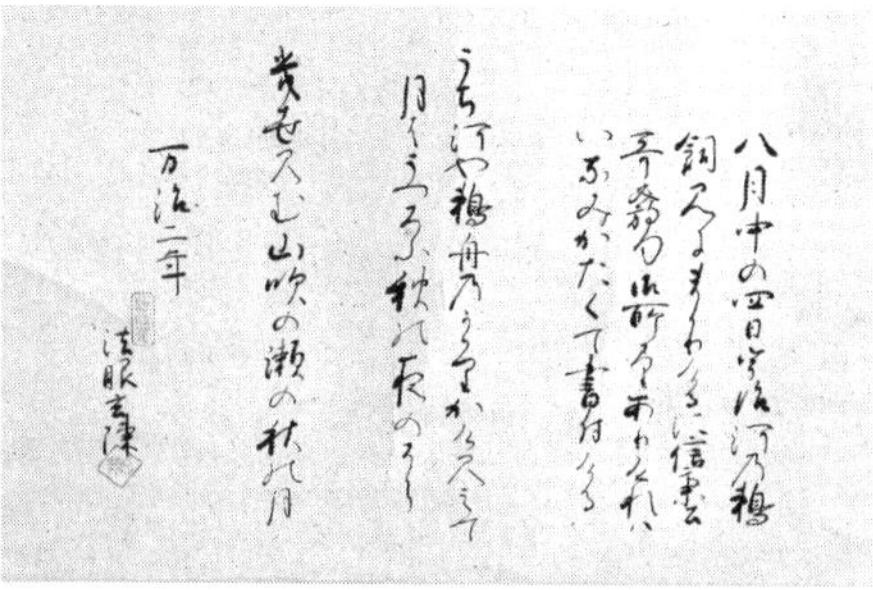

里村玄陳　発句 横物（万治二年、興聖寺蔵）

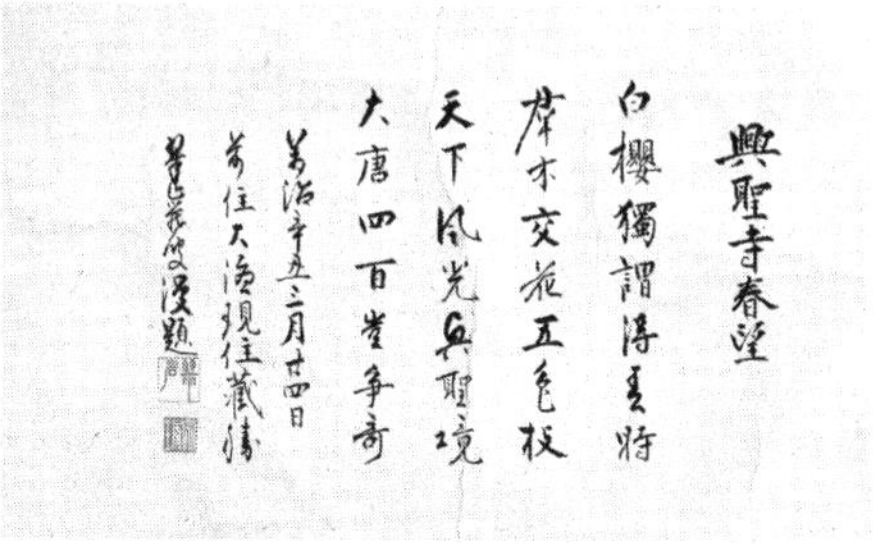

翠巌宗珉　横物「興聖寺春望」
（万治四年、興聖寺蔵）

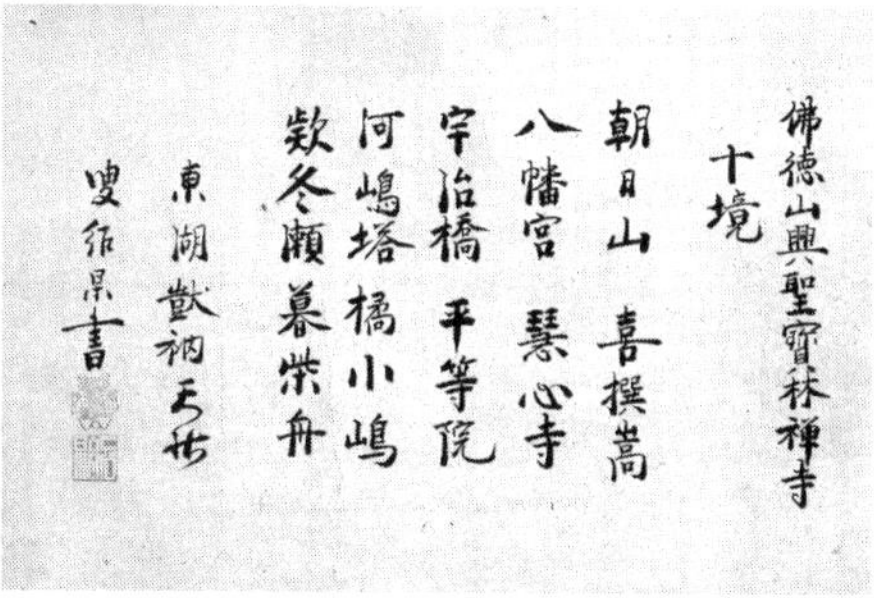

天祐紹杲　横物「仏徳山興聖宝林禅寺十境」
（興聖寺蔵）

（興聖寺）万安英種筆：遺偈
里村玄陳筆：発句 横物
雪舟等楊筆：拈華釈迦図、観音図、達磨図、観音図写経
雲谷等顔筆：達磨図
狩野探幽筆：出山釈迦図、文殊菩薩図、線床達磨図、釈迦三尊図三幅対、白衣観音・枯木寒鴉・荒草鴉図三幅対、達磨・五祖・六祖像三幅対、福禄寿・五祖・六祖像三幅対、雉之絵、雁之絵、鳩之絵、三光鳥之絵、荷葉燕之図、芦柯翡翠之図、屛風絵 十枚押張付

尚政の菩提寺に保存された寺宝の作者は、当時（寛永期から寛文期まで）の尚政の交流関係をよく表している。

朝幕関係の融和を使命として淀に転封してきた尚政は、東福門院和子・家光と親密に話せる唯一の武士だった。板倉、遠州などは職務で参内する機会はあるが、秀忠・家光と日常的に接していたのではない。手ずからの工芸品を、または入手できた物品を、和子は家光に届けさせ、その使いの礼として、尚政に種々のものを遣わしたのである。また、和子は、

武家でない僧体の人物とは接触できた。茶人や芸能者、学者達である。茶の湯、花、香、押し絵などの工芸、和歌会、講話等を通じて、また、経済力を生かし、呉服を誂《あつら》えさせ、文化的文物を下賜することにより、ネットワークを形成していった。

雪舟の絵を受け継ぐ雲谷派の絵は、江月宗玩から高く評価され、江月を崇敬している狩野探幽に影響を及ぼした。そうした繋がりもあり、尚政は幕府の御用絵師狩野家と法華衆徒達、探幽の絵で本尊を荘厳する大寺社の僧達とのネットワークの構築を期待したのではないか。尚政は、江月の目利きによる雪舟や狩野探幽の絵を数多く所蔵したと思われ、興聖寺の寺格を高めるため、そうした名品を寄進したことが考えられる。

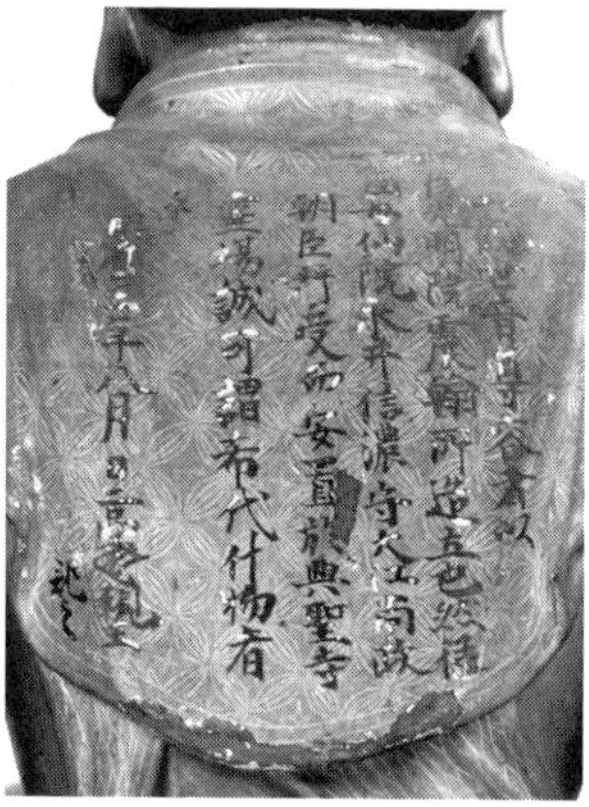

背面

聖観音像（興聖寺蔵）

若くして崩御した後光明天皇を悼んで、義母の東福門院が、天皇の宸翰を用いて作らせた観音像。背面に記された由緒書によれば、東福門院が尚政に依頼して興聖寺に安置したものである。

二、小堀遠州との関わり

1 尚政、江戸での遠州茶会をアピールする

寛永文化人と尚政との交流は、まず同じ八人衆の遠州から始まるとは衆目の一致するところであろう。

寛永十年（一六三三）三月二十五日、尚政は弟直清とともに、「八人衆体制」の構想と、そのトップを担う重職に就くべく、山城国二城主への任命を受ける。尚政は翌日暇を賜り、任地に赴いたと伝える（『寛政譜』）。

その報を受けた上方役人達は、将軍上洛と、八人衆体制の準備に総力を挙げた。幕府重職にある役人、徳川についた文化・芸能人達は歓迎の意を表す。同年六月二十九日の、瀧本坊空中茶室での尚政・直清を歓迎する茶会がその始まりだった。

遠州が生涯に催す茶会は、約四百回、一五〇〇人余りを招いたとされるが、その内訳は、寛永十三年以前の茶会が九九回、客は三九九人である。場所は洛中、または伏見である。寛永十三年以降正保二年二月までは、江戸が一〇三回、四五〇人、京三条・伏見が八三回、

二三九人。四年詰めを終えた正保二年四月から遠州が死去する年の同四年一月までは、伏見で五八回、二六七人である。開催時期不明の茶会が四九回、客は一五七人である。

以上から、上方八人衆として尚政と共に活躍するようになってから、遠州の江戸での茶会の回数が増え、その客の数も畿内では考えられないほど多くなったということが分かる。

①寛永十三年五月二十一日、品川御殿での家光への献茶

寛永十三年四月、遠州は、日光社参の途次、家光に品川御殿における五月二十一日の献茶を命じられる。この茶会は、永井尚政の家光への進言があったためと推測できはしないか。

三年前（同十年六月）、尚政は、淀城に転封になったとき、遠州作事の瀧本坊空中茶室で歓迎された。茶室の創作といい、周囲の景観といい、言語に絶するものであった。

茶道具も唐物・古筆・和陶・舶載道具・侘び道具等分野を問わず遠州の手元に集まってきていた。遠州は、目利きして、茶席に飾り、あるいは銘や次第を付けて譲ったが、その数も年々増え続けている。

秀忠存命の頃から「遠州の茶」は知られていたが、家光親政のこの時期に、新たな政権に

相応しい供応の象徴として広めたいと、尚政は強く考えたのではないか。尚政と遠州のその後の行動から推測してみた。

②寛永十五年十二月二十九日の茶会

遠州は、家光から清拙筆「平心」墨蹟を賜り、新たな政権に相応しい「武家茶」を創造することを託された。しかし、遠州は五ヶ月後の十月七日まで在府したにもかかわらず、誰にも「平心」を拝見させずに、同月十八日に帰洛してしまった。翌年正月八日に尚政一人を招いて、「平心」を見せた。ここまでは第四章に述べた。以後遠州と尚政は協議し、家光から武家茶の第一人者と承認された証の「平心」と、数寄屋から鎖の間へと導く武家茶ならではの様式を江戸で披露し、その床に、日本の禅僧画家雪舟の絵を掛けて、新政権に相応しい茶をアピールする。披露茶会の正客は、家光の寵臣で数寄屋御成が最も多い堀田正盛とし、年頭登城の前、すなわち晦日《みそか》あたりに披露茶会を催すとの提案を尚政がした。翌十五年、幕府の重要事項を評議するため参府した遠州に、その茶をアピールする機会が訪れた。十二月二十九日に堀田を正客に相伴を二人、翌三十日に数寄大名の松平右衛門大夫正綱以下四人を招いた。按の通り、翌年元旦から三月五日まで、堀田達の跡見を請う客が三二回、一五五人も押しかけた。尚政と遠州の想定通りであった。尚政も正月四日晩に、島田雲也、山田宗縁（カ）、茶や長右衛門たちと共に招かれ、計画の成功を確認している。

それ以後、寛永十七年五月に棚数を増やした鎖の間の披露茶会を一八回、八〇人、寛永二十年三月から正保二年一月五日までの「遠州江戸四年詰」の間に五〇回、二〇六人を招いた。江戸屋敷での茶会は、合計一〇三回、四五〇人である。同時期の伏見での茶会八三回、二三九人と比べると、江戸での客は二倍近い。

いくら遠州が茶の湯師範とはいえ、徳川家一門、譜代、外様の大名や旗本の婚姻関係、戦功、職務、賞罰等の経歴のすべてを掌握することは不可能である。では、どうして客同士の関係を緻密に把握し、打ち解けた客組を組むことができたのであろうか。それは、遠州と親しい尚政や、酒井讃岐守忠勝たち幕閣からもたらされた情報があったからではないか。その情報を手がかりに客組を組んだことが推測される。

一方畿内の幕府役人、法華宗徒の家掟を最重視して結束を固める豪商達、寺社僧や文化・芸能人達の情報は、第五章の「松花堂昭乗関係系図」に示した人脈を元として、遠州や板倉、松花堂達が尚政にもたらした。

そうした協働があって、八人衆達は役割を果たし、遠州は茶会に一五〇〇人もの客を招くことができたのであろう。

2　伏見・淀・宇治での茶

①寛永十九年閏九月十五日朝の茶会

尚政を招いた遠州の茶会一五回のうち、すでに四回は第四章で紹介したが、もう一つ寛永十九年に畿内で催された茶会を紹介しよう（第四章表4・表6参照）。

（寛永十九年）後九十五朝の茶会（『茶会記集成』）

客　酒井讃岐守
板倉周防守
永井信濃守

一　掛物　春浦
一　棚　下　香合　貝ノ蝶　羽箒
中立
一　掛物トル　花入　金ノ瓶
一　水指　高取　茶入　在中庵　水指脇　柄杓向ニカケテ
一　棚　上　羽箒
一　茶碗　瀬戸　水翻　シカラキ

遠州が大老・酒井讃岐守忠勝、京都所司代・板倉と淀城主・尚政を招いた伏見奉行所屋敷での茶会である。以前から日本各地で日照りや水不足による飢饉が起きていたが、寛永十九年には、幕府が倒れかねないほどの飢饉が全国を襲い、町にも村にも飢えた人が溢れていた。当茶会の三人ともが、飢饉対策奉行として江戸評定所で緊急対策を評議し、七月上旬に江戸を発ち、領地の実態を見廻りに帰国していた。忠勝の領国は小浜であるが、近く明正天皇が譲位し、後光明天皇が即位することが予想されるため、遠州達が奉行している新女院御所の作事を見廻りに来ていた。

遠州の奉行屋敷を、忠勝は同十一年に家光が上洛したとき、一度訪れていた。しかし、それから八年経ち、遠州は、嫡男・正之の妻に忠勝の孫娘を迎えながら、惜しいことに死去させていた。また、忠勝は、堀田以上に数寄大名で、家光の数寄屋御成を迎える時の道具は数知れなかった。遠州は、重宝の茶入「在中庵」を中心に、春浦墨蹟、青貝蝶の香合、高取水指、瀬戸茶碗、信楽建水を数寄屋に取り合わせた。さらに重層的な鎖の間の飾りも見せたであろう。

そして、「十五日夕方、伏見ニ而小堀様数寄、同晩淀へ被成御座、御逗留可被成由」（「酒井忠勝書下」『小浜市史　藩政史料編1』）とあって、尚政も忠勝を歓迎する後段を用意していたのである。

一行は、伏見奉行屋敷から舟に乗った。少し下ると、桂川・宇治川・木津川の三川が合流して淀川になる。淀、宇治を取り巻く、小高い山や丘に月は出ていたであろうか。尚政自慢の景観が広がる。秋風が心地良いこの景観を、尚政は忠勝に馳走したかった。そして、何より家光への「上聞」を期待した。一行は、川風にふかれてゆったりと淀城へ向かった。

②宇治茶師の願いが叶う

小堀遠州　書状　上林峯順宛　三十日付（宇治・上林記念館蔵）

（封ウハ書）
峯順老床下　　　宗甫

於　御出はひる過ニまち申候、かしく

一昨日者早々申承候、我等所へも御出、殊塩雁塩引御持参忝候、江戸御仕合よく早々
御上、目出度存候、いまた可為御草臥候へとも、今晩永信濃御出之事候間、御茶引申候、
御出奉待候、春松も御同道奉待候、恐々謹言

三十日　　　政（花押）

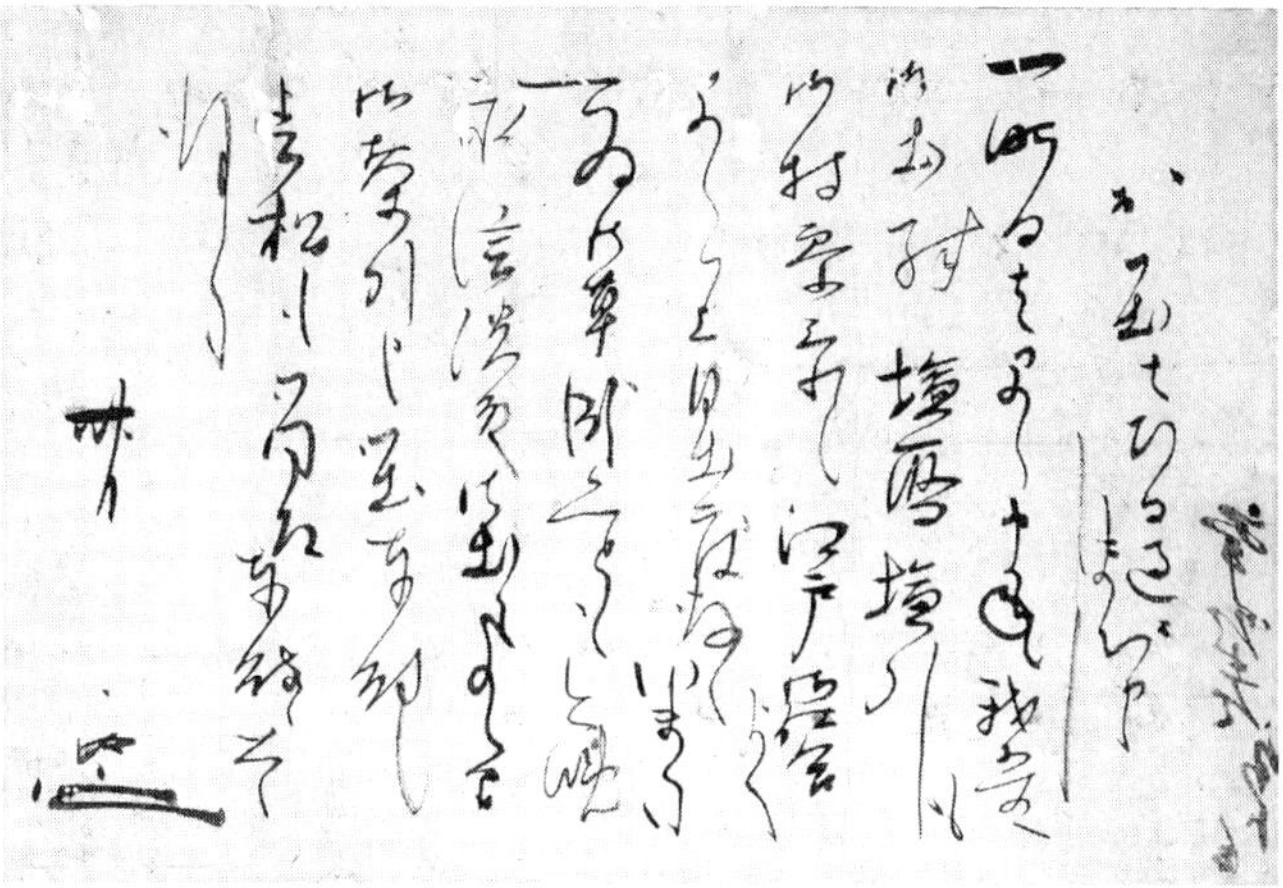

小堀遠州 書状 上林峯順宛（宇治・上林記念館蔵）

「峯順・春松様達は、一昨日、宇治に辿り着かれ、我等の所にも、塩雁・塩引をご持参いただき忝く存じます。江戸での結果は上々、早々に帰洛され、めでたく存じます。未だお疲れとは存じますが、今晩永井信濃守様が来られますので、御茶を挽く予定です。お出でをお待ちします。春松様も同道なさいますよう。昼過ぎに、江戸での御苦労を労う宴を用意してお待ちしております」と遠州は認めた。

宇治郷は、上林峯順家と竹庵家が代官を勤め、上方八人衆の尚政や遠州達の支配下にあった。遠州は、寛永十一年の家光上洛の機会を捉え、「御茶壺道中」を幕府の正式な年中行事として宇治茶に権威を持たせ、全国に広めようとした。宇治郷は、郷をあげて茶栽培と茶の販売を生業としているが、幕府の茶壺道中関係の費用が嵩《かさ》み、毎年赤字続きで、茶壺道中を送り出すのも困難な状態であった。しかし、幕府の公式行事のため、値段の変更は幕府の許可が要る。このままでは、宇治郷が廃れてしまう。御物茶師《ごもっちゃし》をはじめ、御袋茶師、御通り茶師たちが、幕府に値上げの申請を行うことになった。

この申請を成就させるため、遠州茶会が同一月八日に、上林峯順・竹庵と江月宗玩、尚政を客として催され、三月六日の遠州茶会でも、上林峯順、松平右衛門佐（黒田忠之）、江月宗玩が招かれて、老中達を説得する対策が練られたことが推測される。上方八人衆の統轄者・尚政と、御茶吟味役の遠州に相談したのは勿論であるが、江月宗玩も春日局、稲葉正則などに強いパイプを持つ。

瀬戸褐釉四耳茶壺
（銘「祖母懐」、興聖寺蔵）
尚政の娘が嫁いだ上林重胤（3代峯順）からの寄付とされている。

しかし、近年は各地で大飢饉になり、日本中が飢えて茶会を催す余裕も無い。幕閣のなかでも、松平信綱等は値上げに反対であった。そこで策を練り、困窮を訴えに参府することになった。尚政・遠州達が代官・上林家の後押しをして、幕府に申請した結果、値上げが許可された。こうした策が奏功して、願いが叶った宇治茶師達の喜びはいかばかりか。宇治郷の歴史からみても、江戸時代を通じて宇治茶の値上げが許可されたのはこの時の一度だけであった。

上林峯順は、上林宗家勝永の嫡男・勝盛。宇治茶師上林一族の峯順家・竹庵家は、茶の製造・販売で成り立つ郷の代官として、宇治郷を取り仕切っていた。幕府の年中行事・御茶壺道中を中心に、宇治茶を全国的に供給したのである。

峯順以前の上林家の歴史を概説しておこう。天正十年、上林久重が上林郷から宇治に移ってきた。彼が新しい技法で創り出した「極上」が、秀吉の茶堂・千利休によって取り上げられ、以前からの茶園を圧倒する。以降、久重の子・久茂（上林本家、宇治代官、峯順家）・紹喜（味卜《みぼく》家）・秀慶（春松家）・政重（又兵衛・竹庵家）の代々と、婿の平入家、三入家等が御物茶師を勤めた。さらに久重の孫・勝永（掃部助《かもんのすけ》・徳順）と政重（又兵衛・竹庵家）が宇治代官になって宇治郷を支配する。

寛永十年二月、上林峯順が江戸へ下り、小堀遠州らとともに江戸城で茶を賜った。この頃、幕府の徒歩頭を交代で宇治採茶師とすることと、御茶壺道中を制度化することが発表された。その後、宇治郷は地子免除や年貢減免といった優遇を受けている。

遠州は、寛永三年、二条城に行幸してきた天皇に、宇治茶師から抹茶を献上させ、宇治茶の名を全国的に知らしめた。その後、御茶壺道中を創始させ、毎年の「将軍御好みの味」を決める御茶吟味役として、宇治代官を統制していた。尚政は、遠州の次に御茶吟味役に就いた。また、尚政の息子の一人は、茶壺を安置した愛宕山福寿院の僧になった。

尚政と宇治のつながりもまた深く、これまで述べてきた通り、尚政は宇治に興聖寺を再興して菩提寺としている。寺地に宇治の地を選んだのは、淀城から程近く立地が良かったことに加え、数寄大名である尚政が、宇治茶と宇治の景観を殊の外愛したからかもしれない。興聖寺再興の際、峯順は多額の寄付をした。そして尚政は、娘を峯順の孫重胤に嫁がせている。

③上林三入と数寄大名

永井尚政 書状（折紙） 藤村（上林）三入宛 正月二十七日付（畠山記念館蔵）

御状、殊為年頭之御祝儀、茶筅三送給候。誠以忝存候。留置可申候へ共、何へも返進申候間、貴殿へも返し置申候。何も期後慶之時候。恐々謹言。

正月廿七日　　永井信濃守尚政（花押）

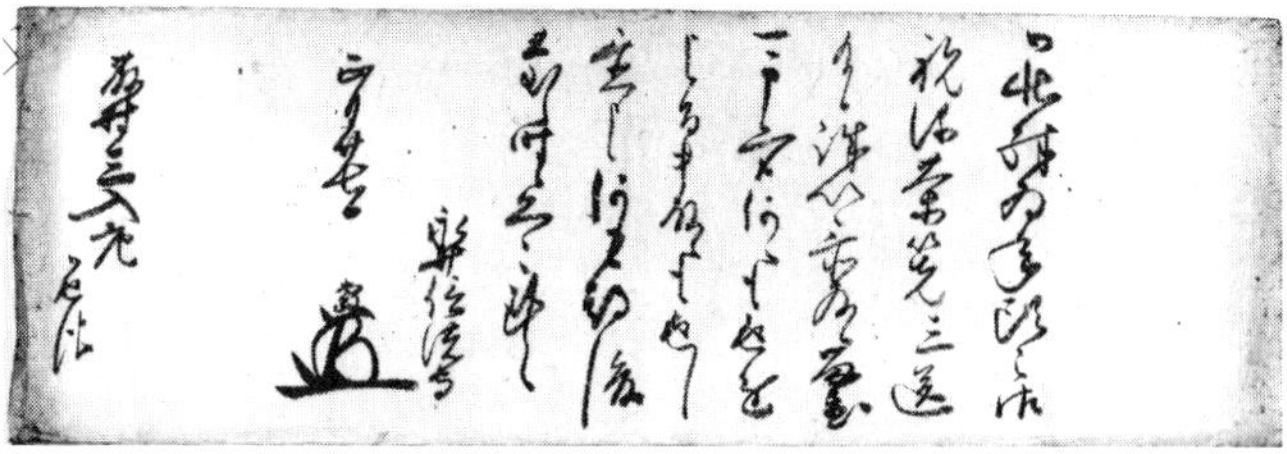

永井尚政 書状 藤村（上林）**三入宛**（畠山記念館蔵）

藤村三入老　御返報

尚政が藤村（上林）三入から、年頭の祝儀として茶筅三本を送られ、それに対するお礼が遅くなったことを詫びている。

三入は武家の出身である。戦国大名・堀秀政の家臣今西六兵衛の弟で、宇治茶師の藤村宗源の養子になり、藤村味入と名乗る。その後に上林宗家の勝永（徳順）に従い、勝永の女婿になり上林の名字を与えられた。三入家は御物御茶師のひとりである。

三入は武家出身のため、一族のなかでも武家との折衝役（現在の営業担当か）という重要な役割を果たしていた。毎年茶壺道中を前にして、宇治茶師を代表して茶筅その他を江戸城の大名や旗本のもとに持参した。そこで茶詰めの注文を取って茶壺を預かるのである。昨年の茶の評判を聞き、今年の茶の出来具合を告げる。大名達の個人情報も大事であり、細やかに贈り物などを届けている。

三入に関する史料として、『佐賀県史料集成』に、一千六百二十五通もの書状が収録されている。その大部分は、大名や幕閣との贈答関係の書状である。そのなかから、二通の書状を紹介したい。

一つは、江戸滞在中の遠州に三入が届け物をした際の遠州の礼状である。

爰許為御見舞、遠路飛脚并瀬田鱣鮨一桶贈給候、懇志之至、別而賞翫申候、拙者事、両御所様御前仕合残所無之候、来月者可罷上候間、以面可申入候、恐々謹言、

(年不明)九月十七日　　小遠江守　正(花押)

藤村三入老

三入は近江瀬田の鰻《うなぎ》の鮨《すし》を、継飛脚で遠路江戸までも届けている。遠州は「懇志之至、別而賞翫申候」と感激している旨を認め、そのあと、「両御所」(家光と家綱カ)の様子と自身の帰洛の情報を伝えている。三入にとっては、遠州からの江戸城内の情報と斡旋《あっせん》は有り難かった。遠州は、宇治代官を支配する伏見奉行であり、御茶吟味役としてその年の将軍のお好みの茶を決める役でもあった。三入からの贈り物が多く遠州に届くのも当然のこと

であろう。前にも述べたが、尚政は遠州の次の御茶吟味役である。

二通目は、三入が接する数寄大名・菅沼定芳の茶へのこだわりが知られる書状である。

菅沼定芳 書状 藤村三入宛 三月九日付

尚々、当年其元家々ニ白茶可仕候間、別而被入御情、一廉白味能様ニ御工夫尤候、
以上、

其後者不申通、御物遠候、正月は早々御出、祝着申候、其元手初、何此ニ而候ハん哉、上様御壺、何比上候と申候や、承度候、去年貴殿之御茶、其表一番候様ニ申処ニ、口切之時分、存程も無之、残多候、最前も如申候、当年之儀、一廉被入御情尤候、三ヶ月之詰、たかのつめと被仰候茶、きつく候而、青香御入候、惣而いつれの茶も引色ハ白候へ共、湯之うへ青候つる、当年ハ第一成程早御つませ候而、去年ゟも蒸加減又ハ祢り御過尤候、味むつくりと、色白候へハ、葉様ニも何ニも構有間敷候、我等詰ニハ、(上林)味ト如詰之ニ茶之蒸御ませ可有候、最前も御覧候へ共、又々味ト詰少進し候、此色程ニ候へハ堪忍こゝろニ候、これゟ白候へハ御手柄共候、味も如願と存候間、此様ニ被成可給候、為其進入候間、こい茶ニ被成、御試可有候、とかく試之茶ヲ少早可有御越候、其時分尚好

可申候、か様ニ申入候儀も、当年其方之茶、宇治一番ニ仕度存、如比候、何とそ御分別尤候、たかのつめなとも、大きなるとちいさきと、二色ニ可被成候、とかく吟味能可被成候、村山か茶なとも、大たか小たか計能候而、其外ハ悪候、其方之おほいなし、当年被成候は、きつ過候ハぬ様ニ尤候、次此辺之物候間、生成鮒之鮓一桶令進入候、自然此方御用等候は可被仰越候、恐々謹言、

三月九日　　　　　　　　　　菅（菅沼）織部正　定芳（花押）

藤村三入老　御宿所

この書状は、年号は書かれず三月九日とある。定芳が近江膳所《ぜぜ》藩主であった時期（元和七年～寛永十一年）のものであろう。まず、定芳は、三入が正月早々に出府したことを祝着とし、三入家の詰め茶の準備はいつ頃始まるのか、上様の茶壺はいつ頃宇治に上らせるのかとさりげなく宇治茶の情報を得ている。そこからが定芳の三入家の茶へのこだわりである。三入の去年の御茶は、一番良かったのだが、口切りの時はそれほどでもなく残念だった。当年は、よほど情を入れるのだろうねと念を押す。

「三日月の爪」「鷹の爪」という茶はきつい茶で、青香が入っている。いずれも挽いた時

は白いが、湯を入れると青くなる。当年はなるべく早く摘ませて、去年よりも蒸し加減に注意し、練り（揉みヵ）過ぎないように。味はむっくりとして、色が白ければ葉は何でも構わない。我が家の茶は、味ト（上林）家の詰の如く、蒸したのを混ぜて（不明）ほしい。先ほど見せた味トが詰めたのを少し遣わすので、この色と同じなら合格の範囲である。これより白ければお手柄である。味も注文通りなので、このようにしてほしい。そのために遣わすから、濃茶にして試してほしい。

今年は、「お試しの茶」を少し早く持って来てほしい。その時分ならば、尚よろしい。このように様々に申し入れるのも、当年は三入の茶を宇治一番にしたいからなので、何卒分別してほしい。鷹の爪は、大きいのと小さいのと二種類にしてほしい。よく吟味してほしい。村山の茶（地名ヵ）なども、大鷹・小鷹だけは良いが、その他は良くない。三入の茶は今年は覆いをしないのなら、味がきつ過ぎないようにしなさい。この辺りの産物だが、鮒《ふな》のなれ鮨を一桶差し上げる。もしこちらに何か用があるときは言ってくるように。

なお、三入家では、今年は白茶を作るのであろうが、殊に念入りに、見た目に白味が良いように工夫しなさいと言う。

青い茶を古田織部が、白い茶を遠州が好んだといわれる。遠州の茶が将軍御好みの茶になったため、この時期は白い茶を大名たちが競って入手していた。定芳は一刻も早く、白い茶を入手するため、三人に色々な手を使って働きかけている。注文は細かく厳しい。

三人は、こうした数寄大名たちを一年中応接していたが、果たして情を入れた茶を自らの手で作る余裕があったかどうか。

菅沼織部正定芳（天正十五年〔一五八七〕〜寛永二十年〔一六四三〕）は、元和七年に近江膳所藩三万一千石に移る。将軍上洛の際には、宿を提供し、御膳を献じる。寛永十一年の上洛には、琵琶湖での湖水遊覧・和歌会などで供応した。将軍よりの賜り物も数知れず。その後加増され、丹波亀山四万一千百石で転封している。遠州とは昵懇の数寄大名で、遠州茶会に三回招かれている。近江膳所藩主の時、遠州が指導して、遠州好みの膳所焼茶陶を作成させたといわれる。菅沼定芳も寛永期の文化人であった。

三、千宗旦の書状にみる尚政

昭和十三年（一九三八）、表千家不審菴の蔵から、千利休の孫・宗旦（天正六年〔一五七八〕〜万治元年〔一六五八〕）の書状が発見された。主な宛先は三男・宗左である。はじめ一二三〇通分が『元伯宗旦文書』として昭和四十六年に刊行された。その後、昭和四十六年八月から二年半にわたり、解説文が『茶道雑誌』に掲載され、そのなかの三四通(寛永十年から万治元年まで)が、平成九年に『宗旦の手紙』として刊行された。

天正十九年に千利休が切腹し、千家は一時離散してしまった。関白豊臣秀吉の茶堂として活躍した利休であったが、徳川氏が天下を執る時代になって、孫の千宗旦の茶は、世間から「乞食宗旦」とまでいわれる。慶安三年、永井尚政は利休の茶を守り続けている宗旦に出会う。尚政は共に幕府の要職を勤めていた時に、小堀遠州から武家茶の指導を受け、その茶の創造にも携わってきた。

尚政は、宗旦の茶をどう考えていたのか。宗旦の書状に、尚政はどのように記されているのであろうか。

千宗旦と尚政とが交流する最初の史料は、慶安三年八月十日付書状、淀藩が台風で大洪水に遭ったことを宗左に報じたものであった。

慶安三年秋、宗旦は、東福門院和子に、御所附属の武士・三宅玄蕃《げんば》正勝を通じて竹花入を贈ったところ、その返礼として、小野小町の縫い絵を貰った。宗旦は縫い絵を表具し、その披露茶会に三宅と同僚の大岡美濃守忠吉・野々山丹後守兼綱を招いた。

四年二月、宗旦は高家の今川直房が縫い絵の茶会に参席したがっていたので、今川が上洛した際に、今川と、大岡・野々山を相伴として招いた。今川は、後水尾院の腫物《はれもの》平癒を祝うため、あるいは日光社参の例幣使を立てる院宣への礼のため、幕府の御使として上洛していた。その頃から大岡忠吉・野々山兼綱・同僚の坂三郎兵衛・赤林義左衛門（女院付女房・右衛門佐の弟）・今川直房達が、宗旦と東福門院を取り持ったとされる。尚政は、大岡達のもとを訪れる高家や、上方八人衆（女院御所に参内でき、宮中関係の御用を奉じた幕府側の武士）のうちの一人として、宗旦と個人的にも親しくなったようである。宗旦は、後水尾院に近い近衛尚嗣・鳳林承章とも親しかった。

慶安四年二月五日付、大岡のもとに板倉・永井等十四、五人が集まったとき、宗旦も呼ぶようにと板倉・尚政が言ったため、当日、宗旦は早朝から赴き、格別に懇ろにされたと言う。尚政はこうした人物達と同席して宗旦の茶に接していた。

宗旦の屋敷へ、板倉・尚政、そして五味豊直も訪れることがあった。尚政が初めて宗旦の茶に赴いたのは慶安五年三月七日で、尚政は一段と機嫌が良く、このときの茶に感じ入り、宗旦に永井家の御茶堂三人への指南を頼む。淀城へも宗旦を誘った。指南は何度かあり、六月二十三日も「菓子の茶の湯」であったと書かれている。同四月二十四日付では、淀城に小座敷が作事され、宗旦は完成したら参上すると予定していた。

この後も、尚政はいよいよ宗旦を心にかけ、壺の茶、はつ瓜等を度々届けており、宗旦は「近日茶可申と存候」、「帷子ナト御もたせ給候」、「鷹の鴨給い、料理候て客よひ候」と書き認めた。

尚政は、遠州に茶の指導を受け、淀城・興聖寺に茶室を造作して、その茶を楽しんだと思われたが、宗旦の書状に現れた尚政は、遠州亡きあと、宗旦の侘び茶に心ひかれ、宗旦のよき庇護者の一人となっていた。

万治元年（明暦四年）、尚政は知行を子息達に分知して隠居する。宗旦は、同年暮の十二月十九日、八十一歳で寂した。

四、様々な交流

1 遠州・尚政・昭乗の書状にみる尚政

尚政は花好きといわれ、書状や茶会記に、花を贈る尚政が何度も登場する。尚政は、花の栽培に熱心だったと思われ、その菩提寺の興聖寺でも、季節の花が咲くように計画的な植栽をしていた。

遠州と、尚政の書状に載る尚政の花について紹介しよう。

①小堀遠州　書状　永井尚政宛　二十二日付（小堀宗慶『続 小堀遠州の書状』）

尊書并花、贈被下候、江月和尚、滝本坊、御咄推量申候、公事をきゝ申候へとも、こゝろハ其元ニ御座候、御歌殊出来申候、公事きゝ申候席よりうたよむもの又も在之ましく候、

音にのみきくさへあるをゝくりこす　君のなさけの花の瀧浪

先日之茶杓つゝの書付、仕立候間、進上候、

夢通ふ道さへたえてくれ竹の

ふしみのさとの雪の下おれ

当所の雪おれニて候間、右之分ニ書付申候、

廿二日　　政（花押）

これは、遠州作の茶杓「下おれ」に添う書状といわれる。尚政のもと（淀城か）に江月宗

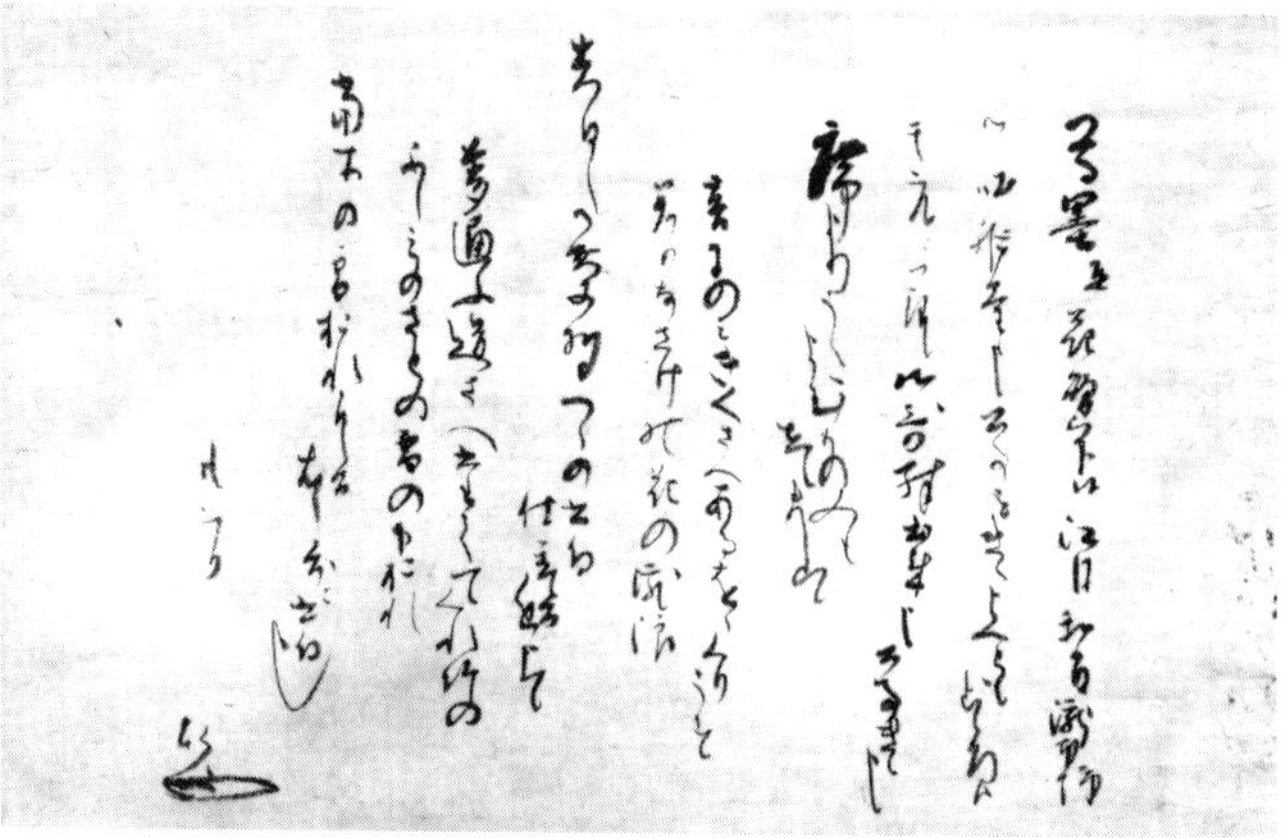

小堀遠州 書状 永井尚政宛（MOA美術館蔵）

玩と松花堂が集まり、楽しいひとときを過ごしている。せっかくの機会なのに、すぐ近くの伏見奉行所にいる遠州は公務で参加できない。尚政は、遠州に書状と、日頃丹精の花を贈り届けた。遠州はさっそく返書を認める。「尊墨并花贈被下候（手紙と花をありがとう）」と書き始める。遠州への思いを込めた花は、「瀧（藤）浪」とある。紫色の濃淡のグラデーション、豊かな房が下がり雅な香りを放つ藤の花であろう。さらに、遠州は、尚政を思い「公事を聞き申し候えども、心は其元に御座候」と述べ、「公事聞き申し候席より、歌よむかの人もこれ在るまじく候」として、「音にのミきくさへあるを丶くりこす　君かなさけの花の瀧浪」と返している。

幕府から畿内の重職を任されたふたりは、緊張の日々を送りながら、その思いを花に込め、歌にのせた。王朝美を遠州の茶に取り込む努力を図ってきた二人である。互いの思いを、歌に託して詠み交わしている。

遠州は、茶会で飾った茶杓を尚政から所望されたが、「下おれ」と筒書したのを差し上げますと記す。尚政が目を留めたのは、茶杓の「割れ」だった。竹は伏見の竹である。自然に割れが入った、あたかも雪の重みで折れ割けたようなものを「雪おれ」ともいい、殊に花入などでは見処の一つとされる。

遠州は『新古今集』藤原有家の詠「夢通ふ道さへたえてくれ竹の　ふしみの里の雪の下おれ」という歌から、銘を「下おれ」としましたと認めた。日付は二十二日としか書かれていない。

②永井尚政　書状　小堀権左衛門宛（寛永十二年）五月二十六日付（藤田恒春『小堀遠江守正一発給文書の研究』）

尚々、椿之台早々越可申候へとも、其後水故延引候、其者之儀頼入候

一書申入候、然者　公方様（徳川家光）御機嫌弥能候て、廿日ニ八日光へ被参候勅使ニ御対面之由申来候、遠州（小堀政一）ゟも廿日之日付ニて状参候、何事無之由申候間、御子息（小堀正之）へも御心得頼入

候
一、先日者貇比ニ椿之書立給満足申候、我等所ニ兼々椿継申度候間、書立台木越申候、御継せ候て可給候、此者継申候間、御指図候て可給候、又花畠奥にて候間、其元ニ継候者候者、ほ（穂）のふと（太）さを見候て御継せ頼入候
一、咲わけのも、弐口つき申度候台越候
一、よき八重之あふひ（葵）の程あから見次第申請度候、只今迄花残り候て御坐候者、此者ニ花一輪宛御もき候而可給候、見申度候、猶重而可申入候、恐々謹言

永 信濃
尚政（花押）

（寛永十二年）五月廿六日

小堀権左衛門殿

御宿所

江戸の様子をお知らせします。家光様はご機嫌よく、二十日には日光へ参られ、勅使に対面されました。遠州様からも二十日の日付で書状が来ました。御無事とのことですので、正之様（遠州の嫡男）にもよろしくお伝え下さい。

先日は、丁寧な椿の目録を頂き御礼を申し上げます。こちらは、かねがね椿の接木をしたいと考えており、目録と台木を取り寄せました。接ぎ方を指図願えませんか。また、花畑が奥にあるので、そちらに接木の上手な人がおいでしたら、穂の太さ（文意不明）等を見て、接いで頂きたいです。咲分けの桃二口を接ぎたいのです。すでに台木は届いています。

良い八重咲きの葵を、少し赤らみ次第分けて頂きたいです。今は花が残っています。遣いの者に葵の花一輪ずつ、もいで持たせて下さい。八重の葵を見てみたいのです。なお、椿の台が届きましたが、その後は、大水で延び延びになっています。その件についてもお頼みします。

書状が書かれたのは、家光の日光社参、尚政と遠州の居所などから、寛永十二年五月二十六日とされる。尚政が小堀家の国家老・小堀権左衛門に宛てた書状で、遠州は参府中である。この時期の三人の居所は、尚政は淀城、小堀権左衛門は伏見、遠州は江戸である。尚政は花好きといわれるが、どの程度なのであろう。

『興聖寺作木并掃除覚帳』（興聖寺蔵）には、草花の種まきから手入れの仕方までが詳細に書かれ、尚政はこれを家臣に厳重に守らせている。

当時、花の交換会が大流行し、武家ばかりか朝廷・町衆にもその影響が及んでいたことも背景にある。花といっても、東南アジアなどから船載された入手・栽培が難しいもの、国内でも珍しい花が珍重され、その情報が広まっていった。椿の接木は最も盛んで、数寄者の名を冠した種類も現れる。尚政も椿の目録などを取り寄せて接ぎ木をしたいと言う。目録、接木の台になる木、苗を取り寄せ、接木の情報収集に乗りだし、学び、職人の派遣を依頼している。最も頼りにしていたのは、茶の湯で使う季節の花の入手に詳しい小堀家ではなかろうか。

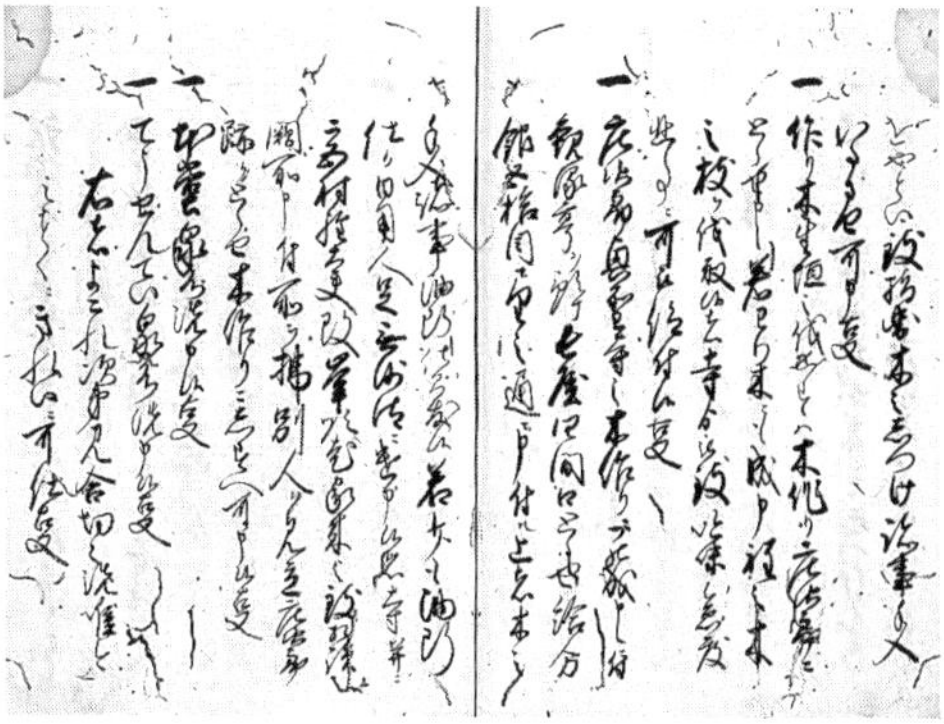

『興聖寺作木 并 掃除覚帳』（興聖寺蔵）

尚政は、花を自邸に飾るほか、江戸城や大名邸、幕府の重臣・老中・旗本の屋敷、畿内では、京都所司代・板倉重宗の茶会等にもこまめに花を届けている。興聖寺や淀城の絵図には花畑があり、京都屋敷や江戸屋敷にもあったに違いない。そのように心配りをして、新たな情報を得ることも多かったのではなかろうか。

③松花堂昭乗 書状 江月宗玩宛（寛永十年）十一月十五日付（藤田恒春『小堀遠江守正一発給文書の研究』）

尚々、明後之儀御不請ニ可思召候へとも、必被成御出可被下候、以上

態致啓上候、○今度ハ数日在寺仕、度々御茶被下、賀茂へも被召連一々忝仕合、紙上ニ申上かたく候、○明後十七日之朝小遠江殿《（小堀政一）》御登山ニ付、尊前ニも被成御出被下候様ニと竹筑州《（竹中重信）》迄申上候処ニ、御同心忝候、然者遠州十七日ニ御登山之おもむき佐喜六《（佐川田昌俊）》・信濃殿《（永井尚政）》へ御ものかたり被申候処ニ、遠州御登山ニ候ハヽ、被成御登山度思召候由、喜六より申来ニ付忝存候、必奉待候由御返事申候、遠州へも其通淀より申て参候由候、昨日遠州へ以書状申候へハ、弥十七日ニ可有御出之由候、左候へハ尊前と筑後殿とハ信濃殿へも被仰遣候間、必御出座候様ニと申来候間、弥無相違筑州被仰合、御登山奉待候、不及《（村井）》・宗不《（伊丹屋）》・道閑《（清水）》・宗玄《（橘屋）》、此衆ハ信濃殿御出候ハヽ、可御六借候間、相延可然候ハんと遠州ヨリ申来候間、其通ニ仕候、遠州よりも可被仰遣之由候、重而可申請候、このたひ御残多存、返々貴様筑州ハ必々被成御出可被下候、為其申上候、何事も明後可奉得御意候、恐惶謹言

（寛永十年）十一月十五日　　　　　　（花押）

「（封ウハ書）□（拝カ）上
龍光和尚様尊前（江月宗玩）　　　　惺ゝ翁（松花堂昭乗）」

一筆申し上げます。この度は数日間、御寺（龍光院）にお邪魔して、度々御茶を頂き、賀茂へも御案内頂きまして、忝く、（感謝の気持ちは）とても言葉では申し上げられません。明後、十七日朝、小遠江殿が瀧本坊に登山されます。貴方（江月）様にもお出で頂きましょうと、竹筑州殿に申し上げましたところ、同心して頂きました。それならと、遠州殿が十七日に登山されることを佐喜六殿・信濃殿へお知らせしたところ、遠州殿が登山されるのなら、尚政殿達も同行したいと、喜六殿から言ってきました。必ずお待ちしますと、お返事をしました。遠州殿の方へも、信濃殿から言ってきたとのことです。昨日、遠州殿、貴方様と筑後殿が十七日いらっしゃることを、信濃殿へも連絡しましたら、必ずお出で下さるようにと言ってきました。いよいよ相違なく筑州殿とお目に掛かれますので、登山をお待ち申し上げます。不及・宗不・道閑・宗玄、この衆は、尚政殿がお出でになると難しくなります。延期した方が良いのではないかと遠州殿が言いましたので、その通りに致します。この度は、（全員が同席できなくて）残念なことです。貴方様と筑州様は必ずお出でになりますように。何事も明後日（十七日）御意をお受けしたくお待ちします。なお、明後日は、御都合がよろしくないとも存じますが、必ずお出で下さいますように。

竹筑州は、竹中筑後守重義（生年不詳〜寛永十一年〔一六三四〕）。豊後府内の父・重利の領地二万石を相続。豊後府内では、結城秀康（徳川家康二男）の子・忠直を預かり、寛永三年より目付が置かれた。重義は、寛永六年から十年まで長崎奉行、海外渡航証の管理とキリシタン弾圧に腕をふるった。外様大名でありながら、その才覚で秀忠や年寄達の信任を受け職務に当たっていたが、秀忠の死により後ろ盾を失った。

不及は、村井不及（生没年不詳、不休、林不及とも〔村井不及と林不及が相伴した茶会に共通の客がいることから同一人物とした〕）。遠州茶会に一三回招かれる。不及は旗本または数寄者で、遠州にとって殊の外気に入りの人物であったと考えられている。招かれる茶会の回数が多く、しかも遠州の気の合った客たちと共に招かれているからである。そのメンバーとは、佐川田昌俊、塗師《ぬし》道志、上柳甫斎、橋屋宗玄等である。遠州は、不及宛の書状で、この年の茶は自分達の使う分も不足しているが、「たれにも御申しなく」宇治までお出でになれば、内緒で茶を分けてあげるとまで言っている（小堀宗慶『小堀遠州の書状』）。

宗不は、伊丹屋宗不（生没年不詳、源右衛門、または源左衛門）。伊丹屋紹無（堺の町人で、心甫庵と号し、利休作の尺八や花入を所持した）の子。堺の糸年寄・糸割符商人で、惣年寄を勤めた。桃山時代の今井家や天王寺屋に代わる資産家。遠州の弟子で、玉室宗珀・沢庵宗彭らに知遇され、その肖像画に沢庵から賛を得た。沢庵に先立って八十余歳の世寿を終えたという。父から「尺八花入」を譲られ、備前焼「布袋茶入」、利休辞世偈などを所持した。遠州茶会には、寛永十年から正保三年まで一三回招かれるが、正保二年以降は、宗不を継いだ人物の参会であろう。

道閑は、清水道閑（天正七年〔一五七九〕～慶安元年〔一六四八〕）。遠州茶会に、寛永五年から正保三年まで、一六回招かれる。京都の人。渋紙庵と号す。石州流清水派の祖とされる。茶の湯を織部に学んだが、台子の伝は遠州に受けた。伊達政宗に五百石をもって抱えられた。仙台では「御相伴衆並に元旦着座被仰付候」（仙台市博物館蔵『御家中衆先祖書牒』）という扱いであった。所持する名物茶入「猿若」の銘は、仙台下向に際し、遠州が餞別として茶入に添えた和歌「とどめざるわかれと君か袖のうちに　我がたましいを入れてこそやれ」に因む。遠州より道閑に宛てた伝書に『台子の沙汰』（仙台市博物館蔵）がある。古道閑、または「風呂屋道閑」とも呼ばれたが、これは仙台の風呂屋町に住したためとも、二条城北の

「ふろや丁」に住したためともいわれる。京都で没した。

宗玄は、橘屋宗玄（生没年不詳）。遠州の茶会記には、「たち花長兵衛」、「立花や宗玄」、「長兵衛」とも記される。遠州茶会には、寛永三年から寛永二十年まで三二回招かれ、その回数は最も多い。京都の商人。遠州の弟子で、遠州の茶室を預かったという。遠州茶会では、詰の役（茶会の進行・相伴の客に精通し、一座の成立に貢献する）が多い。橘屋に因む「橘屋金襴（二人静金襴の別名とされる）」の所持、狩野探幽の茶入を拾ったという伝承が知られる。

この書状は、尚政の転封と、竹中死去の年から、寛永十年十一月十五日のものとされる。

松花堂が瀧本坊に尚政たちを招いたのは、同年六月二十九日の空中茶室の歓迎茶会であった。その感激の時から五ヶ月経った。空中茶室にすでに招かれた客もいるが、瀧本坊の空中茶室に遠州が登山することになった。昵懇の衆は相伴を希望していた。しかし十万石の大名・尚政と同座するのは遠慮してほしいと、遠州はいつもの気の置けない茶友たちに断らなければならない。尚政たちはむしろ親しくなりたいのであるが。以後、尚政は、遠州や松花堂、昌俊達が仲立となって、次第に彼らと打ち解けていく。

尚政は、生涯をまっとうするまで三十五年間、洛中、淀、石清水八幡、宇治など畿内周辺の景観と、そこに生きる全ての階層の人達を愛し続けるのである。

2 尚政と東福門院とをつなぐのは誰か

右衛門佐　書状　永井尚政宛（寛文元年、興聖寺蔵）

なを〳〵ゑんき御うけとりあるへく候、めてたく、かしく
内々のそミ、こうしやう寺えんきのおくかきの事、女院御所さまへ申あけまいらせ候へは、からす丸大納言とのへ仰せ出され、と、のをりまいらせ候はつかハされ候、御うけとりあるへく候、めてたく、かしく
右衛門佐局より
なか井しん才殿まいる　申給へ

尚政宛の珍しい女性からの書状。これまで、尚政と板倉は、将軍の許可のもと、年頭と参府の前後に必ず東福門院に挨拶に行っていた。その際誰に対面するのか、言葉を交わすのか実態は不明であった。しかし、こうした書状が存在することにより、尚政と禁裏をつなぐ直接の窓口は、右衛門佐《えもんのすけ》と名乗る女性であることが判明する。興聖寺には右衛門佐からの書状が八通遺されているという。そのうちの三通が一幅に表具されて興聖寺の什物となっている。

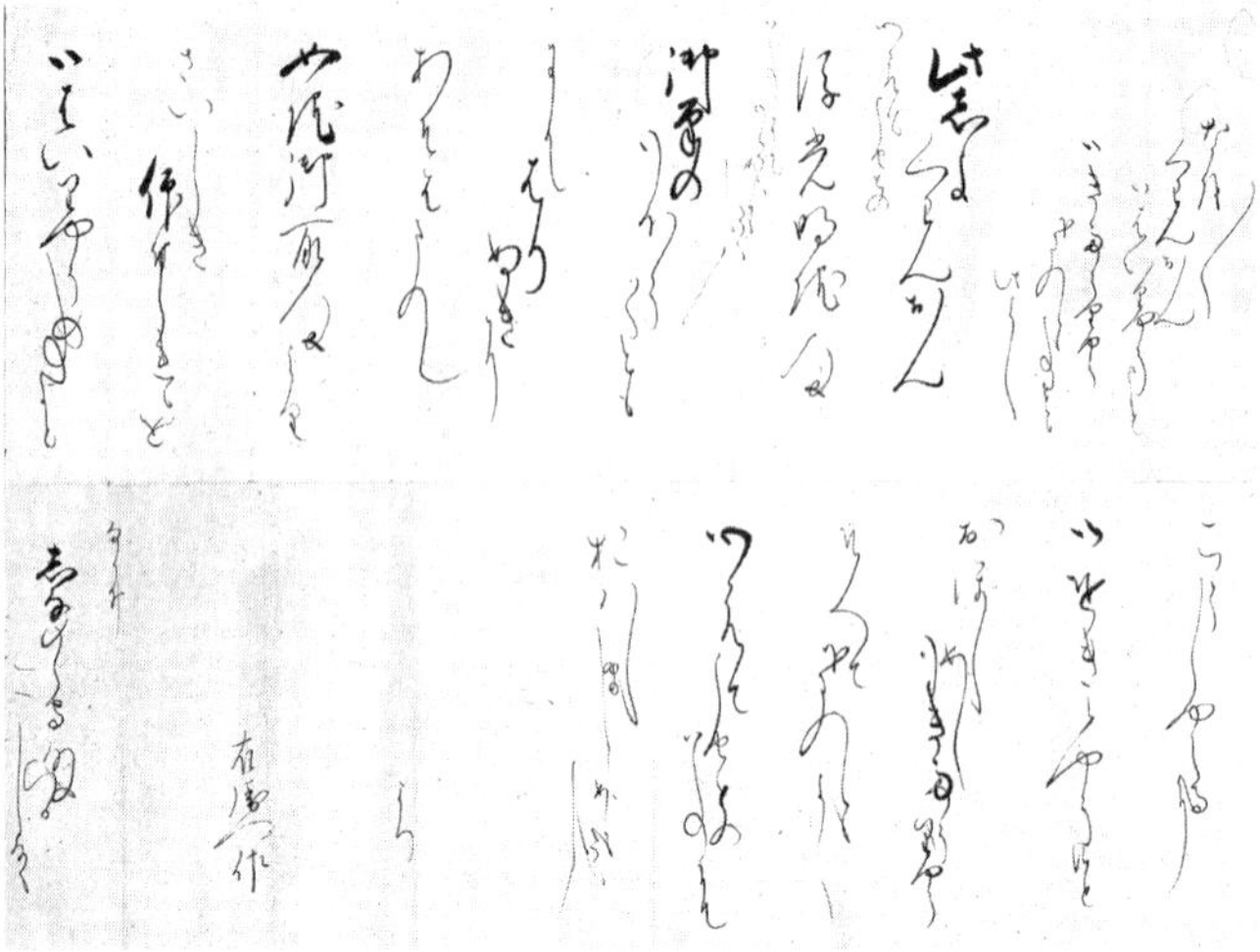

右衛門佐 書状（折紙） 永井尚政宛（興聖寺蔵）

三通の内容は、興聖寺の縁起と奥書を依頼したこと、後水尾院の興聖寺什物の閲覧希望のこと、後光明天皇を偲ぶ観音像の寄進のこと等、文化的交流が主である。

当書状では、尚政が『興聖寺縁起』（興聖寺蔵）の筆者を中院通村、奥書を烏丸資慶に依頼したのが叶ったと知らされる。中院と烏丸はともに細川家を介した婚姻関係がある。永井父子も、細川忠興（三斎）の嫡男・忠利とは、忠利が江戸で人質だった元和期頃からの畏友である。

東福門院にとって、父・秀忠や兄・家光から遣わされた尚政は、江戸城の情報をもたらす最も信頼できる武士であった。和子は、年に何回かの挨拶に参内する尚政を心待ち

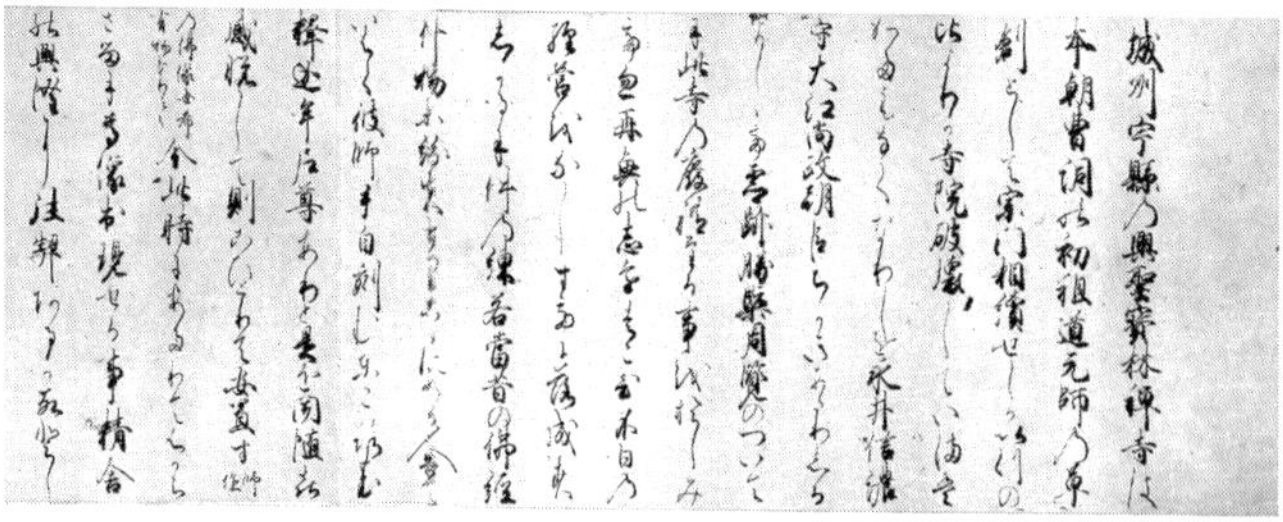

『**興聖寺縁起**』(中院通村筆、興聖寺蔵)

にし、鄭重《ていちょう》にもてなす。

江戸から東福門院に随行してきた武士も、「三、千宗旦」の書状にみる尚政」の項で紹介した。しかし、右衛門佐は公家たちの細々としたネットワークに通じ、女性ならではの心配りができ、その上で和やかな情報の遣り取りができる。右衛門佐は、こうした東福門院の周辺について熟知し、尚政垂涎の王朝の貴重な文物の入手をも望める人物であった。

五、終わりに

この章では、尚政が寛永十年以前の、将軍側近の頃の武家を中心とした交流を経て、淀城に転封してからの、周辺の景観や人的交流が尚政に与えた様々な影響を明らかにした。

尚政は、ここに記した何倍もの人物とのネットワークに立ち交じっていたのであるが、その全貌は残念ながら紹介できない。しかし、その多くは、遠州茶会の約一五〇〇人の客達と共通していると思われるので、遠州の客を手繰っていくことで解明できると考える。

尚政は、職務上の役割を懸命に果たすうちに、次第に畿内の景観に親しみ、むしろ、その地に形成されていた伝統的な文化や、武家や公家、町衆、文化芸能人達に広まっていた新たな文物を積極的に吸収し、江戸に伝えていくことになったのである。

第七章　永井尚政の弟と子孫

永井尚政の子孫を語る系図はすでに第一章に示した。

近世の永井家として存続したのは、尚政の嫡男・尚征《なおゆき》を継いだ大和国櫛羅《くじら》藩主、三男・尚庸《なおつね》を継いだ美濃国加納藩主、そして弟・直清を継いだ摂津国高槻《たかつき》藩主である。

三河大浜の武士から身を起こし、将軍の側近になった直勝、秀忠の老中から、淀藩十万石に転封、徳川政権の確立を図りつつ、畿内重職の「上方八人衆」のトップを三十五年間勤めた尚政と、共に歩んだ弟・直清の子孫たちは徳川二六〇年をどう生きたのか、永井一族の歩みを明治維新まで追ってみたい。

一、直勝（古河・淀・宮津・新庄・櫛羅）を継いだ永井宗家

1 尚政の嫡男・尚征

母は、内藤清成の四女。慶長十九年（一六一四）〜延宝元年（一六七三）、六十歳で死去。

元和八年、秀忠と家光に御目見得した（九歳）。寛永六年より徳川秀忠に仕え、西の丸に伺候する。同八年、従五位下右近大夫に叙任され、右近大夫と称す。同十一年七月、家光の上洛に供奉し、万治元年（一六五八）二月二十八日、尚政が隠居した時襲封し、新墾田を合

永井尚征木像（興聖寺蔵、碧南市提供）

わせて十万六千九百石のうち、七万三千六百石余を領し、二万石を弟・伊賀守尚庸、七千石を右衛門直右、三千二百八十石余を外記尚春、三千石を庄五郎尚申に分知する。七月十三日はじめて領地に行く。

寛文三年（一六六三）三月、前に山城国狛《こま》村、神童寺村、三香原《みかのはら》村の論地を検地した家臣に時服と羽織を賜わる。同八年（一六六八）十二月九日、父・尚政の死去により、遺物の墨蹟一休自画讃を献上し、御台所（家綱室伏見宮顕子）へ、為明筆『二十一代集』を進す。同九年二月二十五日、丹後国宮津に転封になる。

延宝元年（一六七三）十一月十一日卒す。雲山宗関龍谷院と号す。三田の功運寺に葬られ、後代々葬地とする。妻は毛利甲斐守秀元の娘。秀元は、数寄大名である。

2　尚征の二男・尚長

尚征の長男・尚房（寛永十七年〔一六二八〕～寛文八年〔一六六八〕）が二十九歳で死去したため、弟（尚征二男）・尚長（承応三年〔一六五四〕～延宝八年〔一六八〇〕）が遺領を継いだ。寛文六年五月、はじめて将軍家綱に御目見得した（十三歳）。同八年十二月、従五位下土佐守に叙任される。

永井尚長木像（興聖寺蔵、碧南市提供）

延宝二年正月十日遺領を継ぎ、二月七日襲封の挨拶をするとき、家臣二人と家綱の御前に出る。この日父の遺物「長光」の刀、牧谿筆観音の画幅を献上し、御台所（伏見宮顕子）にも土佐筆の絵巻物を献上する。十五日詰衆に列す。三月二十八日、初めて領地に行く暇を賜る。同三年十二月、信濃守に改め、七年十一月、奏者番になる。これにより、幕閣への道が開かれた。

同八年五月八日家綱が死去し、増上寺において厳有院殿（家綱）の新葬法要の準備が行われた。尚長はその最中に、内藤和泉守忠勝に殺害された（二十七歳、「増上寺刃傷事件」）。天永尚長霄空院と号す。妻は青山因幡守宗俊の娘。

増上寺での刃傷事件とは、延宝八年（一六八〇）、家綱の葬儀の警備を命じられていた、鳥羽志摩藩藩主・内藤忠勝が、同じく警備に当たっていた永井尚長を切り殺したというものである。実は忠勝と尚長は、屋敷が隣近所で日頃から争いが絶えず、この日も尚長に嫌がらせを受けたことから、忠勝は逃げる尚長を追いかけ殺害したという。同じく警備に当たっていた遠山政亮が、忠勝の刀を叩き落とし、取り押さえた。忠勝は切腹、永井家も取潰しになった。増上寺で手を下した内藤和泉守忠勝は、永井尚政の妻が内藤家の出身で、その従姉弟・内藤忠重の嫡男という関係にあり、永井家にとっての身内である。

永井家は、現在の新宿区信濃町辺り一帯に屋敷があり、内藤家も家康から現在の新宿御苑を含む広大な内藤新宿の地を拝領して、隣り合っていた。永井尚長の妻の実家・青山家も、やはり現在の港区青山一帯に、家康から広大な屋敷地を与えられていた。家康が江戸に入封してきた天正十八年頃、譜代として徳川の天下取りに、数々の貢献をしてきた恩賞にと与えられたのである。その功績の上に、永井尚長、内藤忠勝達は存在したのであるが、一時の激情で領地は没収され、遺功を台無しにしてしまった。

3　尚征の三男・直種と四男・直円

直種は、尚政の弟・直清の二代目・直時を継いで、三代目高槻藩主になる。
直円は、寛文十一年（一六七一）～元文元年（一七三六）、六十六歳で死去。万之丞、大膳、靫負《ゆげい》、能登守、従五位下。母は某氏。

延宝八年八月七日、兄・尚長が不慮の出来事によって横死したため、その城地を没収されるところであったが、弟・直円がいたため、新たに大和国新庄にて一万石を賜り、以後菊間広縁に伺候する。同年九月二十八日、初めて将軍・綱吉に御目見得する（十歳）。元禄十四年（一七〇一）十二月十八日従五位下能登守に叙任。宝永七年（一七一〇）十一月三日致仕し、七月「青江」の刀を献ず。元文元年（一七三六）五月八日卒す。花顔誼円法雲院と号す。妻は松平筑後守忠継の娘。子孫は、大番頭か、大坂定番を勤めた。

4　永井直勝を家祖とする大和新庄・櫛羅藩代々

①直勝（下総国古河七万二千石）――②尚政（山城国淀十万石）――③尚征（淀→丹後国宮津七万三千六百石）――④尚長（宮津七万三千石余→横死によりいったん中絶）――⑤直円《なおみつ》（兄尚長を継ぎ、お家再興、大和国新庄一万石）――⑥直亮《なおすけ》――⑦直国――⑧直温《なおあつ》――⑨直方――⑩

直養《なおのぶ》――⑪直幹《なおもと》――⑫直壮――⑬直哉《なおちか》（大和国櫛羅〔新庄〕一万石）――⑭直厚《なおひろ》――⑮通景《みちかげ》――⑯尚《たかし》（大正十三年襲爵）。

5 尚政の二男・尚保

元和五年（一六一九）～延宝元年（一六七三）十月二十七日。五十五歳で死去。右衛門。大和守、従五位下。母は内藤清成の四女。

寛永七年、秀忠・家光に御目見得する（十二歳）。同八年、御小姓になり、稟米《りんまい》千俵を賜る。十二月、従五位下大和守に叙任される。病によって務めを辞す。この時稟米は返納される。延宝元年死す。法名浄慶。鮫橋の湖雲寺に葬られる。後この寺が麻布に移されたため、改葬される。

二、尚政の三男・尚庸を継いだ美濃加納藩藩主たち

1 尚庸

寛永八年（一六三一）～延宝五年（一六七七）、四十七歳で死去。寛永十八年、四代目将軍

家綱誕生により、小姓になる。慶安元年（一六四八）、中奥に伺候する。同四年、従五位下伊賀守に叙任される。万治元年（一六五八）、父が死去する。遺領河内のうち二万石を賜る。万治二年、近侍の勤めから、菊間の広縁での伺候に転ずる。寛文元年（一六六一）、鷹匠の支配を命ぜられる。寛文四年、林春斎に命じた『本朝通鑑』編集の奉行になる。寛文五年、奏者番に列す（二月十八日から十二月二十三日まで）。二月二十三日、若年寄になる。寛文十年、京都所司代に転じ、山城に一万石を加増され、合わせて三万石を領す。従四位下侍従に進む。編集した『本朝通鑑』が完成する。延宝四年（一六七六）、職を辞す。翌年死去する。

2 尚庸の子孫・美濃加納藩代々

①尚庸《なおつね》（京都所司代、三万石）——②直敬《なおひろ》（下野国烏山三万石↓赤穂↓飯山↓武蔵国岩槻三万三千石、奏者番）——③尚平《なおひら》（岩槻三万二千石）——④直陳《なおのぶ》（岩槻二千石↓美濃国加納三万二千石、奏者番）——尚倣《なおとし》（早世）——尚志《なおゆき》（早世）——⑤尚備《なおみつ》——⑥直旧《なおひさ》（小姓組）——⑦直弼《なおただ》（のち尚佐）——⑧尚典《なおのり》——⑨尚服《なおこと》（寺社奉行、華族に列す）。

三、尚政の弟・直清——摂津高槻藩藩主

1 直清の経歴

天正十九年（一五九一）〜寛文十一年（一六七一）。伝十郎、日向守、従五位下、永井右近大夫直勝と阿部伊予守正勝の娘との二男。八十一歳で死去。

七、八歳の時より度々家康、秀忠に御目見得して、秀忠から、「尻掛則長」の刀を賜る。慶長九年（一六〇四）（十四歳）より秀忠に仕え、小姓を勤め、のち書院番となる。慶長十九年、大坂冬の陣のとき、水野監物忠元に属して供奉する。元和元年（一六一五）（二十五歳）の大坂夏の陣に出陣し、鎧武者二人と鎗を合わせ、首二級を得て実検に供える。十一月上総国埴生《はにゅう》長柄《ながら》、下総国葛飾《かつしか》三郡のうち、菜地五百三十石を賜る。元和五年（二十九歳）、福

永井直清像（部分、悲田院蔵、高槻市しろあと歴史館 提供）

島正則が所領を没収されるとき、父・直勝は上使として安芸国広島に赴くが、その時同行する。

寛永三年（一六二六）正月（三十六歳）、父の遺領上総国市原長柄、下総国千葉三郡のうち、三千五百石の地を分封される。のち家光より、「文字吉宗」の刀および平安城吉宗作の皆朱柄の鎗を拝賜し、また乗輿《じょうよ》を許されて、腰黒の乗物を賜る。寛永九年（四十二歳）、書院番頭に列し、十一月、従五位下日向守に叙任され、上総国長南領に三千石を加増され、古知および新墾田を合わせて八千石を領す。

寛永十年三月二十五日（四十三歳）、一万二千石を加増され、前の采地を改め、山城国紀伊乙訓、摂津国芥川太田四郡のうち、二万石を賜り、山城国長岡の勝竜寺城主になる。後、水害のため、居所を神足《こうたり》に移す。寛永十一年七月（四十四歳）、家光上洛のとき宿割を勤める。この時、上方八人衆の統轄者になる。第二章掲載の「武家厳制録」に直清の役割が文章化されている。寛永十二年（四十五歳）、家光親筆の富士を詠じた色紙を賜る。寛永十三年十一月（四十六歳）、命により、江戸城天守の普請奉行になる。寛永十九年七月（五十二歳）封地へ赴き、兄・尚政と共に京都大坂の諸奉行等とはかり、窮民賑救の事を勤めるように命ぜられ、寛永飢饉対策奉行になる。この年、はじめて家綱に御目見得し、「吉貞」の短刀を賜る。寛永二十年（五十三歳）朝鮮通信使来国により、七月、供応するため予め日光山に赴く。正保三年（一六四六）十月（五十六歳）、板倉重宗在府のため、禁裏及び、洛中洛外の諸事を統轄し、また高野山に赴き、密かに衆徒の挙動を窺って上聞に達す。正保四年十二月（五十七歳）、大坂の城代・阿部正次（叔父）が死去したため、家臣の作法等の指揮を任される。

慶安元年（一六四八）二月（五十八歳）、板倉重宗が日光社参で留守のため、大坂に赴き、城代の代わりとして、勤番守衛等の事を計らうよう命ぜられる。三月、また命があり、俄《にわか》に大坂城に向かう。九月十日まで大坂城代を勤める。慶安二年七月（五十九歳）、一万六千石を加増され、摂津国芥川太田・今島上島下両郡、川辺・能勢・島下・住吉六郡のうち三万六千石を領し、摂津高槻城主となる。慶安四年（六十一歳）、家光死去により、その霊柩に陪従して日光山に赴く。

承応二年六月二十三日（六十三歳）禁裏炎上により、兄尚政と共に速やかに上京したため、勅使をもって叡感を蒙る。この時所司代板倉重宗は在府していた。尚政や五味豊直と図り鎮火に努めた。閏六月十八日、兄と奉書を頂き、禁裏造営奉行を命ぜらる。

明暦元年七月十二日（六十六歳）、上使土屋数直（妻は、尚政・直清の妹）より、帷子《かたびら》等を賜る。十一月、造営がなり、天皇が移った。直清らは長橋局に召され、勅作の薫物一器、「備前景秀」

の太刀一振を恩賜される。

万治三年（一六六〇）十月（七十歳）、大坂城普請を勤めたことにより家臣等に物を賜わる。

寛文二年（一六六二）二月十五日（七十二歳）、摂津国川辺能勢二郡の領地を改め、丹波国桑田郡に移される。寛文四年十月（七十四歳）、所司代牧野親成在府のため、直清の参府が延期される。家綱より、時々女院（東福門院徳川和子）御所へ伺候して、御気色を伺い、もし不慮の事あれば、速やかに上京し対策に当たるよう、奉書をもって命じられる。寛文十一年正月九日、高槻にて卒す。歳八十一。月峰空閑宗明院と号す。京都泉涌寺の悲田院に葬られる。妻は、高木筑後守正次の娘。

2 直清の人物像

直清の経歴を見ると、父・直勝の功績を受け継ぎ、兄・尚政の政権中枢の役割を助け、永井家の特徴である武功と文治の実力を併せ持って、徳川政権確立に尽くした生涯だったことが分かる。そして、領国においても藩政に力を注ぎ、幕府にとって要衝の地を、強固に固めた。幕府の朝廷対策も、所司代不在の留守を守り、幕府の意向に添って、強権でなく、文化的な交流を図って成功させている。歴史的な「上方八人衆」体制は、三十五年間守られ、

「永井体制」と称されるが、まさに尚政・直清兄弟の献身の賜物といえるのではなかろうか。

3 直清の子孫

①直清（勝竜寺・神足二万石→摂津国高槻三万六千石）――直吉（病身）――②直時――③直種――④直達《なおたつ》――⑤直英‖⑥直期《なおざね》――⑦直行――⑧直珍《なおよし》――⑨直進《なおのぶ》――⑩直与《なおとも》――⑪直輝――⑫直矢《なおつら》――直諒《なおまさ》（華族に列す）。

4 直清の長男・直吉と嫡孫・直時

直清の長男・直吉（元和三年〔一六一七〕～寛文九年〔一六六九〕）は、寛永十二年初めて家光に御目見得する。後に病により、嫡を廃される。寛文九年職を廃され、同年五十三歳で死去した。

孫・直時は、寛永十五年（一六三八）～延宝八年（一六八〇）七月十八日。兵部、伝吉、市正、従五位下、母は正綱の娘。直清の嫡孫承祖となり、正保三年（一六四六）十二月五日、初めて家光に御目見得する（九歳）。万治二年（一六五九）十二月、従五位下に叙任され、市正と称す。寛文十一年（一六七一）三月十日、祖父の遺領を継ぎ、二十二日、祖父の遺物「備前兼光」の刀、舜挙筆花鳥の一軸を献上し、御台所（家綱室伏見宮顕子）に冷泉為重筆の『古今和歌集』を進上する。十月初めて領地に行く。延宝七年（一六七九）八月、摂津国の検地を勤めた家臣等に時服および白銀を賜る。翌八年死去する。四十三歳。心渓宗安本光院と号し、品川東海寺の清光院に葬られた。妻は、永井右近大夫尚征の娘、継室は宗対馬守義真の娘。

四、終わりに――永井一族のその後

永井尚政の弟・直清と子孫達について、三代まで記した。永井家の直勝・尚政・直清が、築いた知行は、三家の大名家に分かれた。系図からは、永井家が子息と娘を互いに婚姻させ、永井家を守ってきたことが読み取れる。将軍側近、譜代大名や旗本の子女との婚姻も結んで、懸命に家格の上昇を図っている。

永井宗家は、淀藩から宮津に移り、知行七万三千石を保っていた。また、京都（二条城南）・江戸（現在の新宿区信濃町辺り）に広大な屋敷地も拝領していた。しかし、三代目尚長が、永井家の特徴を発揮する家綱の法要の場で、知行没収の危機を迎えた。永井宗家は、弟の直円（尚征の四男）がいたため、大和新庄に一万石の地を得た。

尚政の三男・尚庸は、将軍の側近から、林春斎が編集する『本朝通鑑』に関わったことが大きい。その後、奏者番から若年寄、京都所司代まで、典型的なエリートコースを昇って、三万石に加増されて、永井家の人物が初めて従四位下侍従にまで進む。永井家の面目躍如である。妻も、当時最も実力があった春日局の縁者稲葉家の娘、継室は若年寄で、『寛永諸家系図伝』を編集した太田資宗の娘であった。しかし、過労のためか、四十七歳で死去した。

尚庸の子孫は、下野烏山、忠臣蔵で有名な浅野家の跡の播磨赤穂、信濃飯山、美濃加納と転封され、三万二千石に知行を増やして明治維新に至る。

尚政の弟・直清の子孫も、前述したように、摂津高槻藩三万六千石を保ちつつ明治維新を迎えた。

永井家は、戦が無くなった時代に、家を繁栄させつつ、知行を守り、増やすために、多大な努力を積み重ねていった。直勝・尚政・直清の活躍は、二百六十年後まで永井一族を支え続けたのである。

永井氏三家略系図

1 淀・宮津・新庄・櫛羅

長田喜八郎広正 ― 重元 ― 直勝1（一六二五歿） ― 尚政2（一六六八歿） ― 尚征3（一六七三歿）

- 尚征3 ― 尚長4（一六八〇歿）
- 尚征3 ― 直円5（一七三六歿）
  - 直円5 ― 直達（直種を継ぐ）
  - 直円5 ― 直亮6（一七三七歿） ― 直国7（一七六五歿） ― 直温8（一七九五歿） ― 直方9（一八二五歿） ― 直養10（一八五四歿） ― 直幹11（直弼七男）（一八八二歿） ― 直壮12（永井直次二男）（一八六五歿） ― 直哉13（井上正滝五男）（一九一二歿） ― 直厚14（一九二四歿） ― 通景15 ― 尚

2 長岡・高槻

直清1（永井直勝二男）（一六七一歿） ― 直吉（病のため廃嫡） ― 直時2（一六八〇歿） ― 直種3（尚征四男）（一六九五歿） ― 直達4（直円長男）（一七〇六歿）

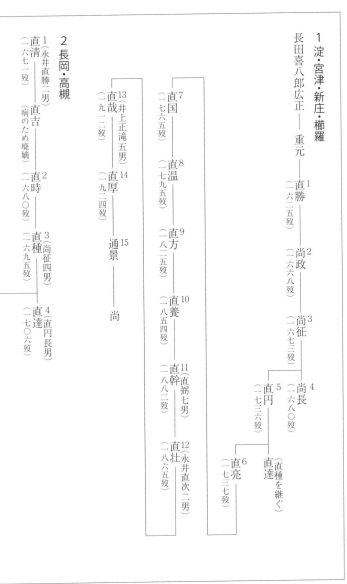

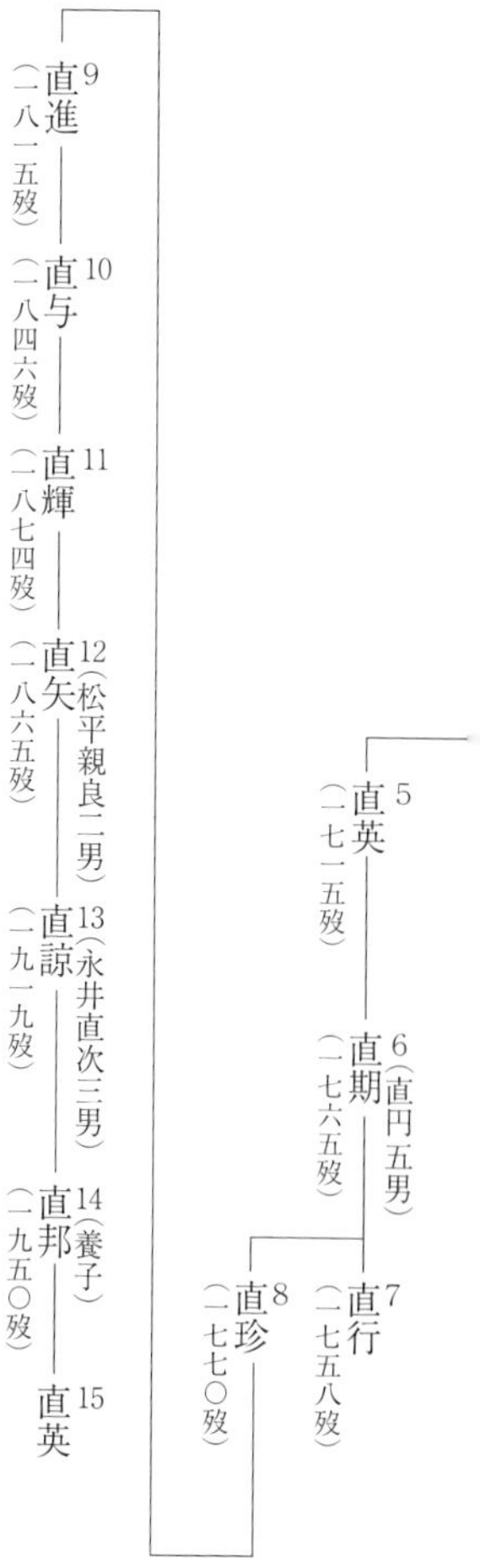

3 烏山・赤穂・飯山・岩槻・加納

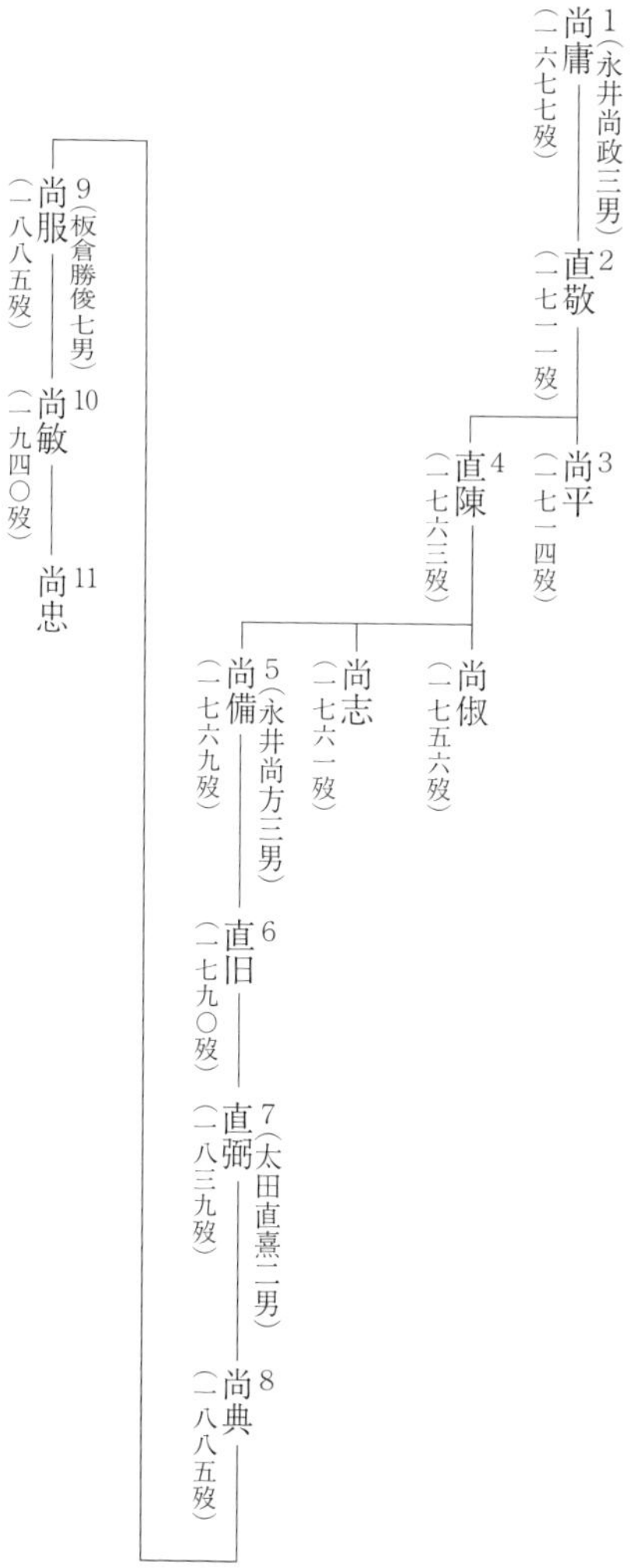

付録

編集部

永井尚政茶会記（『松屋会記』より）

『松屋会記』は、奈良の塗師土門家（屋号松屋）の久政・久好・久重三代が記録した他会記。寛永十一年二月二十一日昼、永井尚政は、淀城に中坊飛騨守と久重の二人を招いて供応した。このときの記録が『松屋会記』に収録されており、これが唯一現在に伝わる尚政の会席・茶会の記録である。なお、中坊飛騨守とは、興福寺衆徒で初代奈良奉行の中坊秀政。奈良奉行は老中に直属するので、尚政との繋がりも深かったと考えられる。

二月廿一日昼
一永井信濃守様、淀御城ニテ、　中坊飛騨守様　御相伴ニテ久重二人

本膳 木具足打

鱠 タイ クラケ クリ シヤウカ　　汁 鳥 マツタケ ソホロ

飯

二

ニヒタシ　フナ　汁ウシヲニタイ（マヽ）　引物（イカ）ヒラサラ入ニ、ウケイリワラヒ　カハヤキウナキ串二ツニワリテ、

アヘテ　ツク〳〵シ

サケノスシ　ヒラ茶（菓）入ニイリ鳥ク、タチ（茎立）　カウノモノ

菓子サメカイ餅一種

御茶立申候、

永井家伝来呂宋《るそん》茶壺（『北摂岸上家並某家蔵品大入札会展観』より）

昭和十一年二月十日に行われた北摂岸上家と某家の蔵品売立に出品された呂宋四耳茶壺。銘は「沢水」で、大徳寺住持の江月宗玩（一五七四～一六四三）が淀の沢水を詠んだ詩の横物「沢水壺記」が添う。永井肥前守家（尚政子孫・美濃加納藩主）伝来。『寛政重修諸家譜』に、永井尚政が将軍家光から呂宋茶壺を拝領したことが載るが、あるいはこの品が尚政拝領の茶壺なのかもしれない。

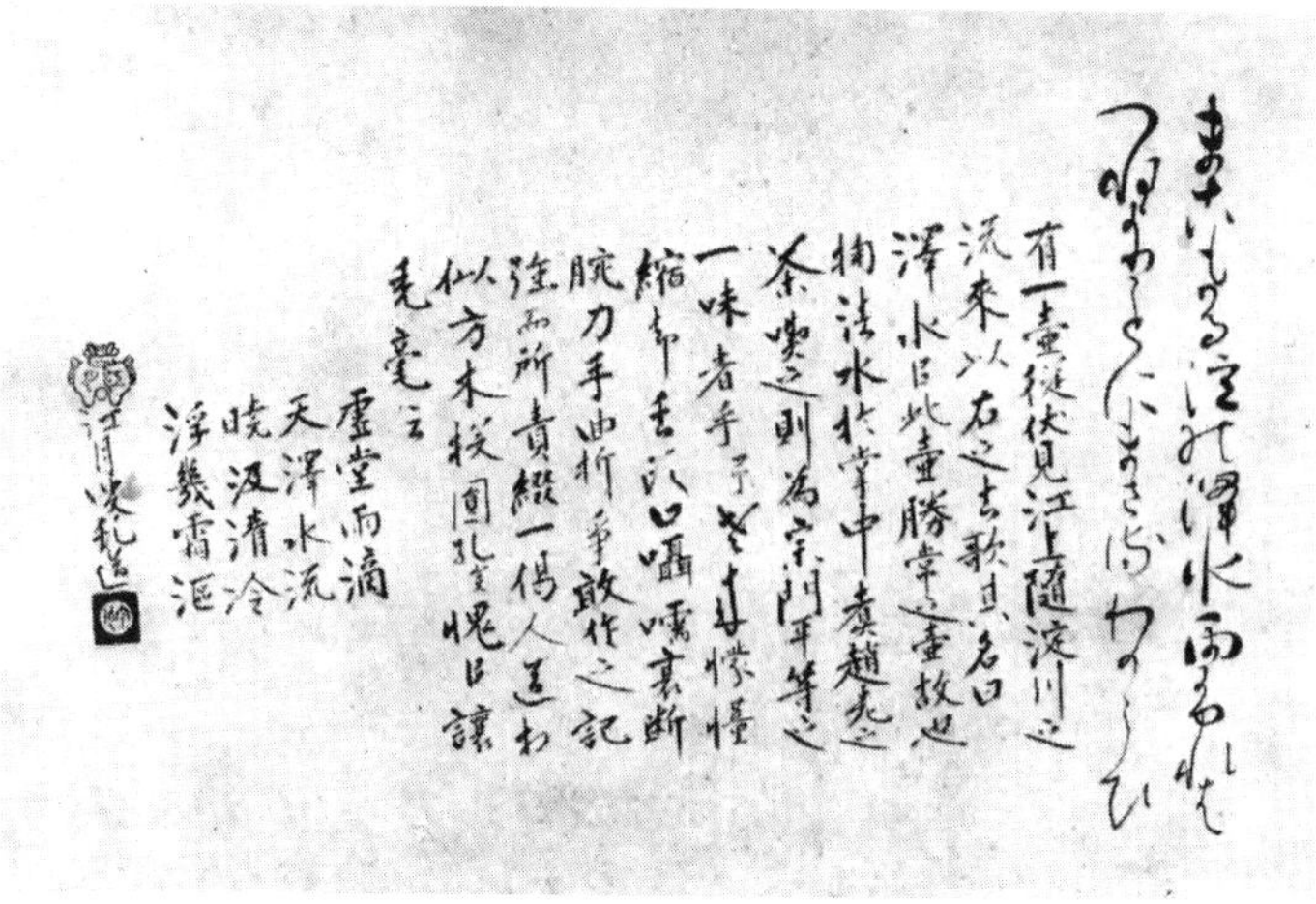

沢水壺記

まこもかる　淀の沢水　雨ふれは
つねよりことに　まさるわかうひ

有㆓一壺㆒従㆓伏見江上㆒随㆓淀川之
流㆒来以㆓右之古歌㆒其名曰㆓
沢水㆒以㆑此壺勝㆓常之壺㆒故也
掬㆔法水於㆓掌中㆒煮㆓趙老之
茶㆒喫㆑之則為㆓宗門平等之
一味㆒者乎予老来懞懂
縮却舌頭口囁嚅衰断㆓
腕力㆒手曲折争敢作㆓之記㆒
強而所㆑責綴㆓一偈㆒人送㆓於
似方木投円孔㆒矣愧以譲㆓
禿毫㆒云

虚堂雨滴
天沢水流
暁汲㆓清冷
浮幾霜漚

(印)江月叟乱道(印)

永井尚政と名物記

名物記には、次の通り、永井尚政所持の名物道具が掲載されている。

①唐物肩衝茶入 銘「小肩衝」

△ 永井信濃　小肩つき（『松屋名物集』）

一 小肩衝　永井信濃殿（『遠州御蔵元帳』）

②唐物文琳茶入

唐物小壺

一 ふん琳　永井信濃殿

（『玩貨名物記』）

③野溝釜・与吉釜

御釜

一 野溝　金三十枚　永井信濃守上

一 与吉　同　同上

（『柳営御道具帳』）

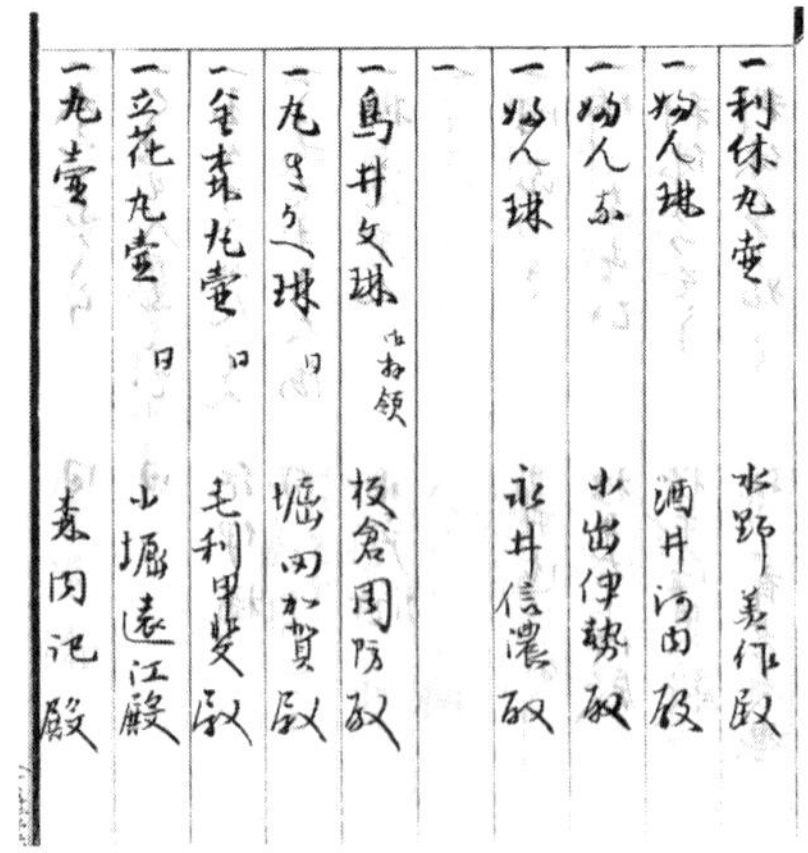

一利休丸壺　水野美作殿

一ふん琳　酒井河内殿

一ふん琳　永井信濃殿

一

一島井文琳　板倉周防殿

一丸壺　森内記殿

『玩貨名物記』写本（「唐物小壺」の部分、国立国会図書館デジタルコレクション）

尚政は晩年になって、四代将軍家綱の代までに諸家から幕府へ献上された茶道

野溝釜（猿猴捉月図、サントリー美術館蔵）

具の目録を、自らが中心となって編纂した。『家綱公茶道御道具』は徳川家が所蔵する茶道具の目録で、その後半を構成する「名物諸道具」の巻末には、「右長《(永)》井信斎老其外各吟味之通写者也」と書かれている。

　のちに編纂された『玩貨名物記』は、小堀遠州との関わりがあったともいわれるが、原本に遠州の名物記を追加して再編集したことが、序文で述べられている。内容がほぼ一致することから、原本はこの「名物諸道具」であったと思われる。したがって、版本として刊行され普及した『玩貨名物記』は、尚政の編纂が元になっているのである。

朝日焼茶碗（個人蔵）

信斎（尚政）所持 絵志野「年男」写
暦手茶碗 樂 了入 作（個人蔵）

永井尚政と焼物

樂家九代了入は、永井尚政が所持していた絵志野茶碗の写しを制作している。当時の茶碗の所持者（京の町衆か）が、樂家に制作を依頼したものと想像される（なお、その子十代旦入も、了入作をさらに写したものを制作している）。

また、宇治の朝日山では、朝日焼という国焼が焼かれていた。小堀遠州が「朝日」印を与えて作陶させたことに始まると伝わるが、諸説あって定かでない。文献上の初見は、『隔蓂記《かくめいき》』寛文六年（一六六六）の、鹿苑寺住持鳳林承章《ほうりんじょうしょう》が朝日山に茶入を発注したという記事である。この朝日焼と尚政の関係を示す文献は遺っていない。しかし、朝日山は興聖寺と隣り合っており、茶の湯に通じた尚政が、何ら関与しなかったとは思いがたい。ちなみに、鳳林和尚は公家勧修寺晴豊の子で、後水尾院や東福門院と親しく、公家や文化人のネットワークの一端を担っていた。

佐川田昌俊関連資料

次頁に掲げたのは、小堀遠州による、尚政の家老・佐川田昌俊への返報である。昌俊は寛永十五年（一六三八）に隠居し、酬恩庵の傍らに庵を構えた。このことから、本書状は、寛永十五年から昌俊が没した同二十年までに書かれたものであることがわかる。

皆様お変わりなく大慶であるとし、自分も「草臥《くたびれ》」てはいるが元気であること、当府（江戸）の生活はなじみ難く、食事もままならず、作事も不自由であること、上洛して転合庵《てんごうあん》に手を入れたいこと、また沢庵和尚が寺の作事も出来上がり、松花堂を呼びたいとの意向だとお伝えくださいと願い、自分もその門前にでも草庵を構えたいと思っていることなど、日常身辺のことを記し送っている。転合庵は遠州が京都伏見に建てた茶席で、寛永十四年（一六三七）頃に造られたという。

また、昌俊は「落穂手」の本歌銘「落穂」を所持していた。昌俊の茶人としての一面が偲ばれる。

瀬戸落穂手茶入 銘「田面《たづら》」
（『大正名器鑑』より）

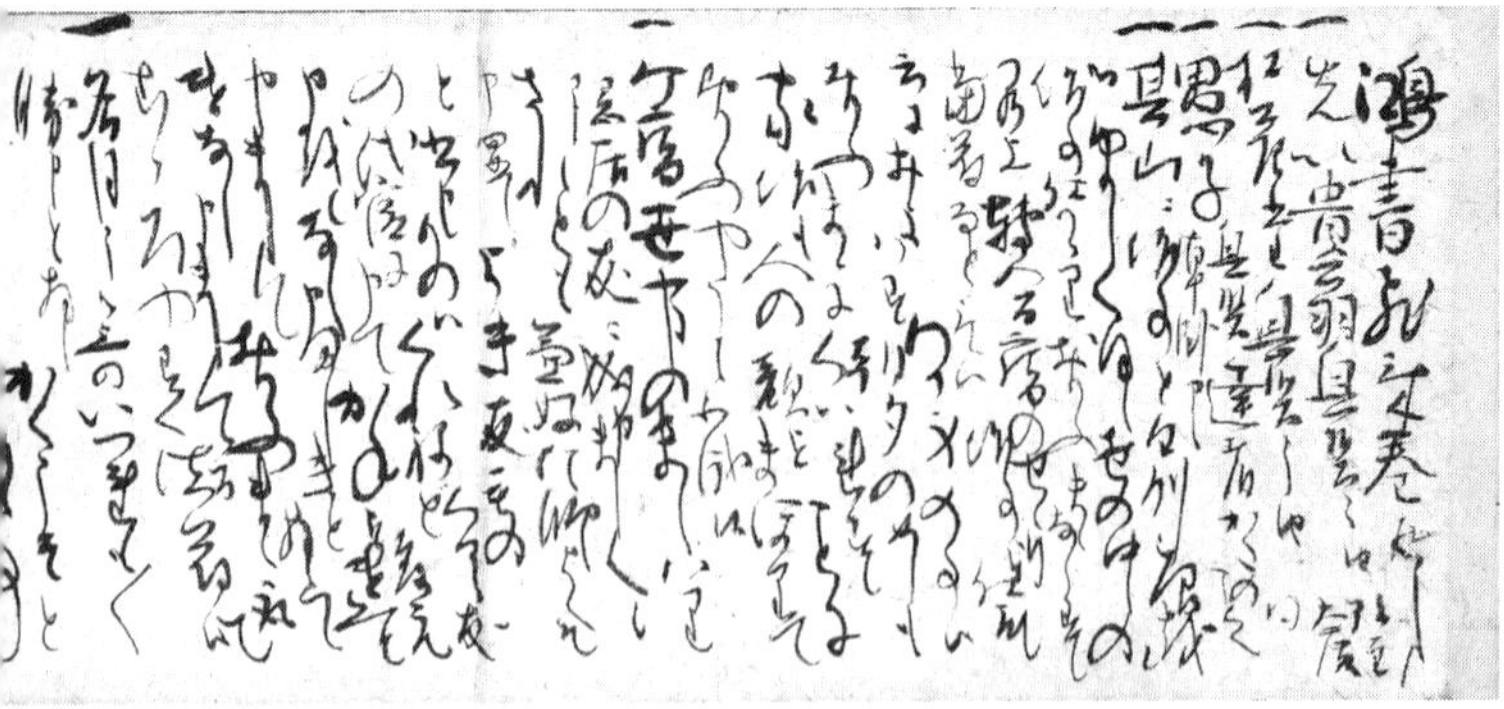

小堀遠州　書状　佐川田昌俊宛

鴻書飛来巻返し申候、
一先以貴翁、息災之由、珍重大慶候、
一松花堂、息災之由、同、
一愚子、息災達者、かたのことく草臥申候、
一其山ニ作事と、日州被仰越候、御ゆかしく存候、世の中の作事仕かゝり、おもふまゝならす候、罷上転合庵のせゝり、作事を仕度候、当府なとニてハ、わか身の事ハ云におよハす、朝夕のめしも、おもふまゝにくハれす候、ことに家作も人の顔をまほりて、おもふやうに不成候、
一个（淀屋）庵、世事のましハり、隠居の友ニ成申ましく候、されとも兼好法師よくそ申置候、よき友ものくるゝ友と書申候、ものハくれねと、爰元の代官に申て、かねを遣候へと申越候、なし、申ましきと存候ハゝ、やましく候、おもふまゝ取て遣なし申ましく候間、在府ハ

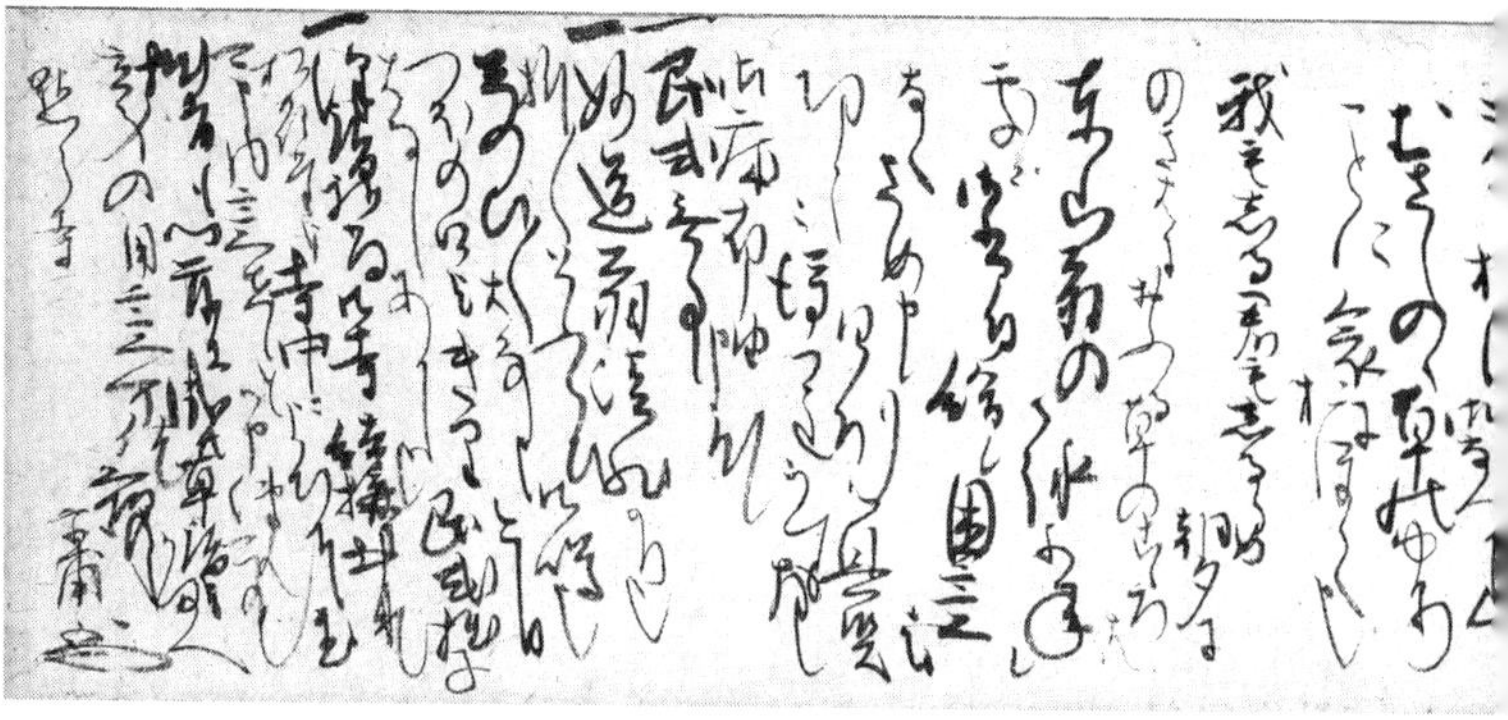

小堀遠州 書状 佐川田昌俊宛（擁翠亭保存会蔵）

こゝろやすく候、
一名月之御歌いつれも〳〵勝申と存候、かくこそと月を御なかめ候事、身におほえて、御なつかしく候、むさしの、草のゆかり、ことに哀におほえ申候、我もしる君もしるらめ朝夕にのきはにおふる草のこゝろは
東山翁（木下長嘯子）の御詠に承候処ニ、御書付給候、困意もなくさめ申候、日州御息災切々ニ得御意たくも存候、御床布由申度候、
一民式無事、
一妙道翁請状かり申候、折〳〵とふらひ御噂申候、しのひ〳〵はなし申候、今日つほの口をきり、民式・拙子はなしあかし申候、
一沢庵和尚御寺結構出来候、松花堂を寺中ニ、よひ下し置可申内意在之と御申伝候て可給候、拙者も門前に成共、草庵をかまへ立身の用意可仕候、恐惶謹言

宗甫（花押）

黙ゝ寺

永井尚政略年譜

（編集部作成）

和暦	西暦	年齢	事項
天正15年	1587	1	父・永井直勝、母・阿部正勝の嫡男として生まれる。
慶長5年	1600	14	父と共に関ヶ原の戦いに供奉する。
慶長7年	1602	16	秀忠の近習になる。
慶長9年	1604	18	常陸国貝原塚において一千石を賜る。
慶長10年	1605	19	四月二十六日、上洛に供奉、従五位下信濃守に叙任。
慶長19年	1614	28	大坂冬の陣で斥候を務める。
慶長20年／元和元年	1615	29	大坂夏の陣に従い、首一級を獲る。のち小姓番頭になる。
元和2年	1616	30	武蔵国・近江国において四千石を加増される。
元和5年	1619	33	上総国潤井戸において一万石を加増され、上洛に従う。
元和8年	1622	36	秀忠の年寄（後の老中）になる。
元和9年	1623	37	九月、井上正規らとともに書院番頭に任じられる。書院・小姓・小十人組頭を兼ねる。この年、遠江国で五千石加増、旧地と新墾田合わせて二万四千百石余になる。
元和10年／寛永元年	1624	38	十一月より西ノ丸に伺候する。
寛永2年	1625	39	十二月、父の下総国古河城主直勝が死去し、尚政が家督および遺領を継ぐ。長弟直清に三千五百石、次弟直貞に三千三百石、三弟直重に三千二百石を分知したが、それまでの知行と合わせて八万九千石を領す。

寛永3年	1626	40	七月、後水尾天皇の二条城行幸に先立って開かれた諸礼についての協議に参加する。この年、父の遺領六万二千石、下総の地と、鴻巣御殿、先の領地と合わせて八万九千百石余を領し、朱印を下される。父の遺領、上洛に供奉する。父の遺領のうち、三千五百石を直清、三千三百石を直定、三千三百石を直重に分ける。
寛永6年	1629	43	六月、前将軍秀忠の江戸城西ノ丸山里の庭園の改築を小堀遠州とともに奉行する。この年、家光の日光社参の往復路に宿と膳を献ずる。西ノ丸、的場曲輪、山里口石垣等の普請を助ける。
寛永7年	1830	44	七月、将軍家光、尚政の江戸屋敷に御成。八月、嫡子尚征と長門国長府藩主毛利秀元の娘・長菊子との婚礼が幕府に許可される。
寛永8年	1631	45	一月、古河城の修復を始めるにあたり、普請開始の吉日の選定を金地院崇伝に依頼する。この年、深川の別荘に御成、秀忠筆の絵を賜る。翌日御三家も招請する。家光から、目薬箱を賜る。
寛永9年	1632	46	一月、前将軍秀忠死去。嫡子尚征とともに剃髪して喪に服す。秀忠死去により、廟の普請を奉行する。二月、江戸増上寺の台徳院廟の造営にあたり、土井利勝、北条氏重とともに工事を管掌する。四月、日光社参があり、往復路に膳を献ずる。紅葉山に秀忠の御霊屋を建てる時奉行する。徳川忠長の領地没収の時、松平正綱と駿河遠江に赴き、諸事を沙汰する。このとき、忠長家臣・山田重棟、長田重政を預かる。十月、完成した台徳院廟への将軍家光の参詣に際し、尚政ら普請の奉行が褒賞を受ける。
寛永10年	1633	47	三月二十五日、老中職をゆるされ、山城淀十万石に転封。弟直清も同国長岡などで二万石を与えられる。二十六日、はじめて淀に行く暇を賜る。
寛永11年	1634	48	家光上洛の時、淀城にて茶を献ずる。上方八人衆の一人になる。家光の上洛中、江戸城西ノ丸火災の時、使いとなり、行程三日で江戸に行き、江戸から三日で戻り、水口御殿で報告する。
寛永12年	1635	49	二ノ丸庭園の紅葉を遊覧したとき、沢庵が狂歌を献じ、それを尚政が賜る。

寛永13年	1636	50	二ノ丸にて、尚政が徳川義直・頼宣に茶を献じた。四月、将軍家光、品川に遊び尚政の茶会に臨席する。この時、呉服を賜る。九月、将軍家光、舟遊びで尚政の深川屋敷に御成。十二月、先に預かった山田重棟、長田重政の罪が許された。
寛永14年	1637	51	江戸城本丸の普請を助ける。島原の乱の時、命をこうむり、京都の守護として同地に赴き、京大坂の奉行等と諸事を談ずる。
寛永15年	1638	52	品川林中で数寄屋を構え、茶を献ずる。この時、尚政の馬上の鞭打ちを御覧になり、料の馬と鞍飼具を賜る。八月、将軍家光、品川で尚政の茶会に臨席する。十一月、将軍家光、大和国柳生藩主柳生宗矩の江戸屋敷に御成。尚政は酒井忠勝、堀田正盛とともに陪席する。十二月、将軍家光、下総国古河城主土井利勝の屋敷に御成。尚政は立花宗茂、堀田正盛とともに陪席する。
寛永16年	1639	53	一月、将軍家光、江戸城二の丸で尚政が開いた茶会に臨席。猿楽の催しも行われる。
寛永17年	1640	54	西ノ丸数寄屋の普請を奉行する。山里の数寄屋で茶を献ずる。
寛永18年	1641	55	二月、山里の数寄屋で点茶を献ずる。家蔵の文琳茶入を載すべしと、宇治の盆を賜る。家光から御茶を賜り、無準の墨蹟を下賜される。
寛永19年	1642	56	四月、日光社参に供奉する。五月、松平正綱らとともに畿内を巡視し、前年からの飢饉による窮民の救済にあたる。七月、淀に帰る時、京大坂の諸奉行にはかり、窮民を賑救する。
寛永21／正保元年	1644	58	一月、増上寺にて秀忠の法要を奉行する。六月、琉球の使節の日光参拝に際し、諸事を沙汰する。十一月、従四位下に昇る。
正保2年	1645	59	領地にあるとき、上使牧野親成が御鷹の鶴を届ける。
正保3年	1646	60	四月、東照宮奉幣使が日光山に至るとき、同地に赴く。河内国中、淀城中の絵図を献上する。
正保4年	1647	61	増上寺の御霊屋を修復し、翌年の秀忠十七回忌の法要を奉行する。二月六日、小堀遠州死去。

正保５／慶安元年	1648	62	一月、法会のとき、土井利隆・松平信綱とともに諸事を奉行する。冬、三男尚庸、淀に御鷹の鶴を届ける。
慶安４／承応元年	1651	65	四月、家臣の兵法を家綱が上覧し、各時服を賜る。
承応２年	1652	66	家綱が将軍になって初めて、淀に行く暇を賜る。六月、禁裏炎上する。尚政・直清はすみやかに上京、板倉重宗が在府中のため、直清・五味豊直達とはかり、諸事を沙汰する。閏六月、直清とともに、禁裏造営奉行を命ぜられる。
承応３年	1653	67	上使久世広之が奉書をもって、尚政に禁裏造営奉行を命ずる。
承応５／明暦元年	1655	69	七月、上使土屋数直が時服を届ける。十一月、禁裏造営が成り、天皇が移る。
明暦４／万治元年	1658	72	一月、増上寺において、秀忠の法要の奉行を務める。二月致仕し、信斎と号する。致仕の後も、事有るときは、京大坂の諸奉行等と会して相議すべきと命じられる。嫡子尚征が家督を相続する。三子尚庸に二万石、四子直右に七千石、五子直春に三千二百八十石、六子尚申に三千石が与えられる。
寛文８年	1668	82	九月、病にかかる。四男・直右、仙洞、女院が見舞いに下される。十一日、淀城にて死去し、興聖寺に葬られる。
寛文９年	1669		二月、尚征、丹後国宮津に移封。

＊出典『寛政重修諸家譜』、『徳川実紀』、『大日本史料』、小堀宗慶編『小堀遠州茶会記集成』他。

主要参考文献・史料

朝尾直弘「畿内における幕藩制支配」（同『朝尾直弘著作集』第一巻、岩波書店、二〇〇三。初出は同『近世封建社会の基礎構造』御茶ノ水書房、一九八七）
和泉清司編著『江戸幕府代官頭文書集成』（文献出版、一九九九）
岩生成一監修『京都御役所向大概覚書』上巻（清文堂出版、一九七三）
大宮守友『近世の畿内と奈良奉行』（清文堂出版、二〇〇九）
尾崎洋之「宇治興聖寺の庭園空間と管理指図に関する研究――『興聖寺作木并掃除覚帳』の分析から――」（二〇一七年三月、京都造形芸術大学大学院芸術研究科芸術環境専攻修士号取得）
川畑 薫「松花堂昭乗と小堀遠州」（野村美術館編『研究紀要』第二六号、野村文華財団、二〇一七）
鎌田道隆『近世都市・京都』（角川書店、一九七六）
久保貴子『後水尾天皇―千年の坂も踏みわけて』（ミネルヴァ書房、二〇〇八）
熊倉功夫『後水尾院』（朝日新聞社、一九八二）
熊倉功夫『寛永文化の研究』（吉川弘文館、一九八八）
桑田忠親『古田織部の茶道』（講談社、一九九〇）
小高敏郎『近世初期文壇の研究』（明治書院、一九六四）
小堀宗慶編『小堀遠州茶会記集成』（主婦の友社、一九九六）
小堀宗慶『小堀遠州の書状』（東京堂出版、二〇〇二）

小堀宗慶『続 小堀遠州の書状』（東京堂出版、二〇〇六）
小森俊寛「石清水八幡宮境内範囲確認調査 現地説明会資料」（『八幡市埋蔵文化財発掘調査報告書 第五六集 石清水八幡宮境内調査報告書』八幡市教育委員会、二〇一〇）
佐治家文書研究会『佐治重賢氏所蔵 小堀政一関係文書』（思文閣出版、一九九六）
佐藤豊三「将軍の御成について」六（『金鯱叢書』第四輯、徳川黎明会、一九七七）
佐藤豊三「徳川義直と寛永文人」（『金鯱叢書』第二七輯、徳川黎明会、二〇〇一）
鈴木成元『永井直勝』（一行院出版、一九六四）
曽我部陽子・清瀬ふさ『宗旦の手紙』（河原書店、一九九八）
高木昭作「幕藩初期の国奉行制について」（『日本近世国家史の研究』岩波書店、一九九〇。初出は『歴史学研究』四三一号、歴史学研究会、一九七六）
高橋義雄編『大正名器鑑』（寶雲舎、一九三七）
中村利則「武家の茶室」（中村利則編『茶道学大系六 茶室・露地』淡交社、二〇〇〇）
中村昌生『茶室の研究』（河原書店、二〇〇〇）
中村昌生「遠州の茶室」（『別冊太陽 日本のこころ 一六〇』平凡社、二〇〇九）
人見彰彦『備中国奉行 小堀遠州』（山陽新聞社、一九八六）
深谷信子『小堀遠州の茶会』（柏書房、二〇〇九）
深谷信子「酒井忠勝と将軍家光・家綱そして小堀遠州」（『酒井忠勝と小浜藩矢来屋敷』新宿歴史博物館、二〇一〇）

深谷信子「小堀遠州の茶会と「雪舟」」(『茶書研究』第二号、茶書研究会、二〇一三)
深谷信子『小堀遠州 綺麗さびの茶会』(大修館書店、二〇一三)
深谷信子「新たなる遠州像と酒井讃岐守忠勝」(『小堀遠州と川越藩主』川越市立博物館、二〇一五)
深谷信子「小堀遠州の職務と茶の淵源――揺籃期」(野村美術館編『研究紀要』第二六号、野村文華財団、二〇一七)
福田千鶴『徳川秀忠――江が支えた二代目将軍』(新人物往来社、二〇一一)
藤井讓治『江戸幕府老中制形成過程の研究』(校倉書房、一九九〇)
藤井讓治『江戸開幕』(集英社、一九九二)
藤井讓治編『近世前期政治的主要人物の居所と行動』(京都大学人文科学研究所、一九九四)
以下の論文は本書に収録されている。藤井讓治「永井尚政の居所と行動」、藤井讓治「永井直清の居所と行動」、塚本 明「徳川秀忠の居所と行動」、藤井讓治「徳川家光の居所と行動」、藤田恒春「小堀政一の居所と行動」、塚本 明「板倉重宗の居所と行動」。
藤井讓治『徳川家光』(吉川弘文館、一九九七)
藤井讓治『近世史小論文――古文書と共に』(思文閣出版、二〇一二)
藤田 覚「寛永飢饉と幕政」一・二(『歴史』五九輯・六〇輯、東北史学会、一九八二)
藤田達生「史料にみる伊賀越え」(『城郭と由緒の戦争論』校倉書房、二〇一七)
藤田恒春『小堀遠江守正一発給文書の研究』(東京堂出版、二〇一二)
豆田誠路編『碧南が生んだ戦国武将 永井直勝とその一族』(碧南市教育委員会、二〇一二)

豆田誠路「永井直勝の事蹟形成と林羅山」（『碧南市藤井達吉現代美術館年報紀要』二、碧南市藤井達吉現代美術館、二〇一三）
森　蘊『小堀遠州』（吉川弘文館、一九九七）
矢内一磨「一休派の結衆と史的展開の研究」（思文閣出版、二〇一〇）
矢部誠一郎「徳川秀忠と数寄屋御成の成立」（『茶湯』三号、木芽文庫、一九七〇）
山本博文『江戸城の宮廷政治』（講談社、一九九八）
横井金男『古今伝授の史的研究』（臨川書店、一九八〇）
横田冬彦『天下泰平』（講談社、二〇〇二）
和田千春「茶会と雪舟」（『美術史』第百七十三冊、美術史學会、二〇〇三）
渡辺憲司『近世大名文芸圏研究』（八木書店、一九九七）
以下の同氏論文は本書に収録されている。「佐河田昌俊の前半生について」、「佐川田昌俊と永井家の周辺」、「佐川田昌俊と連歌史料」。
また、以下の史料は本書を参照した。『師説撰哥和歌集』、『天正十六年五月晦日玉何百韻』（内閣文庫『百韻連歌集』）、『天正十七年十二月二十三日初何百韻』（国立国会図書館蔵『連歌合集』）、『天正十八年正月九日夢想百韻』（『中尾松泉堂古典目録』昭和四十三年三月）、天正十九年二月二十二日『倭漢連句百韻』（天理図書館蔵）、『石鼎集』、「二条家冷泉家両家祖伝次第」（『藤川百首抄』学統図）、文政四年写本『和歌一流経信家六条家略』（国立国会図書館蔵『輪池叢書』三九）、関西大学附属図書館蔵『歌会作法聞書』（『飛鳥井雅継卿和歌口伝』）。
『日本史事典』（岩波書店、一九九九）

『大名と茶師――三入の書状を中心に』（宇治歴史資料館、一九九三）
『隠元渡来――興聖寺と萬福寺』（宇治市歴史資料館、一九九六）
『上林春松家文書――収蔵文書調査報告書』六（宇治市歴史資料館、二〇〇四）
『宇治市史』二・三（宇治市役所、一九七四・一九七六）
『日本の茶 世界の茶』（お茶の郷博物館、一九九九）
『小浜市史 藩政史料編 一』（小浜市役所、一九八三）
『元伯宗旦文書』（表千家不審菴文庫、一九七二）
『筒城』第五十八輯 特集号 一休和尚と佐川田喜六昌俊（京田辺市郷土史会、二〇一三）
『京都の歴史』三・四・六（京都市史編さん所、一九七八～八〇）
『新撰 京都名所図会』五（白川書院、一九六四）
『酒井忠勝と小浜藩矢来屋敷』（新宿歴史博物館、二〇一〇）
『京・伏見學叢書 一 伏見の歴史と文化』（清文堂出版、二〇〇三）
『新訂 茶道大辞典』（淡交社、二〇一〇）
『京三条せともの屋町』（茶道資料館、二〇一二）
『徳川幕府辞典』（東京堂出版、二〇〇三）
『豊後『古田家譜』――古田織部の記録〈改訂版〉』（古田織部美術館、二〇一六）
『史料 京都の歴史』三・五・十六（平凡社、一九七九～九一）
『松花堂昭乗関係資料調査報告書』（八幡市、二〇〇二）

『松花堂茶会記と茶の湯の世界』（八幡市立松花堂美術館、二〇〇二）
『国史大辞典』（吉川弘文館）
『京都府紀伊郡誌 京都府伏見町誌』（臨川書店、一九七二）
『宇治興聖寺文書』第一～四巻（同朋舎出版、一九七九～八一）
『興聖寺作木并掃除覚帳』（興聖寺蔵）
『林羅山詩集』巻之十四 寛永四年（京都史蹟會編、弘文社、一九三〇）
「近江・丹波御仕置御下知状」（『武家厳制録』二二七 正保四年六月廿三日条、石井良助編『近世法制史料叢書』第三、創文社、一九五九）
「禁中へ御借シノ御書籍之覚」（蓬左文庫蔵「寛永元年二月二十五日付覚書」、『金鯱叢書』第二七輯、徳川黎明会、二〇〇一）
「近衛信尋宛式部卿昭乗書状」六月三日付・（寛永三年）八月十三日付（陽明文庫蔵、矢崎 格「寛永三年の式部卿昭乗」、『茶湯』五号、木芽文庫、一九七一）
「近衛信尋宛式部卿昭乗書状」八月十五日付（名和 修「松花堂昭乗書状」、『茶道文化研究』第四輯、今日庵文庫、一九九八）
「藤村三入宛菅沼定芳書状」（『佐賀県史料集成』第二三巻、佐賀県立図書館、一九八三）
「幽斎君御事蹟並和歌抜抄」（『綿考輯録』第六、出水神社、一九九〇）
「織部茶会記」（市野千鶴子『古田織部茶書』一・二、思文閣出版、一九七六・一九八四）
『大日本史料』（東京大学史料編纂所）

『新訂 寛政重修諸家譜』（続群書類従完成会）
『徳川実紀』第一〜三編（黒板勝美編『新訂増補 国史大系』吉川弘文館、一九九〇）
『東武実録』一・二（汲古書院、一九七七）
『時慶記』第一巻（臨川書店、二〇〇一）
『御当家令条』二七八・二七九・四五四・四五七（石井良助『近世法制史料叢書』第二、弘文堂書房、一九三九）
『御家中衆先祖書牒』、『台子の沙汰』（仙台市博物館蔵）

あとがき

永井尚政について調べ始めてから、当初のイメージと評価が私の中で大きく変わった。

寛永九年正月に秀忠が死去したあと、翌年四月、淀城に「上方八人衆」のトップの使命を帯びて転封する。畿内西国の押さえと、朝廷対策が主要な任務であった。

六月に、尚政と弟・直清を歓迎する松花堂昭乗の茶会が、遠州の造作した滝本坊空中茶室で催された。「手水之間」に、約百五十メートルの絶壁上に設けられた茶室の縁から見下ろすと、三川が合流して、淀川に流れ込み、大小の船に人・あらゆる物が積み込まれて所狭しと行き交っている。近景は、なだらかな山・緑濃い森・田んぼ・人々がせわしく出入りする家等々。見廻した北方比叡山から、東山一帯、伏見・宇治・淀から南方、大坂方面へとパノラマが拡がる。まさに絶景だった。

客達は結束して目的を果すことを誓い、一味同心した。

尚政は、遠州達とともに、朝廷・寺社・豪商・文化芸能者などと交流し、畿内の文化的ネットワークに交じり入った。江戸とは違う景観や文物に接し、数寄ごころを磨いて、次第にその中心人物になっていく。石清水八幡の松花堂昭乗、大徳寺の江月宗玩、日蓮衆徒の狩野探幽など核となる人物と日常的に結びつき、伝統文化に対する思索や技が深められ、縦横に交流して行った。

尚政はまた、遠州とともに、その茶を創造し、江戸での効果的な披露茶会をプロデュースし、尚政知悉《ちしつ》の幕閣、徳川一門や譜代、参勤する諸大名、幕府役人達を通じて全国的に広めてきた。江戸と、前の畿内との茶会の客を合わせると一五〇〇人にも及ぶ。この客達がとりもなおさず、家光政権を根底から支えていったことになる。

尚政は、東福門院と家光のもとへ、年頭、参府・帰洛の前後に「御挨拶」を命ぜられていた。両親とも親密だった尚政を通じた伝言や贈り物は、兄妹の心を和ませ、公武和融を一層進展させる結果をもたらした。

尚政はしばしば茶会に「信州よりの花」を届ける。その理由が本書を執筆中の調査で明らかになった。淀城・菩提寺の興聖寺境内・新宿信濃町の江戸屋敷の絵図に、広い「花畑」が見られることである。門から城(屋敷)の入口まで、例えば一二〇間(現在の二〇〇メートル)の道の両側に桜・桃・梅・紅葉等の並木を設け、「花畑」には四季の草花を植え、種を蒔き、花木は接木をして季節の花で彩った。江戸城の家光・京都所司代・板倉重宗の茶席、伏見奉行所で職務中の遠州に、尚政が丹精した花が届けられたのである。

寛永十年に淀城に転封してきた際に、川面一五〇メートル上の瀧本坊空中茶室から臨んだ絶景は、尚政に強い感銘を与えたものと思われる。それを形にしたのが十五年後、慶安元年に宇治川右岸に再興された興聖寺であると考える。淀城から見える興聖寺は、尚政がこれまで研鑽した美の集大成であり、浄土に見立てた菩提寺である。精魂込めた興聖寺の永遠の美観を願って手入れを続け、二十年経った寛文八年九月十一日、尚政は興聖寺を拝みつつ、淀城にて八十二歳の生涯を終えた。

この本を書き進めるうちに、遠州の茶を「政権の茶」に位置付けるうえでの永井尚政の役割が解明できた。そして、長く問い続けた、遠州の茶の美の重要な要素である「王朝美」を、なぜ遠州が取り上げたのか、何がきっかけだったのか。その答えを発見できたことに、望外の幸せを感じている。その経過は、各章に書いてきた。

謝辞

今回、永井尚政の核心を捉えきれないまま、尚政に取組み始め、父・直勝からの永井一家の奮闘に接し、ようやく自分に納得がいく成果が得られたと安堵しています。

ここまで多くの方々に助けられました。

堺市立歴史文化にぎわいプラザ・矢内一磨氏、宇治歴史資料館・坂本博司氏、興聖寺堂監・久保孝道氏、藤井達吉現代美術館・豆田誠路氏、八幡市教育委員会・小森俊寛氏、大修館書店・木村悦子氏、茶道資料館副館長・筒井紘一氏、ミホ・ミュージアム館長・熊倉功夫氏、本郷高校・齋藤悦正氏、京都造形芸術大学・尾崎洋之氏、酬恩庵住職・田邊宗一和尚、花園大学国際禅学研究所顧問・芳澤勝弘氏、家人・深谷克己。宮帯出版社社長・宮下玄覇氏、編集長・飯田寛氏、編集課長・後藤美香子氏、校正者・田中愛子氏。

以上、お名前のみ記して心から感謝申し上げます。

二〇一七年九月十一日

深谷 信子

〔著者紹介〕

深谷信子（ふかや　のぶこ）

専修大学大学院文学研究科博士後期課程修了。文学博士。
著書に『小堀遠州の茶会』（柏書房、2009年、第20回茶道文化学術奨励賞受賞）、『小堀遠州　綺麗さびの茶会』（大修館書店、2013年）、論文に「寛永三年八月二九日の遠州茶会をめぐって――大御所筆頭年寄土井利勝を招いた背景を中心に」（『専修史学』第40号、2006年、のち青木美智男編『日本近世社会の形成と変容の諸相』ゆまに書房、2007年に収録）、「遠州茶会と宇治茶師」（『専修史学』第42号、2007年）、監修書に『小堀遠州と川越藩主』（川越市立博物館、2015年）などがある。

宮帯茶人ブックレット
三百五十年遠忌記念出版　永井尚政
――数寄に通じた幕府の重鎮――

2017年10月16日　第1刷発行（永井尚政公三百五十年遠忌正当日〔新暦〕）

著　者　深谷信子
発行者　宮下玄覇
発行所　株式会社宮帯出版社
京都本社　〒602-8488
京都市上京区真倉町739-1
電話 075-441-7747(営業) 075-441-7722(編集)
東京支社　〒160-0017
東京都新宿区左門町21
電話 03-3355-5555
http://www.miyaobi.com
振替口座 00960-7-279886
印刷所　モリモト印刷株式会社

　ISBN978-4-8016-0124-6 C0023